하나님의 마음을 알아가는
성경 통독

WHAT IS IN THE BIBLE?

하나님의 마음을
알아가는
성경 통독

김권수 지음

감사의 글

성경에는 무엇이 있을까요? What is in the Bible?

성경에는 길과 진리와 생명이 있습니다. 말씀이 육신이 되어 오신 예수님께서는 "나는 길이요 진리요 생명이니 나로 말미암지 않고는 아버지께로 올 자가 없느니라"(요 14:6)고 하셨습니다. 이와 같이 성경에는 길과 진리와 생명이 있는데, 성경을 읽고 이해하기 힘든 이유가 무엇일까요?

하박국에 따르면 성경은 그 시대 사람들에게는 달려가면서도 읽고 이해할 수 있도록 쉽게 쓰였습니다(합 2:2). 그러나 오늘날 성경을 혼자 읽고 이해한다는 것은 거의 불가능합니다. 예를 들어 만약 필자가 "한국에 있는 친구가 카톡으로 북한이 어젯밤 동해 바다에 미사일을 발사했다고 전해 왔다"고 말한다면, 독자들은 이것에 대하여 설명하지 않아도 그 의미를 단번에 이해할 수 있습니다.

그러나 2000년 전 시대의 사람들에게 이렇게 말한다면 과연 그들이 이해할 수 있을까요? 전혀 이해할 수 없을 것입니다. 카톡이 무엇인지, 한국이 어디에 있는지, 북한은 어디인지, 동해 바다는 어디인지, 미사일은 무엇인지 누군가 설명해 주지 않는다면 절대로 이해할 수 없습니다. 하지만 누군가 이것들을 잘 설명해 준다면 현재 우리가 알고 있는 것과 똑같이 이해할 수는 없지만 어느 정도 이해할 수 있을 것입니다. 이것이 바로 우리가 성경을 혼자 읽을 때 잘 이해할 수 없는 이유입니다.

성경이 씌어진 시대적 배경과 문화를 알고 하나님께서 어떠한 의도로 이러한 말씀을 하신 건지 알게 된다면, 성경을 더 잘 이해하고 묵상할 수 있습니다. 이를 위해 필자는 지난 8년간(2012~2019) ANC 온누리교회에서 주일 아침 8시부터 한 시간씩 '하나님의 마음을 알아가는 성경 공부'라는 제목으로 하나님 나라의 역사적 순서에 따라 창세기부터 요한계시록까지 연구하며 가르쳤습니다. 그리고 주일 아침에 참여하지 못하는 성도들과 다른 교회 그리고 선교지의 하나님 백성을 위해 강의 내용을 함축하여 미국(17회), 니카라과(1회) 이스라엘(1회), 한국(1회)에서 다섯 시간 동안 강의하는 '하나님의 마음을 알아가는 성경 통독 세미나'를 20회에 걸쳐 하였습니다. 이 책은 '성경 통독세미나'에 참여했던 분들의 요청에 따라 강의 내용을 수정·보완하여 독자들이 하나님의 말씀이 기록된 성경을 체계적으로 읽고 이해하고 묵상하도록 돕기 위해 쓴 것입니다.

성경은 마치 '돌아온 탕자' 이야기와 같습니다. 집을 나간 둘째 아들이 다시 돌아오기를 간절히 기다리는 아버지처럼 하나님을 떠나 죄 가운데 살아가고 있는 우리들에게 아버지가 되시는 하나님께로 다시 "돌아오라"고 호소하며 그 길을 보여주고 알려줍니다. 그 길은 곧 우리를 구원하기 위해 친히 육신이 되어 이 땅에 오신 예수님을 나의 "구세주로 믿고 하나님을 사랑하고 이웃을 사랑" 하며 살아가는 것입니다.

성경은 예수님을 우리의 구세주로 믿고 아버지께로 돌아가 아버지와 함께 영원히 살아갈 집이 얼마나 아름다운 곳인지 요한계시록 21장과 22장을 통해 보여주고 있습니다. 이렇게 우리에게 아름답고 영원히 살 집을 보여주며 아버지께로 돌아오라고 때로는 '권면'하고, 때로는 '협박'도 하고, 때로는 '채찍'도 가하는 것이 성경의 내용입니다.

이 책은 창세기부터 요한계시록까지 역사적 순서(저자의 관점)에 따라 자녀들이 돌아오기를 간절히 기다리는 '하나님 아버지의 마음'을 알아가기를 바라며 썼습니다. 이 책을 읽고 성경을 읽을 때 하나님의 마음까지 알아가는 계기가 되기를 간절히 바랍니다.

지난 8년 동안 성경 공부를 인도하면서 앞서 연구한 학자들의 저서와 자료들의 도움을 받았지만, 여기에서 일일이 나열하지 못함을 미리 밝힙니다.

이 책이 나오기까지 많은 분들의 도움을 받았습니다. 주일 아침마다 성경 공부에 참여하고 기도로 후원해 주신 성도님들과 녹취록을 만들어 주신 김영순 집사님께 감사를 드립니다. 또한 원고를 미리 읽고 더 나은 책이 될 수 있도록 조언해 주신 모든 분께 감사를 드립니다. 끝으로 늘 아빠를 위해 힘을 실어 주는 딸 부부Julie & Isaac Lee와 아들 Sam Kim 그리고 원고를 꼼꼼히 읽으며 수정해 준 사랑하는 아내 김영애 Jane Kim에게 진심으로 감사를 표합니다. 또한 출판하기까지 원고를 꼼꼼히 확인해 주신 '도서출판 나무와숲'에 진심으로 감사드립니다.

이 책을 통해 많은 사람들이 하나님의 마음을 알아서 하나님께 기쁨이 되는 삶을 사시기를 간절히 기도합니다. 감사합니다.

하나님의 마음을 알아가기를 간절히 원하는
김권수 David Kwonsoo Kim

제목 자체가 주는 아주 강한 느낌이 있습니다. 특히 이 책을 쓰신 김권수 목사님이 평신도에서 사역자로 헌신하는 과정과 그 과정에서 말씀이 어떻게 목사님을 변화시켰는지를 잘 알기에 훨씬 더 큰 느낌과 감동이 있습니다.

정말 그렇습니다. 아무리 말씀을 많이 알아도 그 가운데서 하나님의 마음을 알지 못하면 그것은 한낱 의미 없는 정보 덩어리에 불과합니다. 하지만 그 가운데서 하나님의 마음까지 알게 되면 그 말씀은 그를 변화시키고 헌신하게 합니다.

이 책은 성경을 공부하기 위한 지침서와 안내서입니다. 성경을 읽어도 그 방대함에 맥이 잡히지 않는 성도들을 돕기 위한 책입니다.

하지만 그것만이 아닙니다. 이 책은 성경을 읽을 수 있도록 도우면서, 동시에 그 가운데 담긴 하나님의 마음을 이야기해 줍니다. 단지 네비게이션이 아니라 동행하시는 하나님의 사랑을 깨닫게 해주는 책입니다.

그래서 마음을 다해 이 책을 추천합니다. 이 책을 쓰신 분의 성품과 헌신, 무엇보다 주님의 마음을 어떻게 알아서 그 사랑 앞에 감격했는지를 알기에 확신을 가지고 추천을 하는 것입니다.

호산나교회
담임목사 유진소

우리 기독교인으로서 가장 중요한 삶의 지침은 하나님의 말씀인 성경을 깊이 이해하고, 그 말씀에 근거해 세상 속에서 바른 삶을 사는 것이라고 볼 수 있습니다. 그런 점에서 이 책은 이러한 삶을 추구하는 성도들에게 더없이 귀한 길잡이가 될 것입니다.

저자 김권수 박사는 공학을 전공하고 사업을 하다가 하나님의 부르심을 받고 뒤늦게 신학을 공부하고 목사 안수를 받았으며, 또 최근에 풀러신학대학원에서 선교학 박사학위를 취득한 만학도이지만 성경에 대한 열정은 참으로 모두에게 귀감이 된다고 봅니다. 그는 신학 공부를 하면서도 그동안 ANC 온누리교회와 다른 여러 지역에서 세미나를 한 경험을 바탕으로 이 책을 완성하게 되었습니다.

그는 성경 공부를 하는 목적은 한마디로 하나님의 마음을 알아가는 것이라며, 성경 통독을 통해서 창조주 하나님, 사랑의 하나님, 그리고 우리가 행복하기를 원하시는 하나님을 발견하게 된다고 주장하며 그의 열정을 이 책에 압축시켜 우리가 성경에 더욱 가까워지도록 하고 있습니다.

이 책은 어려운 성경적·신학적 용어나 개념을 이해하기 쉽게 해석하여 평신도에게 성경이 더욱더 친숙하게 다가오게 합니다. 그러므로 성경을 통전적으로 이해하고 삶으로 실천하기를 원하는 모든 신앙인에게 적극 추천합니다.

풀러신학대학원 코리안센터 원장
김창환 교수

『하나님의 마음을 알아가는 성경 통독』이란 책을 쓴 김권수 목사는 본래 대학에서 전기공학을 전공한 공학도였습니다. 미국에서 한국으로 여행 왔던 사모님을 만나 가정을 이루고 미국으로 건너온 후 전공을 살려 전기 공사업체를 설립하여 관공서와 여러 공공사업체의 공사를 맡아 일취월장 성공의 길을 걷고 있던 잘 나가던 사업가이기도 했습니다.

그는 본래 3~4대 신앙의 뿌리가 있는 가정에서 태어나 어릴 때부터 하나님의 말씀을 가까이 하고 그 말씀을 묵상하고 통독하기를 여러 차례 했다고 합니다. 그러나 성경 말씀이 하나님께서 우리를 사랑하셔서 보내 주신 한 권으로 기록된 사랑의 편지였다는 사실을 미처 알지 못했다는 진솔한 고백을 합니다.

하나님의 인도하심에 따라 사업을 접고 늦깎이로 신학교에 입학하여 목사 안수를 받고 교회 현장에서 평신도들에게 하나님의 말씀을 쉽게 풀어 주는 훈련을 시작해서 8년간 임상 경험을 쌓고, 동시에 일반 성도와 목회자들을 대상으로 '하나님의 마음을 알아가는 성경 통독 세미나'를 20여 차례 주관하면서 준비했던 원고를 정리하고 보완해서 이번에 책으로 출간하게 된 것입니다.

저자의 공학적 배경을 십분 살려 성경 말씀을 각 권마다 조리 있게 정리하고 있어 성경 읽는 일에 부담을 가지고 있는 독자들이 쉽게 접근할 수 있을 것 같습니다. 구약 창세기부터 말라기까지 39권에 걸친 하나님의 계획과 섭리하심이 관통되고 있고, 신약 27권을 통한 복음의 역사가 일목요연하게 잘 정리되어 있습니다.

저자는 이 책을 통해 하나님이 만물의 창조주임을 분명하게 알 수 있도록 정리하고, 그 하나님이 우리 인간을 향해 자기에게 돌아오라는 사랑의 연서가 된다는 사실을 명기합니다. 하나님께 돌아오기만 하면 행복한 생애를 살아갈 수 있다는 귀한 사실을 각 권을 통해 재정립해 나가고 있습니다. 동시에 필요한 성서 지도와 도표들을 첨가해 부연 설명을 함으로써 하나님 말씀을 읽는 것이 부담스럽다고 생각하는 현대인에게 가볍고 흥미롭게 성경을 가까이 할 수 있는 길잡이 역할을 할 수 있다고 확신합니다.

추천의 글을 쓰고 있는 본인도 월드미션대학교 총장으로 재직하고 있을 때 김권수 목사가 인도하는 세미나에 직접 참석해 본 후에 하나님의 말씀을 가까이 하지 못하고 있는 사람들에게 책으로 전해 주면 좋겠다는 조언을 드린 바 있습니다. 신학 과정을 다 공부했지만 학문적 연구를 위해 명문 풀러신학교에서 선교신학 석사와 선교학 박사 학위를 받으시고 신학교에서 후진을 양성하면서 성경 통독 사역도 계속해 나가고 있어 그의 겸허한 인격도 이 책에 묻어 나옵니다

청교도들이 신앙의 자유를 찾아 미주 땅으로 이민 온 지 400주년이 지난 이때, 이민자이며 목회자로 살아가고 있는 저자를 통해 우리들을 위한 하나님의 깊으신 계획과 섭리하심이 퍼즐을 맞추어 나가듯 쉽게 풀려 나가고 있기 때문에 성경 말씀을 통독하기를 원하는 독자들에게 꼭 한 번 읽기를 바라면서 추천해 드립니다

(전) 월드미션대학교 총장 (현) 미주 성시화 운동 대표회장
송정명 목사

하나님의 말씀만이 이 세상의 유일한 소망입니다. 성경에는 이 세상의 참된 주인공이 소개되고, 그 안에서 지금 우리가 살아가야 하는 지침과 길을 보여줍니다. 또한 우리 마음을 쪼개고 살리는 생명의 복음 메시지가 들어 있습니다. 그러기에 성경 말씀을 성령의 도움으로 제대로 읽고, 이해하고, 묵상하고, 통독하는 것은 중요합니다. 특히, 성경의 전체 그림을 처음부터 마지막까지 잘 아는 것은 영적 훈련을 하는 데 큰 도움이 됩니다. 이 책은 바로 그 목적을 이루는 데 큰 도움이 될 것입니다.

무엇보다도 이 책을 추천하는 이유는 저자인 김권수 목사님을 잘 알고 그분의 신실함을 봐왔기 때문입니다. 저는 지난 8년 동안 매주 오전반을 인도하시는 목사님의 사역을 옆에서 지켜보았습니다. 저자는 어떤 불평 불만 없이 성경만을 가르치기 위해 열심히 준비했습니다. 무엇이든 1, 2년 하는 것은 어렵지 않습니다. 하지만 8년 동안 동일한 일을 계속하는 것은 쉽지 않습니다. 또한 이른 주일 아침 시간이지만 꾸준히 저자가 가르치는 통독반을 공부한 분들의 간증을 통해 성도님들이 많은 도움을 받은 것을 알게 되었습니다.

그래서 이 책은 혼자 책상에서 나온 것이 아니라, 직접 고민하며 매주 성도님들이 어떻게 하면 쉽게 이해할 수 있도록 도와줄 것인가에 대해 갈등한 노력의 결과라고 할 수 있습니다.

그런 고민과 노력이 들어갔기에 많은 그리스도인이 아는 성경 이야기이지만, 누구나 쉽게 읽으면서 성경의 큰 그림을 배워 나갈 수 있어서 좋습니다. 특별히 딱딱한 성경 속 이야기를 인생의 비유를 함께 곁들여서 설명할 때 공감대를 이루고, 어려운 성경 속 이야기들을 풀어 나갈 수 있습니다. 저자의 전기 분야 공부와 경험이 책에 포함되어 이해력을 높이고, 현시대의 비유는 젊은 사람들에게 공감을 줍니다.

결국 저자가 말하는 것처럼 성경은 "여호와께로 돌아가자"는 메시지를 선포하고 있습니다. 이 책을 통해 우리가 회개하고 더욱 하나님의 살아 있는 말씀을 읽으며 그분의 마음을 알아가면 분명히 우리의 삶도 이 말씀의 능력이 회복되며 변화될 줄 믿습니다.

저자의 사역을 축복하며 이 책을 읽으시는 모든 분이 더욱 하나님의 말씀으로 돌아가서 하나님의 마음을 알아 예수님을 더욱 깊이 만나는 축복이 있기를 기도합니다!

LA ANC 온누리교회
담임목사 김태형

차 례

8장   사도행전과 서신서

9장 요한의 책

10장 성경의 결론

성경 66권 약자표

구약 39권

1. 창 : 창세기
2. 출 : 출애굽기
3. 레 : 레위기
4. 민 : 민수기
5. 신 : 신명기
6. 수 : 여호수아
7. 삿 : 사사기
8. 룻 : 룻기
9. 삼상 : 사무엘상
10. 삼하 : 사무엘하
11. 왕상 : 열왕기상
12. 왕하 : 열왕기하
13. 대상 : 역대상
14. 대하 : 역대하
15. 스 : 에스라
16. 느 : 느헤미야
17. 에 : 에스더
18. 욥 : 욥기
19. 시 : 시편
20. 잠 : 잠언
21. 전 : 전도서
22. 아 : 아가
23. 사 : 이사야
24. 렘 : 예레미야
25. 애 : 예레미야 애가
26. 겔 : 에스겔
27. 단 : 다니엘
28. 호 : 호세아
29. 욜 : 요엘
30. 암 : 아모스
31. 옵 : 오바댜
32. 욘 : 요나
33. 미 : 미가
34. 나 : 나훔
35. 합 : 하박국
36. 습 : 스바냐
37. 학 : 학개
38. 슥 : 스가랴
39. 말 : 말라기

신약 27권

1. 마 : 마태복음
2. 막 : 마가복음
3. 눅 : 누가복음
4. 요 : 요한복음
5. 행 : 사도행전
6. 롬 : 로마서
7. 고전 : 고린도전서
8. 고후 : 고린도후서
9. 갈 : 갈라디아서
10. 엡 : 에베소서
11. 빌 : 빌립보서
12. 골 : 골로새서
13. 살전 : 데살로니가전서
14. 살후 : 데살로니가후서
15. 딤전 : 디모데전서
16. 딤후 : 디모데후서
17. 딛 : 디도서
18. 몬 : 빌레몬서
19. 히 : 히브리서
20. 약 : 야고보서
21. 벧전 : 베드로전서
22. 벧후 : 베드로후서
23. 요일 : 요한1서
24. 요이 : 요한2서
25. 요삼 : 요한3서
26. 유 : 유다서
27. 계 : 요한계시록

성경 공부를
왜 하는가

대학에서 전기공학을 전공한 필자는 한국에서 직장 생활을 하며 대학원을 다니던 중 1985년 미국에서 졸업여행을 온 아내를 소개로 만나 1986년에 결혼하고 1987년 미국 LA로 이주하였습니다. 1989년부터 미국 연방정부와 주정부, 공립학교 등을 대상으로 전기공사업을 성공리에 운영하던 중 하나님의 부르심을 받아 53세에 목사 안수를 받았습니다. 기독교 가정에서 태어나 줄곧 신앙 생활을 하였지만, 신앙 생활에 큰 변화가 온 것은 2002년 12월 'ANC 온누리교회'를 다니면서부터였습니다.

ANC 온누리교회에는 많은 양육 프로그램이 있지만 그중에서도 필자에게 가장 큰 영향을 준 것은 수양관에서 주말을 이용해 2박3일간 진행되는 '내적 치유 세미나'(강사 : 유진소 목사, 현 부산 호산나교회 담임)였습니다. 내적 치유 세미나는 저를 변화시킨 것뿐 아니라 그 후 약 4년 동안 테이블 리더로 봉사하면서 삶의 가치관에 대하여 깊이 생각하는 계기가 되었습니다. 또한 필자가 신학 공부를 하게 된 결정적인 계기가 되었습니다.

필자는 공부하기에 다소 늦은 나이인 만 50세가 되는 2007년 8월에 신학 공부를 시작했는데, 그 목적은 오로지 하나님의 말씀인 '성경'을 잘 배워 현재 있는 자리에서 성도들을 더 잘 섬기기 위함이었습니다. 그러나 신학교에 입학하여 MDiv(목회학 석사) 과정을 공부하면서

'성경'을 배우기보다는 '신학과 목회'에 필요한 다양한 과목을 접하게 되었습니다. MDiv 과정을 공부하면서 계속 갈등하였던 것은 '성경'을 더 깊이 연구하고 싶었으나 다른 공부로 인해 성경을 읽고 묵상하는 시간이 줄어드는 것에 대한 고민이었습니다.

필자는 친가로는 3대째요, 외가로는 4대째 되는 기독교 가정에서 태어났고 신학 공부를 하기 전 몇 번의 정독을 포함하여 성경을 수십 번 읽었습니다. 그러나 처음(창세기)부터 끝(요한계시록)까지 체계적으로 배운 적이 없었기에 성경을 읽으면서도 단편적으로만 이해했고, 성경 전체가 하나님 나라의 역사가 기록된 한 권의 책이라는 사실을 전혀 인식하지 못하고 있었습니다. 이것은 비록 필자의 문제뿐 아니라 대부분의 성도가 겪고 있을 고충일 것입니다. 이와 같은 고충을 겪고 있는 성도들의 성경에 대한 이해를 돕기 위해 목회학 석사과정을 마치고 성경을 창세기부터 요한계시록까지 통전적holistic으로 가르치는 목사가 되어야겠다는 일념으로 2010년 10월에 목사 안수를 받았습니다.

목사 안수를 받은 후 성경을 연구하고 잘 가르치기 위해 2011년 1월 풀러선교대학원 선교신학 석사ThMICS 과정에 입학하였습니다. 그 과정을 통해 성경을 하나님 나라의 관점, 구속사적 관점, 역사적 관점, 선교적 관점, 사명과 소명의 관점 등 다양한 관점에서 읽고 이해하고 묵상해야 함을 깨닫게 되었습니다.

이렇게 성경에 대한 다양한 관점을 연구하면서 궁극적으로 성경을 읽고 묵상하는 목적이 곧 "하나님의 마음을 알아야 한다"는 결론에 이르게 되었습니다. 그리고 오로지 성경만을 연구하고 가르치기 위하여 2012년 3월 레돈도 유니온 고등학교Redondo Union High School 체육관 공사를 마지막으로 절정기에 있던 사업체를 과감히 정리하고 그해

7월부터 성경 통독을 위한 '하나님의 마음을 알아가는 성경 공부'라는 제목으로 교회에서 성경을 가르치기 시작하였습니다.

성경 공부는 주일 아침 약 한 시간씩 60주(구약 : 40주, 신약 : 20주) 동안 창세기부터 요한계시록까지 강의하면서 성도들이 성경을 읽고 묵상할 때 성경에서 말하는 하나님의 마음을 알아가도록 돕는 데 목적을 두었습니다. 이 강의의 특징은 성경을 읽을 때 마치 '하나님 나라의 대하드라마'를 보듯 성경 66권을 한 권의 책으로 엮어 이를 통전적으로 이해하는 데 있습니다.

모든 것의 시작이 있으면 끝이 있듯이, 성경은 이 세상의 시작과 끝을 분명히 보여주는 것이기에 창세기부터 요한계시록까지 하나의 이야기로 설명하고 이해해야 합니다. 이렇게 강의하는 것이 결코 쉬운 일은 아니었지만 필자는 성경을 한 권의 책으로 역사적 순서대로 강의하려고 최선을 다하고 있습니다. 또한 각 성경에 나타나는 하나님의 마음을 알아가면서 성경을 읽고 묵상하도록 최선의 노력을 하고 있습니다.

성경은 하나님께서 우리를 얼마나 사랑하고 있는지 그의 사랑 고백이 기록되어 있는 책입니다. 그렇기에 필자는 성경을, 우리를 사랑하는 하나님의 마음이 가득 담겨 있는 '사랑의 편지'라고 합니다. 성경에는 하나님의 사랑이 가득 담겨 있기에 "금 곧 순금보다 더 사모할 것이며 꿀과 송이꿀보다 더 달고"(시 19:10), 또한 "주의 말씀의 맛이 내게 어찌 그리 단지요. 내 입에 꿀보다 더 다니이다"(시 119:103)라고 시편 기자는 고백하고 있습니다.

이와 같이 하나님의 말씀을 꿀과 송이꿀보다 더 달게 읽고 이해하고 묵상하기 위해서는 하나님의 마음을 온전히 이해해야 합니다. 마치 사랑하는 사람에게 편지를 받았을 때 보낸 사람의 마음을 온전히 읽었을 때 비로소 그 편지를 올바로 읽은 것처럼, 성경을 읽고 묵상할 때도 그 안에 담겨 있는 하나님의 마음을 온전히 읽어야 성경을 제대로 읽었다고 할 수 있습니다.

이러한 이유로 성경 공부의 제목을 '하나님의 마음을 알아가는 성경 공부'라 정하고, 성경을 읽고 묵상할 때마다 하나님의 마음을 알아가는 것에 초점을 맞추려 노력하고 있습니다.

이 책을 쓰는 목적은 다음과 같습니다.

1. 이 책은 성경이 아닙니다. 다만 성경에 대한 '예고편' 같은 것입니다. 마치 영화 예고편을 보고 영화를 보고 싶은 마음이 생기듯, 이 책을 읽는 독자들이 성경을 읽고 싶은 마음이 생기도록 자극하기 위한 것입니다.
2. 성경이 어렵고 재미없다고 생각하는 분들에게 성경이 얼마나 재미있고 흥미로운 하나님의 말씀이 기록된 책인지를 알게 하기 위한 것입니다.
3. 성경을 잘 모르는 분들은 이 책을 읽고 나면 성경이 무엇을 말하고자 하는지 성경에 대한 큰 그림이 그려질 것입니다
4. 성경을 많이 읽은 분들에게는 마치 구슬이 꿰이듯, 퍼즐이 맞춰지듯 이제까지 쪽복음으로 알고 있던 성경이 66권의 책으로 구성된 하나님 나라를 위한 한 권의 책으로 정리되어 성경을 통전적으로 이해하는 데 큰 도움이 될 것입니다.
5. 성경을 읽고 묵상할 때 하나님의 마음까지 알아가도록 돕는 것입니다.

성경 공부를 왜 하는가

성경 공부를 하는 목적은 성경에 대한 지식을 얻기 위함도 아니고, 자랑하기 위함은 더더욱 아닙니다. 그것은 오직 우리를 세상에 보내신 하나님의 마음을 알아 하나님을 경외하며 살아가는 것을 배우기 위함입니다.

모세는 신명기에서 "곧 백성의 남녀와 어린이와 네 성읍 안에 거류하는 타국인을 모으고, 그들에게 (여호와의 말씀을) 듣고, 배우고, 네 **하나님 여호와**를 **경외**하며, 이 율법의 모든 말씀을 지켜 행하게 하고, 또 너희가 요단을 건너가서 차지할 땅에 거주할 동안에 이 말씀을 알지 못하는 그들의 자녀에게 (여호와의 모든 말씀을) 듣고 네 **하나님 여호와 경외**하기를 배우게 할지니라"(신 32:12-13)고 선포하고 있습니다. 하나님을 경외한다는 것은 하나님을 예배하고, 경배하고, 찬양하고, 기도하며 하나님과 친밀한 교제를 하는 것입니다. 즉, 하나님을 경외한다는 것은 하나님과 친밀하게 교제하며 하나님이 기뻐하시는 삶을 살아가는 것입니다.

우리가 부모에게 하는 효도 중 가장 큰 효도가 무엇입니까? 부모님께 큰 선물을 드리는 것? 해외여행을 보내 드리는 것? 아니면 용돈을 많이 드리는 것일까요? 우리가 부모에게 효도하기 위해 여러 가지 일을 할 수 있지만, 그중에서 가장 큰 효도는 부모님 말씀에 순종하고 부모님을 기쁘게 하며 살아가는 것입니다.

이처럼 우리들은 하나님의 자녀요 백성이기에 하나님의 말씀에 순종하며 하나님께 기쁨을 주는 삶을 사는 것이 하나님께 효도하는 것, 곧 하나님을 경외하며 살아가는 것입니다. 그러기에 호세아는 "우리가 여호와께로 돌아가자!"(호 6:1)고 외치며 "우리가 여호와를 알자 힘써 여호와를 알자"(호 6:3)고 선포하는 것입니다. 호세아의 이 외침은 지금 우리에게 하나님을 알기 위해 '성경으로 돌아가자!'라고 외치는 것과 같습니다. 성경을 통해서만 하나님을 온전히 알 수 있기 때문입니다.

성경 66권은 다양한 특성을 갖고 있는 책들이 모여 하나의 통일된 주제를 가지고 진행되는 '하나님 나라의 대하드라마'입니다. 여러분이 대하드라마를 볼 때 1회부터 차례대로 보지 않고 1회를 보고 10회를 보거나, 또 5회를 보고 3회를 본다면 그 드라마를 제대로 이해할 수 없을 것입니다. 대하드라마를 볼 때 1회부터 차례대로 보아야 그 내용을 잘 이해할 수 있듯이, 하나님 나라의 대하드라마인 성경도 마찬가지입니다. 성경을 역사적 순서에 따라 읽을 때 비로소 올바로 이해할 수 있고 하나님의 마음도 더 잘 알 수 있습니다.

성경 66권에는 각 성경마다 선포하고자 하는 주요 메시지가 있습니다. 그 메시지는 하나의 통일된 주제를 가지고 있습니다. 다름 아닌 하나님을 경외하며 살아가는 것입니다. 그러나 성경을 통전적으로 이해하지 못하면 각 성경이 말하고 있는 내용이 너무 다양하기에 성경을 올바르게 이해할 수 없습니다. 또한 하나님의 마음, 즉 하나님이 어떠한 의도로 말씀하는 것인지 그 의미도 정확히 알 수 없습니다.

성경 공부는 오케스트라와 비교할 수 있습니다. 오케스트라에는 많은 악기가 있습니다. 그 악기들은 각기 지닌 독특한 소리를 갖고 있습니다. 같은 악기일지라도 음색이 약간씩 다릅니다. 이와 같이 다양한 악기가 한 오케스트라 안에서 연주되고 있지만, 그것들이 추구하는 음악에는 하나의 목표가 있습니다. 좋은 음악을 연주하기 위해서 악기를 연주하는 모든 연주자들은 지휘자의 지휘를 따라야만 합니다. 좋은 오케스트라는 좋은 연주자들이 좋은 지휘자의 지휘에 맞춰 연주할 때 가장 아름다운 소리를 낼 수 있습니다. 아무리 아름다운 소리를 내는 악기라도 때로는 가장 작은 소리를 내야 하고, 거칠고 시끄러운 소리를 내는 악기일지라도 어느 때에는 가장 큰 소리를 내야만 합니다. 이렇게 지휘자의 지휘에 따라 각자의 소리를 적절하게 냈을 때 비로소 아름다운 화음을 낼 수 있습니다. 어떤 한 악기의 소리가 좋다고 그 악기 홀로 화음을 무시하고 연주한다면 그 연주회는 망치고 말 것입니다.

성경 공부도 이와 같습니다. 성경을 가르치는 교사는 오케스트라의 지휘자와 같습니다. 어떤 성경이 나에게 좋다고 그 성경만을 가르치고 읽기를 고집한다면 하나님의 나라 전체를 아름답게 이루어 나가는 모습을 볼 수 없습니다. 그렇기에 성경을 읽고 묵상할 때 성경 전체를 잘 파악하며 읽고 묵상해야 합니다. 때로는 깨지는 소리가 나는 심벌즈 같은 악기가 클라이맥스를 연출하는 데 가장 효과적일 수 있습니다.

이와 같이 우리와 하등 상관도 없고 하찮게 여겨지는 성경이 오히려 우리의 신앙 생활에 큰 역할을 할 수도 있습니다. 성경 66권에는 우리들의 삶에 필요한 모든 것, 곧 길과 진리와 생명이 담겨 있습니다. 성경을 창세기부터 요한계시록까지 통전적으로 읽고 이해하고 묵상할 때 우리의 삶은 더욱 풍성해질 것입니다.

하나님의 마음을 알아가는 성경의 관점

성경을 통해 하나님의 마음을 읽고 이해하기 위해 필자가 가장 중요하게 여기는 관점은 다음 세 가지입니다. 이 밖에도 많은 관점이 있지만 필자는 성경에서 표현되는 하나님의 마음을 알아가기 위해 다음 세 가지 관점을 가지고 독자들이 성경을 읽고 잘 이해하도록 도울 것입니다. 그러나 이러한 관점을 가지고 성경을 이해하는 것은 '하나님 나라를 이루어 가는 하나님 나라의 역사와 선교'의 기초 위에서 세워지고 해석되는 것임을 미리 말씀드립니다.

그렇다고 다른 관점을 무시하거나 적용하지 않는다는 것은 절대로 아닙니다. 다만 성경을 읽고 이해하는 데 어려움이 있을 때마다 이 세 가지 관점을 믿고 이해할 수 있다면 대부분의 성경에서 나타나는 하나님의 마음을 알 수 있기에 이러한 관점들을 강조하는 것뿐입니다.

창조주 하나님

첫째, 하나님은 우주 만물을 창조하신 '창조주'라는 것입니다. 성경은 "태초에 하나님이 천지를 창조하시니라"(창 1:1)는 선포로 시작됩니다. 하나님을 믿습니까? 그렇다면 무엇보다 하나님이 천지를 창조한 것을 믿어야 합니다. 창조주 하나님을 믿는 것은 신앙인으로서 가장 중요하며, 믿음의 가장 기초가 됩니다. 여러분이 창조주 하나님을 믿을 수 있다면 성경에 나오는 모든 말씀을 믿을 수 있을 것입니다. 만약 창조주 하나님을 믿지 못한다면 진정한 하나님의 백성이 될 수 없습니다. 히브리서 11장은 일반적으로 '믿음장'이라고 부릅니다. 히브리서 기자는 믿음으로 살아간 위대한 선인들을 이야기하기 전에 먼저

"믿음으로 모든 세계가 하나님의 말씀으로 지어진 줄을 우리가 아나니"(히 11:3)라고 합니다.

하나님이 천지를 창조하는 모습을 본 사람은 이 세상에 아무도 없습니다. 아담도 하나님이 창조하는 것을 보지 못하였습니다. 하나님이 세상을 창조했다는 것을 우리가 알 수 있는 것은 오직 '믿음'으로만 가능합니다. 하나님이 세상을 창조했다는 것을 믿는 것이 곧 믿음입니다. 창조주 하나님을 믿는 것은 이와 같이 믿는 자들에게 가장 중요한 것이기에 계속하여 반복적으로 언급할 것입니다.

사랑의 하나님

둘째, 성경은 "하나님은 사랑이시라"(요일 4:16)고 소개합니다. 하나님은 사랑의 하나님입니다. 예수님은 "하나님이 세상을 이처럼 사랑하사 독생자를 주셨으니 이는 그를 믿는 자마다 멸망하지 않고 영생을 얻게 하려 하심이라"(요 3:16)고 하셨습니다. 하나님께서 우리에게 주신 사랑은 독생자 예수 그리스도를 주시기까지 사랑한 바로 '그 사랑'입니다.

필자는 하나님의 자녀 된 우리는 예수님보다 더 귀하다고 강조합니다. 그 이유는 예수님이 우리를 위하여 이 땅에 오셨고, 죽으셨으며, 다시 오실 것이기 때문입니다. 우리가 자신보다 귀한 자녀들을 위해서 죽을 수 있듯이, 예수님도 우리가 너무 귀하기에(예수님 자신보다 더 귀하기에) 우리를 위해 자신의 생명을 기꺼이 주셨던 것입니다. 물론 우리들의 관점에서는 우리보다 예수님이 훨씬 더 귀하지만, 하나님의 관점에서는 우리가 하나님의 자녀이기에 하나님 자신(예수님)보다 더 귀한 존재입니다.

하나님이 우리에게 주신 모든 성경 말씀은 우리를 사랑하기에 주신 것입니다. 성경에 있는 내용 중, 특히 구약에서 하나님이 진노하사 심판하시는 것을 보면 현대를 살아가는 우리들로서는 도저히 이해할 수 없습니다. 그렇지만 하나님의 진노 속에 우리를 향한 하나님의 어떠한 사랑이 있을까를 깊이 묵상해 보면 그 속에는 언제나 우리들이 생각하는 것보다 훨씬 더 깊은 하나님의 사랑이 있음을 알게 됩니다. 사랑의 하나님임을 알고 성경을 읽고 묵상할 때, 마치 사랑하는 자녀에게 사랑의 매를 때리듯이 성경 속에도 그러한 하나님의 사랑이 있음을 깨닫게 될 것입니다.

우리가 행복하게 살기를 원하는 하나님

셋째, 하나님은 우리가 행복하게 살아가기를 원합니다. 성경에서도 "내가 오늘 네 행복을 위하여 네게 명하는 여호와의 명령과 규례를 지킬 것이 아니냐"(신 10:13)며, 모든 말씀은 우리의 행복을 위해 주셨다고 말합니다. 부모가 가장 행복할 때는 자녀들이 행복하게 살아가는 모습을 보는 때일 것입니다.

하나님도 하나님의 자녀인 우리들이 행복하게 살아갈 때 가장 행복할 것입니다. 그렇기에 성경을 통해 '이렇게 살아가는 것이 가장 행복하게 살아가는 것이다'라며 행복하게 사는 방법과 그 길을 가르쳐 주고 있는 것입니다. 이처럼 성경에는 우리가 행복하게 살아가는 방법과 길이 있기에 성경을 올바로 배우는 일이 매우 중요합니다.

성경은 우리를 창조하시고 우리들의 아버지가 되시고 독생자 예수 그리스도를 주시기까지 우리를 사랑하고 우리가 언제나 행복하게 살아가기를 원하는 하나님의 마음이 가득 담겨 있는 책입니다. 말씀이

육신이 되어 이 땅에 오신 예수님은 "나는 길이요 진리요 생명"(요 14:6)
이라고 했습니다.

　이제 길과 진리와 생명이 있는 성경을 창세기부터 요한계시록까지
잘 이해할 수 있도록 자세히 설명해 나가겠습니다.

1장

모세오경
이야기

성경은 66권으로 되어 있습니다. 성경 66권은 각각의 성경에서 말하고자 하는 분명한 메시지가 있기에 모두 중요합니다. 하지만 신구약 성경에서 각각 한 권의 성경을 선택해야 한다면 필자는 구약에서는 '창세기'를 선택할 것이고, 신약에서는 '요한계시록'을 선택할 것입니다. 그중에서 성경 공부를 위해 단 한 권의 책을 선택하라고 하면 창세기를, 설교를 위해 한 권의 책을 선택하라고 하면 요한계시록을 선택할 것입니다. 그 이유는 창세기는 성경의 서론 같은 것으로서 우주를 포함한 세상의 모든 기원과 인류의 시작을 말하고 있고, 요한계시록은 성경의 결론 같은 것으로서 우리들이 이 세상에 사는 목적과 세상의 종말과 영원히 살아갈 천국에 대한 참소망을 기록하고 있기 때문입니다.

그러나 그중에서도 딱 한 권을 선택하라고 한다면 창세기를 선택할 것입니다. 창세기는 우주 만물의 기원과 인간의 가치관 형성에 가장 중요한 인류의 근원, 즉 인간의 탄생에 대해 기록했기 때문입니다. 창세기 50장 중에서 한 장만 선택하라고 하면 1장을 선택할 것입니다. 그 이유는 우리들이 살고 있는 지구뿐 아니라 우주를 어떻게 창조하였는지 창조의 기원을 분명하게 말하고 있기 때문입니다. 창세기 1장 중에서 한 절을 선택하라고 한다면 창세기 1장 1절을 선택할 것입니다. 그것은 지구와 우주를 창조한 분이 누구인지 분명하게 밝히고 있

기 때문입니다. 성경은 "태초에 하나님이 천지를 창조하시니라"(창 1:1)
며 천지, 즉 하늘과 땅을 창조하신 분이 있는데 그분이 바로 '하나님'
이라고 분명하게 선포하며 시작합니다.

창조주 하나님

필자는 이 세상을 창조한 분이 하나님임을 분명하게 믿습니다. 그
러므로 이 책을 써내려 가면서 창세기부터 요한계시록까지 성경을 온
전히 이해하기 위해 "태초에 하나님이 천지를 창조하시니라"(창 1:1)는
말씀을 가장 많이 강조할 것입니다. 그 이유는 이 말씀만 믿으면 성경
전체를 믿을 수 있지만, 이 말씀을 믿지 못하면 성경이 우화나 꾸며낸
이야기로 읽힐 수밖에 없기 때문입니다.

성경을 제외한, 세상에 존재하는 어떠한 문헌과 종교도 세상이 누
군가에 의해 창조되었다고 말하고 있지 않습니다. 그러나 성경에서만
은 이 세상과 우주가 하나님에 의해 창조되었고 어떻게 창조되었는지
분명하게 밝히고 있습니다. 성경을 읽는 독자가 성경을 읽고 이해하
기 위해 가장 먼저 할 일은 이 세상을 창조한 분이 하나님이라는 것을
믿는 것입니다.

신학교에 가면 조직신학을 배우게 되는데, 조직신학이란 성경의 주
제인 기독론, 교회론, 성령론, 구원론, 성서론, 종말론, (유)신론 등에 대
하여 조직적이고 논리적이며 체계적으로 설명하는 과목입니다. 조직
신학에서 말하는 유신론은 기독교인들이 하나님을 알리고 전도하기
위해 주장하는 것이 아니라, 그 당시에 신이 없다고 주장하는 무신론

자들에게 이러한 이유로 신이 있다고 주장하는 것입니다. 유신론 중에서 우주론이 있는데, 이 이론은 "원인Origin 없는 결과는 없다"는 것으로 세상에 존재하는 "모든 것에는 제1원인이 있다"는 것입니다. 우리의 조상을 따라 거슬러 올라가다 보면 조상의 시작이 있다는 것으로, 한국 사람들에게 단군신화가 있듯이 우리의 조상을 거슬러 올라가면 우리의 첫 번째 조상이 되는 원인Origin이 있다는 것입니다. 유신론자들은 이것을 '신'이라고 하며 신이 있음을 주장하는데, 필자는 유신론자들이 주장하는 '신'이 바로 성경에서 말하는 우주 만물을 창조하신 창조주 '하나님'이라고 주장합니다.

그리고 목적론이란 것이 있습니다. 목적론이란 "세상에 존재하는 모든 것은 만든 사람의 목적이 있다"는 것입니다. 현대인이 사용하고 있는 그 어떤 것도 만든 사람이 없이 우연히 만들어진 것은 없습니다. 현재 우리가 사용하고 있는 전화기나 컴퓨터도 만든 사람과 만든 목적이 있듯이, 세상에 그 어떤 것도 우연히 생긴 것이 아니고 누군가가 분명한 목적을 가지고 만든 것입니다. 여러분이 사용하고 있는 전화기가 만든 사람이 없이 어떤 큰 폭발에 의해 우연히 나타났다고 한다면 믿을 수 있습니까? TV나 컴퓨터가 만든 사람이 없이 우연히 생긴 것이라면 믿을 수 있습니까? 누군가 이렇게 주장한다면 그것을 듣는 모든 사람이 그 사람을 '정신 나간 사람'이라고 할 것입니다. 그러나 많은 사람, 특히 진화론자와 무신론자들은 이 세상(우주)이 어떻게 시작되었다고 주장하고 있습니까?

우리들이 가장 많이 사용하고 있는 그릇 하나도 디자이너가 있고 만든 사람이 있는데, 그들은 우리가 살아가고 있는 이 세상(우주)이 빅뱅으로 우연히 시작되었다고 합니다. 빅뱅으로 우주가 형성되었다면 우리들이 살고 있는 우주는 무질서한 세상이 되어야 할 것입니다. 그러나 세상은 성경에 따르면 수천 년에서 수만 년이 되었고, 인류학자나 진화론자들의 주장에 따르면 수백만 년, 아니 수백억 년이 되었습니다. 이러한 긴 세월이 흐르며 누군가 꾸준히 에너지를 가하지 않았다면 우주는 이미 멸망했을 것입니다.

반면 우리들이 살고 있는 세상과 우주를 누군가 정확한 설계도와 목적을 가지고 창조하였다면 모든 창조물이 질서를 가지고 유지될 수 있도록 창조되었을 것입니다. 사람들은 감히 우주의 신비를 알 수 없습니다. 그 이유는 우리들과는 전혀 다른 차원의 전지전능한 하나님이 계획하고 만든 것이기 때문입니다(계 4:11). 여러분이 사용하고 있는 최신 전화기나 컴퓨터, 그 밖의 어떤 것도 하나님이 창조한 우주의 신비한 비밀과는 비교할 수 없습니다. 그 이유는 하나님이 우주를 설계하고 창조했기 때문입니다. 우주에는 질서와 조화와 아름다움이 있습니다. 이렇게 질서와 조화와 아름다움으로 형성된 우주가 빅뱅으로 우연히 만들어질 수 없습니다. 창조는 오직 전지전능한 하나님만이 할 수 있습니다.

성경에는 집마다 지은 이가 있듯이 "만물을 지으신 이는 하나님이시라"(히 3:4)고 분명히 밝히고 있습니다.

전기는 거짓말을 못 해!

필자는 대학에서 전기공학을 공부했는데, 지금도 잊지 못하는 강의 시간이 있습니다. 송배전 설계 시간입니다. 아주 재미없고 지루하고 딱딱하기로 소문난 과목이었습니다. 그런데 하루는 변압기 설계에 대한 강의를 하던 교수님이 설계를 잘못해 과부하가 걸려 변압기가 타는 현상을 설명하면서 "이렇게 하면 변압기가 까무러치는 거야, 알았지이-잉!" 하는데, 그 말씀이 얼마나 우스웠는지 강의실이 웃음 바다가 된 적이 있습니다. 그리고 제 평생 잊지 못할 말씀을 했는데, 그것은 "전기는 거짓말을 못 해. 그러니 거짓말하려거든 전기 하지 마!"라는 것이었습니다.

이것은 제가 전기 일을 하면서 문제가 해결되지 않을 때마다 떠올리며 문제를 해결해 나가는 기초가 되고 초석이 되었습니다. 전기 일을 하다 보면 때로는 도저히 상식적으로 이해되지 않는 일이 발생할 때가 있습니다. 필자는 그때마다 "전기는 거짓말을 못 해"라는 말을 기억하며 문제를 해결하곤 했습니다. 전기는 결코 거짓말을 못합니다. 단지 내 자신이 그것을 모르는 것뿐이라는 것을 알고 나면 문제의 실마리가 풀리곤 했습니다.

이 책을 읽는 독자들 중에는 스포츠를 좋아하는 분이 많을 것입니다. 그중에서 골프에 지대한 관심을 가지고 있는 분도 많을 것입니다. 필자는 골프를 치지는 않지만 한국 골퍼들이 PGA나 LPGA에서 경기를 하면 관심을 가지고 봅니다. 선수나 일반인이 골프를 치면서 경기가 제대로 풀리지 않으면 가장 먼저 점검하는 것이 무엇일까요? 기본 자세입니다. 모든 운동 선수들이 문제가 발생하면 가장 먼저 점검하는 것이 기본 자세를 고치는 것이듯, 창세기 1장 1절의 말씀은 모든 성경을 이해하고 묵상하는 데 가장 기본이 되는 구절입니다. 창세기 1장 1절은 필자에게 "전기는 거짓말을 못 하는 것" 같은 의미를 가진 매우 중요한 구절입니다. 필자는 성경을 읽다가 도저히 이해되지 않는 사건이나 일이 기록되어 있으면 "태초에 하나님이 천지를 창조하시느니라"는 말씀을 떠올립니다.

독자 여러분! 성경을 읽다가 이해되지 않는 부분이 있습니까? 바다가 갈라지고, 강물이 멈추고, 바위에서 물이 나오고, 도끼가 물에서 떠오르고, 태양과 달이 멈추고, 죽은 자가 살아나고, 하늘에서 불이 내리고, 불수레를 타고 하늘로 올라가고 등등, 성경에는 우화 같은 이야기가 너무도 많습니다. 이러한 일들이 믿어지지 않을 때 그 일들을 세상을 창조한 하나님이 실행한다고 생각해 보기 바랍니다. 믿어지지 않을 것이 하나도 없고, 믿지 못할 일이 하나도 없을 것입니다. 창조주 하나님을 믿으면 모든 것을 믿을 수 있게 됩니다. 무에서 유를 창조하신 하나님께 그까짓 바다를 갈라지게 하는 일이 무슨 대단한 일이겠습니까? 이렇게 "태초에 하나님이 천지를 창조하시니라"를 믿으면 성경의 모든 내용을 믿을 수 있습니다.

이와 같이 창세기 1장 1절은 모든 믿음의 기초가 되는 말씀입니다. 창조주 하나님을 믿지 못하면서 예수님을 믿는다는 것은 어찌 보면 거짓 믿음입니다. 창조하신 아버지를 믿지 못하는데 어떻게 그의 아들 예수 그리스도를 나의 구세주로 믿을 수 있겠습니까? 이 책을 다 읽고 모든 것을 잊어도 좋습니다. 다만 한 가지 잊지 말아야 할 것은 이 세상을 창조하신 분이 있는데 그분이 바로 내가 믿고 따르는 나의 하나님, 나의 아버지라는 것입니다. 세상을 지으신 것을 본 사람은 아무도 없습니다. 모든 것을 창조한 후에 아담을 창조했기에 하나님이 세상을 창조하신 것을 본 사람은 없습니다. 그렇다면 하나님이 창조하셨다는 것을 어떻게 믿을 수 있습니까?

오직 믿음으로써만 알 수 있습니다. 그렇기에 히브리서 기자는 "믿음으로 모든 세계가 하나님의 말씀으로 지어진 줄을 우리가 아나니" (히 11:3)라고 선포합니다. 우리 중 누구도 하나님이 세상을 창조하신 것을 보지 못했지만 "믿음으로 모든 세계가 하나님의 말씀으로 지어진 줄" 아는 것입니다. 이와 같이 믿음으로만 하나님께서 세상을 창조하셨다는 것을 알 수 있습니다. 이것이 바로 믿음입니다. 그러므로 믿음이란 창조주 하나님을 믿는 것으로 시작해야 합니다.

6일간의 천지 창조

많은 분이 지구뿐 아니라 온 우주를 하나님이 6일 동안 창조하셨다는 것을 믿지 못합니다. 그러기에 많은 학자들이 창조 때의 하루를 수백만 년, 혹은 수백억 년으로 보기도 합니다. 인간의 생각으로 6일 동안 우주를 만든다는 것은 도저히 불가능한 일이기 때문입니다.

그러나 필자는 성경을 믿습니다. 세상의 역사나 과학이 성경과 다를 때 성경에 있는 말씀을 더 신뢰합니다. 역사나 과학은 그 시대를 살지 않았던 사람들의 이야기나 학설이지만, 성경은 창조 때부터 구전으로 내려오던 이야기들을 모세가 기록하여 약 3,500년의 역사를 가지고 있으며, 또한 하나님의 감동으로 씌어진 것이기 때문입니다.

창세기 1장을 읽다 보면 이해되지 않는 부분이 많이 나옵니다. 1장

1절도 믿을 수 없었지만 특히 3절에서는 "빛이 있으라 하시니 빛이 있었고", 그 빛은 하나님 보시기에 좋았으며 "하나님이 빛과 어둠을 나누사 하나님이 빛을 낮이라 부르시고 어둠을 밤이라 부르시니라 저녁이 되고 아침이 되니 이는 첫째 날이니라"(창 1:4-5)고 말합니다. 그런데 빛, 즉 태양은 넷째 날에 창조했는데 어떻게 빛이 있었고 저녁이 되고 아침이 되며 첫째 날이 되느냐는 것입니다. 그렇다면 첫째 날과 둘째 날과 셋째 날에 비친 빛은 어떤 빛일까요? 필자는 그 빛을 '하나님의 영광의 빛'이라 말합니다.

요한계시록 21장과 22장을 보면 최후의 심판 이후에 하나님이 통치하는 새 하늘과 새 땅, 곧 새 예루살렘에는 해와 달이 필요 없었습니다. 그 이유는 "하나님의 영광이 비치고 어린 양이 그 등불이 되시기 때문"(계 21:23)입니다. 그곳에는 "다시 밤이 없겠고 등불과 햇빛이 쓸데없으니 이는 주 하나님이 그들에게 비치심"(계 22:5)이기 때문입니다. 하나님은 빛이시기에(요일 1:5) 태양이 없을지라도 세상을 비출 수 있었습니다. 바울은 다멕섹에 가는 도중에 그의 눈을 멀게 하는 밝은 빛을 보았는데, 그 빛은 태양 빛이 아니었습니다. 그 빛은 바로 창세기 1장 3절에서 말하고 있는 빛이었습니다. 필자는 그 빛을 '하나님의 영광의 빛'(계 21:23)이라고 말합니다.

하루가 되기 위한 조건은?

성경에는 "저녁이 되고 아침이 되니 이는 첫째 날이니라"(창 1:5) 하였는데 저녁이 되고 아침이 되기 위해서는 반드시 있어야 할 것이 있습니다. 바로 지구의 자전입니다. 필자는 창세기 1장에서 설명하고 있는 6일간의 모든 창조의 과정 중 하루가 지금 우리가 살고 있는 하루라고 생각합니다. 많은 학자들은 첫째 날부터 셋째 날에는 지금 태양력과 달리 많은 세월이 흘렀다고 봅니다. 그러나 필자는 엔지니어 출신으로 그것에 동의할 수 없습니다. 엔지니어나 신제품을 개발하는 사람들은 설계가 완벽하지 않고는 절대로 그것을 시제품으로 만들지 않습니다.

필자는 오래전 한국에 있는 친구로부터 신제품 소개를 받고 한국에 나가 개발업자를 만나 그 제품에 대한 소개와 몇 가지 간단한 실험을 거쳐 상품 계약을 맺고 미국으로 돌아온 적이 있습니다. 필자가 볼 때 그것은 아주 획기적이고 놀라운 신제품이었습니다. 그래서 미국에서 전기 제품을 가장 많이 생산하는 회사 중 하나인 뉴욕 소재 레비튼 Leviton 연구소를 방문하여 연구소장에게 그 신제품을 소개한 적이 있습니다. 필자는 레비튼과 앞으로 진행될 일에 대한 큰 꿈과 희망에 부풀어 LA로 돌아왔습니다. 약 10일 후 레비튼 연구소장으로부터 자체 연구 결과 보고서와 함께 기술적으로 보완되어야 할 부분에 대한 노트를 받았습니다.

필자는 이 모든 것을 정리하여 한국의 개발업체에 보완해서 보내 달라고 요청을 했습니다. 저는 쉽게 해결될 것이라고 기대했으나 그 문제는 오랜 세월이 지난 지금까지도 연락이 오지 않는 것을 보니 보완하기 힘들었던 것 같습니다. 이로 인해 재정적으로 큰 손실을 보고 많은 열정과 시간을 잃게 되었지만, 한 가지 깨달은 점이 있습니다. 어떠한 신제품이 개발되어 나오려면 100% 완전한 설계와 여러 차례의 실험 과정을 거쳐 문제가 없는 것을 확인한 이후에나 시제품으로 나올 수 있다는 것입니다.

필자가 소개받은 제품은 97%의 성능이 있었습니다. 그렇기에 전문가가 아닌 사람이 볼 때에는 완전하고 너무도 획기적인 제품이었습니다. 그러나 전문가가 시제품을 만들기 위해 성능 테스트를 한 결과 보완되어야 할 기술적인 문제들이 있었습니다. 이 일을 겪으며 아무리 획기적인 기술이라도 그것이 100% 완전하지 못한 기술이라면 연구 대상은 될지언정 제품으로서는 아무런 가치가 없다는 것을 깨닫게 되었습니다. 이렇게 세상에 나오는 모든 물건(여러분이 사용하고 있는 전화기, 컴퓨터, TV 등)은 완전한 설계와 성능 테스트를 거쳐 그 완전함이 입증되었을 때 비로소 시제품으로 나왔다는 것입니다. 그럴지라도 사용하다 보면 많은 문제가 발생하지만 말입니다.

하물며 전지전능한 하나님께서 우주를 창조하실 계획을 세웠다면 창조에 대한 완전한 설계도와 목적을 가지고 있지 않았겠습니까? 하나님은 우주를 창조하시기 전에 우주에 대한 완전한 설계도와 목적을 가지고 있었습니다(계 4:11). 그렇기에 제일 먼저 천지를 창조했고, 빛을 두고 낮과 밤을 나눌 계획까지 가지고 있었던 것입니다. 하루가 되기 위해서는 한 가지 조건이 있는데, 바로 지구의 자전입니다. 지구의 자전을 위해서는 어떠한 힘이 가해져야 합니다. 지구를 자전시키기 위해 힘을 가하는 내용이 창세기 1장 2절에 기록되어 있습니다. 천지를 창조한 첫째 날 땅은 혼돈하고 공허하며 흑암이 깊음 위에 있었습니다. 그리고 "하나님의 영은 수면 위에 운행"(창 1:2)했습니다.

하나님의 영이 수면 위에 운행한다는 것은 하나님께서 물로 덮여 혼돈한 땅에 어떠한 힘, 즉 에너지를 가하고 있는 것입니다. 필자는 이 에너지가 지구를 자전시키는 에너지라고 주장합니다. 하나님의 창조 첫날부터 아직 혼돈하며 공허한 땅이지만 그곳에 하나님의 영광의 빛이 비치고 하나님의 계획에 따라 지구는 자전을 하고 있었기에 저녁이 되고 아침이 되었던 것입니다. 첫째 날에 지구의 자전 속도는 21세기를 살아가고 있는 지구의 자전 속도와 동일하기에 창조 시의 첫째 날은 우리들이 살고 있는 지금과 동일한 하루가 되는 것입니다.

이와 같이 하나님은 첫째 날부터 하나님께서 가지고 있는 완전한 설계도대로 우주를 창조했던 것입니다. 성경은 "만물이 주의 뜻대로 있었고 지으심을 받았나이다"(계 4:11)라고 합니다. 이 세상의 만물이 하나님이 계획하고 뜻한 설계도대로 창조되었던 것입니다.

이렇게 시작된 우주의 창조는 불과 6일 만에 완성됩니다. 어떻게 이 큰 우주를 6일 동안 창조할 수 있느냐고 묻는 사람도 있을 것입니다. 필자는 하나님께서 우주를 단 하루 만에도 완성할 수 있었을 것이라 믿습니다. 하나님은 전지전능한 분이기 때문입니다.

그런데 왜 하나님은 6일간에 걸쳐서 우주를 창조했을까요? 그것은 바로 우리들 때문입니다. 하나님께서 우주를 창조하신 목적이 있습니다. 하나님의 형상과 모양에 따라 창조한 사람들에게 하나님이 창조한 모든 것을 맡겨 다스리게 하기 위함이었습니다(창 1:26-28). 사람은 하나님의 형상과 모양대로 창조되었지만 신은 아닙니다. 그렇기에 사람에게는 휴식(안식)이 필요했습니다. 이러한 이유로 사람들에게 6일간 일하고 7일째 되는 날에는 안식하며 살아가는 방법을 그대로 보여준 것입니다. 인간의 생체 리듬이 7일 주기로 되어 있는 것은 그 때문입니다. 그만큼 하나님이 우리를 사랑하고 있음을 창조 이야기부터 보여주고 있습니다.

이렇게 성경은 하나님께서 우주를 창조했음을 분명히 말하는데도 여전히 믿지 못하는 사람들이 많습니다. 그런 분들에게 한 가지 예를 더 제시하려고 합니다.

이 세상에서 움직이는 모든 것은 에너지를 필요로 합니다. 아무리 가벼운 것이라도 누군가 그것을 옮기기 위해서는 에너지가 필요합니다. 현대인이 가장 많이 사용하는 핸드폰을 생각해 보십시오. 우리가 전화기를 사용하기 위해서는 배터리가 있어야 합니다. 배터리가 방전되면 전화기를 사용할 수 없습니다. 세상에서 가장 가벼운 깃털 하나라도 그것을 움직이는 에너지가 없으면 다른 곳으로 이동할 수 없습니다.

또한 여러분이 아끼며 사용하고 있는 핸드폰의 수명은 얼마나 됩니까? 요즘 대부분의 사람은 2~3년이면 다른 전화기로 교체합니다. 또 자동차, 전화, TV 등 에너지를 필요로 하는 제품 중에서 가장 오래 사용하고 있는 것이 무엇이고, 얼마나 오래 사용할 수 있습니까? 사람들이 만든 제품은 아무리 오래 사용해도 100년을 넘기지 못합니다.

그러나 하나님이 창조하신 것들을 보십시오. 지구를 비롯해 하늘에 있는 거의 모든 별은 질서를 정확히 지키면서 자전과 공전을 하며 계속 움직이고 있습니다. 이렇게 어마어마한 우주를 움직이는 힘은 과연 무엇일까요? 인간의 능력으로는 그 힘을 찾아내지 못할 것입니다. 인간이 상상할 수 없는 힘으로 움직이고 있기 때문입니다. 이 우주는 성경에서 문자적으로만 계산해도 약 6,500년, 진화론자나 지질학자들이 주장하는 바에 따르면 수백만 년, 많게는 수백억 년 동안 인간이 만든 어느 것보다도 더 정확하게 질서를 유지하면서 움직이고 있습니다. 이와 같이 우주를 질서정연하게 움직이고 있는 신(하나님)이 없다면 우주의 질서와 운동력을 해명할 수 있는 것이 아무것도 없습니다. 그러나 성경에서는 이 모든 문제에 대하여 답을 주고 있습니다.

하나님이 말씀으로 우주를 창조했고, 지금도 말씀으로 우주를 움직이고 있다는 것입니다. 말씀은 곧 능력이요, 능력이란 곧 에너지입니다. 예수님은 말씀이 육신이 되어 오신 분이며(요 1:14), 예수님은 곧 하나님의 말씀이라고 합니다(계 19:13). 이를 보면 하나님께서 말씀이신 예수님을 통해 세상을 창조하셨음을 볼 수 있습니다. 이와 같이 이 세상은 말씀의 에너지로 창조되었고, 말씀의 에너지로 지금도 온 우주가 질서정연하게 유지되고 있는 것입니다.

신약 성경에서는 이 에너지가 하나님의 능력으로 표현되고, 하나님의 나라와 그의 뜻이 하나님의 능력으로 이루어져 가고 있음을 곳곳에서 말하고 있습니다(롬 1:20). 또한 히브리서 기자는 하나님께서 "그의 능력의 말씀으로 만물을 붙드시며"(히 1:3)라고 기록하고 있습니다. 말씀의 능력으로 만물을 붙드신다는 것은 말씀으로 세상을 창조하셨듯이 우주의 모든 만물을 하나님의 말씀(에너지)인 예수님(계 19:13)께서 질서를 유지하고 있다는 뜻입니다. 만약 하나님께서 만물을 붙들고 있지 않는다면 우주는 순식간에 질서를 잃고 파괴되고 말 것입니다. 그러나 하나님은 전지전능하며 피곤치도 곤비치도 않으시기에(사 40:28) 지금도 만물을 붙들어 질서를 유지하고 있는 것입니다.

하나님은 6일 동안 모든 것을 창조한 후, 창조한 모든 것을 다스리도록 가장 마지막에 사람을 창조합니다. 하나님께서 사람을 창조할 때에도 분명한 설계도와 목적을 가지고 만들었다고 성경은 말합니다. 사람을 만들기 위한 설계도는 바로 하나님의 형상과 모양이었고, 목적은 하나님께서 창조하신 모든 것을 다스리게 하기 위함이었습니다. 하나님께서는 하나님의 형상과 모양대로 사람을 만들어 세상을 다스리도록 계획했고(창 1:26), 계획한 대로 하나님의 형상과 모양대로 만들었으며(1:27), 계획한 대로 하나님께서 창조한 모든 것을 다스리도록 사람에게 맡겼습니다(1:28). 여기서 다스린다는 것은 억압하거나 학대하는 것이 아닌, 보호하고 지키며 관리하는 것을 말합니다.

우리가 살고 있는 세상은 결국 사람들을 위하여 하나님이 계획하고 창조한 것입니다. 그러기에 모든 것을 창조한 후 사람을 만들어서 이 모든 것을 다스리도록 맡긴 것입니다. 이를 통해 우리들이 얼마나 귀한 존재인지 깨달을 수 있습니다.

따라서 우리들 각자는 하나님께서 창조하신 모든 것을 다스리도록 권한을 위임받은 귀한 존재라는 것을 인식하며 살아가야 합니다. 우리는 하나님께서 맡기신 자연과 모든 것을 귀하게 여기고 잘 다스리며 (보호하고 관리하며) 살아가야 하는 것입니다. 이것이 창조의 이야기요, 우리가 이 땅에 존재하는 이야기입니다.

하나님이 창조한 인간의 모습은 얼마나 아름다웠을까?

필자는 성경 공부를 인도하면서 '하나님께서 창조하신 사람의 모습은 얼마나 아름다웠을까?'를 생각하며 인터넷에서 가장 아름다운 남자와 여자를 찾으려고 인터넷에 나와 있는 수천 장, 수만 장의 사진을 찾아본 적이 있습니다.

그러나 필자가 상상하는 하나님의 모양과 형상대로 창조된 아담과 하와를 닮은 사람을 단 한 사람도 찾을 수가 없었습니다. 하나님께서 창조하신 사람의 모습은 하나님의 형상과 모양이라고 했는데, 이 세상은 이미 죄로 인해 타락했기에 타락하지 않았을 때의 모습을 찾기가 불가능했기 때문입니다. 특히 하와가 얼마나 아름다웠는지는 아담이 그녀를 처음 보는 순간 "이는 내 뼈 중의 뼈요 살 중에 살이라"(창 2:23)고 외친 감탄사를 통해 잘 알 수 있습니다.

에덴 동산

아담을 창조한 때부터 노아의 홍수 사건까지는 문자적으로 해석하면 약 1,656년간의 역사가 기록되어 있습니다(52쪽 '창세기 족장 연대표' 참조). 하나님은 6일간의 창조를 마친 후 일곱째 날을 복되게 하고 거룩하게 하였으며, 그날 안식을 취하므로 그날을 거룩하게 지키라고 합니다. 안식일을 거룩하게 지키라는 것은 곧 안식일을 거룩하게 기억하라는 말입니다. 안식일을 거룩하게 기억하며 지키라는 것은 창조하신 하나님을 거룩하게 기억하며 잊지 말라는 것입니다. 그리고 천지가 창조될 때의 내력을 설명하며 특별히 사람을 어떻게 창조하였는지에 대한 기사가 기록되어 있습니다(창 2장).

하나님은 6일 동안 모든 것을 말씀으로 창조하셨는데, 사람은 흙으로 직접 만들고 사람의 코에 하나님의 생기를 불어넣어 생령이 되게 합니다. 그리고 하나님의 모양과 형상대로 창조한 사람들을 위해 특별히 에덴에 동산을 만들어 그곳에서 살게 합니다. 그 동산에는 보기에 아름답고 먹기에 좋은 각종 과실나무가 나게 하고, 또 동산 가운데에는 생명나무와 선악을 알게 하는 나무도 있게 합니다. 하나님은 에덴 동산에 살아가는 사람(아담)에게 단 한 가지 규정을 주었는데, 그것은 동산에 있는 "각종 나무의 열매는 네가 임의로 먹되 선악을 알게 하는 나무의 열매는 먹지 말라 네가 먹는 날에는 반드시 죽으리라"(창 2:16-17)는 것입니다.

많은 사람들이 이것 때문에 상처를 받습니다. 왜 전지전능한 하나님께서 사람이 그것을 따먹을 줄 알면서도 그곳에 두어 따먹게 하였냐는 것입니다. 하나님은 왜 선악을 알게 하는 나무를 에덴 동산에 두셨을까요?

왜 선악을 알게 하는 나무를 두셨을까?

하나님은 사람을 창조할 때 자신의 형상과 모양대로 만들었고 하나님의 생기도 불어넣어 주었습니다. 하나님의 형상과 모양에 대해서는 '하나님의 신분이다 혹은 그의 성품이다'는 등 많은 신학적 해석이 있습니다. 필자는 하나님의 모양과 형상대로 창조되었다는 것은 곧 사람을 하나님과 똑같은 형상과 성품을 가지도록 창조했다는 것으로 봅니다.

그러나 하나님의 형상대로 창조되었다고 해서 사람이 하나님이 될 수는 없습니다. 사람은 하나님이 창조한 피조물이기 때문입니다. 그렇기에 하나님과 사람 사이에는 넘어서는 안 될 '경계선'이 필요했습니다. 그것은 선악을 알게 하는 나무의 열매를 먹지 말라는 말씀에 '순종'하는 것이었습니다. 하나님의 말씀에 순종하며 살아가는 것이 하나님과 피조물, 곧 하나님과 하나님께서 창조하신 사람과의 경계선이었던 것입니다. 하나님은 사람들이 그 경계선을 넘지 않고 순종하는 삶을 통하여 자신의 보호를 받으며 행복하게 살아가기를 원했습니다.

하나님과 인간의 경계선

하나님은 선악을 알게 하는 나무의 열매를 따먹으면 반드시 죽으리라고 분명히 말씀합니다. 그러나 아담의 아내인 하와는 호기심이 많았던 것 같습니다. 그녀는 그 나무를 바라보며 '왜 하나님께서 오직 저 나무의 열매는 먹지 말라고 하셨을까?' 궁금해합니다. 이렇게 하와가 호기심을 가지고 있을 때 하나님이 지으신 들짐승 중 가장 간교한 뱀이 다가와 "하나님이 참으로 동산 모든 나무의 열매를 먹지 말라 하시더냐?"(창 3:1)라고 묻습니다. 뱀의 이 질문은 아주 간교하게 하와를 대화로 끌어들이려는 유혹이었습니다.

뱀의 질문에 하와는 '아니야!' "동산 나무의 열매를 우리가 먹을 수 있으나 동산 중앙에 있는 나무의 열매는 하나님의 말씀에 너희는 먹지도 말고 만지지도 말라 너희가 죽을까 하노라"(창 3:2-3) 하셨다고 응답합니다. 하와는 하나님의 말씀을 정확히 알고 있었나요? 아니면 비슷하게 알고 있었나요?

하와는 하나님의 말씀을 정확하게 알고 있지 못했습니다. 그러자 사탄이 바로 공격해 옵니다. 사탄이 하와에게 말합니다. '무슨 말이야? 너희가 그것을 먹어도 결코 죽지 않을 것이야. 너희가 그것을 먹는 날에는 너희 눈이 밝아져 하나님과 같이 되어 선악을 알 줄 하나님이 아시기 때문에 먹지 못하게 한 것'이라고 말합니다(창 3:5). 이 말을 듣고 하와가 "선악을 알게 하는 나무의 열매(이후에는 '선악과'로 표기)"를 보니 정말로 먹음직도 하고 보암직도 하고 하나님처럼 지혜롭게 할 만큼 탐스럽기도 하였습니다(창 3:6). 이러한 유혹이 밀려오자 하와는 결국 선악과를 따먹음으로써 하나님이 그어 놓은 경계선을 넘어 죄를 짓게 된 것입니다.

하와가 뱀의 꾐에 넘어가 선악과를 따먹은 것은 사탄(계 12:9)의 '하나님께 순종할 것 없이 네가 스스로 하나님이 되라'는 꾐에 넘어가 자신이 '하나님이 되려는 교만한 마음'에서 시작된 것입니다. 결국 하와는 선악과를 따서 먹고, 남편 아담에게도 줍니다. 그러자 아담은 하나님의 말씀을 기억하지 못하고 아무 생각 없이 선악과를 먹습니다. 아담은 하와가 선악과를 따먹었음에도 죽지 않은 것을 보고 하나님이 따먹지 말라 금지한 경계선을 넘어 선악과를 먹은 것입니다. 이와 같이 아담은 하나님의 말씀에 순종하기보다 하와의 말을 들었습니다.

그런데 문제가 발생했습니다. 선악과를 따먹자 그들에게 악이 들어온 것입니다. 하나님이 사람을 창조할 때 하나님의 형상과 모양대로 창조하였기에 인간에게는 하나님과 같이 선만 존재하였습니다. 그러나 선악과를 따먹음으로써 악이 들어오게 된 것입니다.

그럼 선과 악이란 무엇입니까? 하나님의 말씀에 순종하여 선악과를 따먹지 않는 것이 선이고, 불순종하고 그 나무의 열매를 따먹는 것이 악(죄)입니다. 이 사건으로 인하여 사람에게는 죄가 들어오게 되었고, 그 죄로 인하여 하나님과 단절되었으며(사 59:2) 그 이후의 역사는 사람들이 하나님을 떠나 죄를 짓고 살아가는 생활상을 보여주고 있습니다.

하나님의 명령에 불순종한 죄로 인하여 사람들은 이제 죽을 수밖에 없습니다. 바울은 "죄의 삯은 사망"(롬 6:23)이라 하였는데, 그 근거는 바로 하나님께서 명령하신 한 가지 규정, 즉 "선악을 알게 하는 나무의 열매는 먹지 말라 네가 먹는 날에는 반드시 죽으리라"(창 2:17)는 말씀입니다. 이를 통해 죄란 하나님의 말씀에 불순종하는 것이며, 그 결과는 죽음이라는 것을 알 수 있습니다. 그래서 죄의 삯은 사망이 된 것입니다.

하나님께 죄를 지은 사람들은 생명나무가 있는 에덴 동산에서 더 이상 살 수 없었습니다. 그래서 아담과 하와는 에덴 동산에서 쫓겨나게 됩니다. 이렇게 죄를 짓고 에덴 동산에서 쫓겨난 사람들은 하나님을 찾기보다는 더 많은 죄를 지으며 살아갑니다. 아담의 아들인 가인이 그의 형제 아벨을 죽이는 사건을 시작으로 창세기 5장까지 사람들의 평균 나이는 912년이었는데, 사람들이 약 912년 동안 살면서 한 일은 오직 아이를 낳고, 죄를 짓고, 죽는 일이었습니다.

창세기 족장 연대기

족장	태어난 해*	수명	아들을 낳았을 때의 나이	사망한 해*
아담	0	930	130	930
셋	130	912	105	1042
에노스	235	905	90	1140
게난	325	910	70	1235
마할랄렐	395	895	65	1290
야렛	460	962	162	1422
에녹	622	365	65	987
므두셀라	687	969	187	1656
라멕	874	777	182	1651
노아	1056	950	502	2006

* 태어난 해와 사망한 해는 창조 기준(After Creation, AC)으로, AC는 필자가 만든 용어이다.
* 자료 : 김권수

노아의 등장

선악과를 따먹은 이후 아담의 후손들이 얼마나 많은 죄를 짓고 살아갔는지 하나님은 "땅 위에 사람 지으셨음을 한탄"(창 6:6)하게 됩니다. 하나님이 사람을 지으신 것을 후회하는 것이 아니라 안타까워하는 마음일 것입니다. 이렇게 사람들이 계속해서 죄를 지으며 살아가기에 선하신 하나님께서는 죄로 타락한 세상을 더 이상 바라볼 수 없었습니다. 그래서 극약 처방을 내리는데, 그것이 바로 노아 시대의 홍수 심판입니다.

그러나 죄가 만연한 가운데서도 언제나 의인은 있는 법. 당대의 의인이요 완전한 사람 노아가 그 땅 가운데 살고 있었습니다.

노아 시대의 홍수

하나님은 노아에게 자신의 계획을 말씀하십니다. 이 땅 가운데 코로 숨쉬는 모든 동물을 홍수로 다 죽이겠다는 것입니다. 당시에는 비도 없었기에 홍수라는 단어도 없었을 것입니다.

창조 첫째 날, 하나님이 천지를 창조하실 때 지구는 물과 흙으로 혼돈되어 있었습니다(창 1:2). 둘째 날에 하나님이 땅을 덮고 있는 "물 가운데에 궁창이 있어 물과 물로 나뉘라"(1:6) 하자, 궁창 아래의 물과 궁창 위의 물로 나뉘게 되었습니다. 하나님은 궁창 위의 물과 아래의 물 사이의 궁창을 하늘이라 부르셨는데, 이것은 대기권의 하늘을 말하는 것입니다. 이와 같이 노아의 홍수 이전에는 궁창(대기권 하늘) 위에 물이 있었습니다. 노아의 홍수 이전에 궁창 위에 있던 물은 태양으로부터 나오는 인체에 해로운 모든 자외선을 막아 주었으며, 또한 비닐하우스와 같이 온실 역할을 하였습니다. 그렇기에 노아의 홍수 이전의 지구는 인간이 살아가기에 가장 좋은 온도와 습도를 유지할 수 있었기에 900살 이상을 살 수 있었던 것입니다.

노아의 홍수 이전의 땅은 궁창 위에 있는 물띠로 인해 마치 비닐하우스 안처럼 태풍도 없었고 비도 없었습니다. 오직 안개 같은 것이 자욱히 지면을 덮으며 땅을 적셨습니다(창 2:6). 그렇기 때문에 당시 사람들은 홍수라는 말 자체를 알지 못했습니다. 그런데도 노아는 하나님께서 방주를 지으라고 말씀하실 때 순종하였습니다. 노아는 하나님의 말씀을 도저히 이해할 수 없었을 것입니다. 그러나 하나님께서 명령하셨기에 믿고 순종한 것입니다. 이와 같이 우리들이 도저히 이해할 수 없는 일이지만 하나님의 말씀이기에 그대로 행하는 것이 곧 믿음이요 순종입니다.

하나님께서 노아에게 지으라 명하신 방주의 크기는 길이 약 135미터, 너비 약 22.5미터, 높이가 약 13.5미터나 되는 거대한 것이었습니다. 축구장의 길이가 보통 95~110미터, 너비가 45~55미터 된다고 합니다. 노아가 지었던 방주는 축구장의 절반만 한 너비에 길이는 약 1.3배, 높이는 대략 3층 건물 정도 되는 크기였던 것입니다.

당시에는 지금처럼 조선업도 없었고 용접 기술도 없었을 터인데, 그렇게 길고 큰 방주를 대체 무엇으로 어떻게 지었을까요? 몇 년 전 캘리포니아에 있는 레드우드 주립공원에 갔을 때, 그곳에 있는 레드우드 크기가 70~80미터 정도 되는 것을 본 적이 있습니다. 큰 것은 100미터 가까이 되는 것도 있었습니다. 미국 세코야 국립공원에는 그보다 더 높은 나무들도 있습니다. 대략 110~115미터 정도의 나무들도 볼 수 있습니다. 지금의 자연환경은 노아의 홍수 이전 시대에 비하면 나무들이 자라기에는 훨씬 악조건입니다. 그럼에도 불구하고 이렇게 큰 나무들이 현존하고 있습니다.

노아의 홍수는 성경을 문자적으로 계산할 때 하나님이 세상을 창조하고 약 1,656년이 흐른 뒤였습니다. 그 당시에는 나무들이 자라기에 너무나 좋은 환경이었습니다. 온 땅은 마치 온실 같았고 땔감도 필요 없었기에 커다란 나무들이 무척 많았을 것입니다. 그래서 높이 150미터 정도 되는 나무를 구하는 것은 그리 어려운 일이 아니었을 것입니다. 그 나무들의 밑동을 잘라 이쪽에서 저쪽 길이를 맞추어 자르면 방주를 짓기에 아주 적당한 크기가 되었을 것입니다. 이러한 목재들을 사용하여 노아는 3층 건물 높이의 방주를 짓기 시작하였던 것입니다.

하나님께서는 노아의 홍수를 통하여 땅에 있는 모든 것을 진멸할 계획을 세웁니다. 창세기 7장과 8장을 보면 노아의 홍수 일지가 나옵니다. 노아가 600세 되던 해 둘째 달 17일에 홍수가 시작되어서 노아가 601세 둘째 달 27일까지, 그러니까 일년하고 열흘, 즉 일년이 조금 넘는 기간에 방주에서 생활한 것입니다. 이때의 홍수로 방주에 있던 노아의 가족 여덟 명과 동물들을 제외한 모든 사람과 땅 위에서 코로 숨을 쉬는 모든 것들은 진멸합니다. 하늘의 새까지도 노아의 방주에 들어간 것들 외에는 모두 죽게 됩니다. 비가 얼마나 많이 왔는지 당시 천하의 높은 산이 십오 규빗(6~7미터) 정도 수면에 잠기도록 왔다고 합니다(창 7:19-20). 그렇다면 그때 내린 비는 과연 어디에서 생긴 것일까요?

노아의 홍수 때 내린 비는 창조 둘째 날 궁창 위에 있던 물이 땅에 쏟아진 것입니다. 필자는 개인적으로 둘째 날 궁창 위와 궁창 아래의 물로 나눌 때 지금 있는 바닷물의 절반이 궁창 위에 있었다고 봅니다. 지금 바다에 있는 물의 절반 정도가 40일 동안 하늘에서 땅으로 떨어졌다고 생각해 보기 바랍니다. 아마도 물폭탄같이 쏟아졌을 것입니다. 그렇기에 하늘을 나는 새들도 물폭탄에 맞아 죽을 수밖에 없었을 것입니다. 그러면 그 많은 물이 지금은 어디에 있을까요?

지구를 평평하게 하면 바다에 있는 물이 땅을 2,400미터 정도 덮는다고 합니다. 땅을 덮고 있는 물이 줄어들게 하기 위해서는 한 가지 방법이 있는데, 그것은 땅을 가르는 것이었습니다(계 12:16). 노아의

홍수 일지

일시(노아 나이)	사 건	기 간	성 경
600살 2월 17일	깊음의 샘들이 터짐.	40일	7:11
	하늘의 창문들이 열림.		
	물이 땅에서 넘쳐 천하의 높은 산이 다 잠김(약 6.75미터).		7:20
	땅과 하늘의 모든 생물이 죽음.		7:21-23
	물이 150일 동안 육지를 덮음.		7:24
7월 17일	방주가 아라랏산에 머물게 됨.	110일	8:4
10월 1일	땅이 점점 물러가 산봉우리들이 보임. (대격변의 시기).	74일	8:5
11월 10일	까마귀와 비둘기를 밖에 내놓음. 비둘기가 돌아옴.	40일	8:7-8
11월 17일	비둘기를 다시 밖으로 내보내자 다시 돌아옴.	7일	8:10-11
11월 24일	비둘기가 돌아오지 않음.	7일	8:12
601살 1월 1일	방주 뚜껑을 엶.		8:13
2월 27일	방주에서 나옴.		8:14-17

홍수 후에 아마도 지구에는 대격변이 일어났다고 봅니다. 바다에는 밑바닥이 골짜기처럼 갈라져 깊고 움푹하게 패어 들어간 많은 해구들이 있습니다. 태평양에 있는 마리아나 해구의 챌린저 해연은 그 깊이가 1만 925미터나 된다고 합니다. 이러한 대격변이 있었기에 땅을 덮고 있던 물이 바다로 모이게 되었고, 물이 바다로 급속히 빠져 나갈 때 땅에 많은 계곡과 골짜기들이 생겨났던 것입니다. 미국에 있는 그랜드캐년도 이러한 대격변이 있을 때 생겨난 것으로 보입니다.

홍수가 끝난 후 하나님의 마음이 어떠했을까요? 6일 동안 창조하신 모든 것을 보고 심히 기뻐하시던 하나님께서 땅 위의 모든 것을 진멸하시고 나니 마음이 많이 아프셨을 것입니다. 그래서 다시는 홍수로 세상을 심판하지 않겠노라고 노아와 약속을 하며 무지개 언약을 보여줍니다(9:8-17). 그리고 노아와 그의 아들들에게 복을 주시며 다시 한 번 "생육하고 번성하며 땅에 가득하여 그중에서 번성하라"(9:7)고 명령합니다.

생육하고 번성하여 땅에 충만하기 위해서는 노아의 후손들은 흩어져서 땅을 정복하고 다스려야 했습니다. 그러나 노아의 후손들은 오히려 흩어짐을 면하자며 바벨탑을 지으며 또 죄를 짓기 시작합니다. 그래서 하나님께서 내려오셔서 바벨탑을 완성하지 못하도록 그들의 언어를 혼잡케 합니다.

노아의 후손들은 바벨탑을 짓다가 말이 통하지 않게 되자 말이 통하는 사람들끼리 무리를 지어 흩어집니다. 이 사건이 민족과 언어의 기원이 된 것입니다. 창세기 9장 18절부터 11장 32절까지는 노아의 긴 족보가 나옵니다.

독자들이 성경을 읽을 때 가장 힘들어하는 부분 중 하나가 바로 족보가 나올 때일 것입니다. 족보가 나올 때 성경을 읽는 독자들이 반드시 기억해야 할 것이 있는데, 족보는 앞으로 오실 '예수님의 족보'로서 아주 중요한 인물을 소개할 때만 나온다는 것입니다. 노아의 족보를 통해 성경은 가장 중요한 역할을 할 사람을 한 명 소개하고 있습니다. 바로 하나님의 선택을 받은 **아브라함**입니다. 12장부터 아브라함의 자손들을 통하여 구원의 역사를 이루어 가는데, 아브라함은 너무도 중요한 인물이기에 노아의 족보를 통하여 아브라함을 소개하는 것입니다.

노아의 족보

이름	태어난 해*	수명	아들을 낳았을 때의 나이	사망한 해*
노아	1056	950	502	2006
셈	1556	600	100	2156
아르박삿	1656	465	35	2121
셀라	1691	460	30	2151
에벨	1721	464	34	2185
벨렉	1755	239	30	1994
르우	1785	239	32	2024
스룩	1817	230	30	2047
나홀	1847	148	29	1995
데라	1876	205	70	2081
아브라함	1946	175	100	2121

* 태어난 해와 사망한 해는 창조 기준.
* 자료 : 김권수

하나님께서 아브라함을 선택하신 것은 죄악이 만연해 가는 세상에서 "택하신 족속이요, 왕 같은 제사장들이요, 거룩한 나라요 그의 소유된 백성"(벧전 2:8)을 만들어 가기 위해서였습니다. 아브라함은 75세에 하나님의 부르심을 받아 "너는 너의 고향과 친척과 아버지의 집을 떠나 내가 네게 보여줄 땅으로 가라"(창 12:1) 할 때 그 말씀에 순종하여 고향과 친척과 아버지의 집을 떠나 하나님이 지시하는 땅에 도착합니다. 흔히 아브라함이 아버지 집을 떠날 때 그의 아버지 데라가 죽은 것(205세)으로 알고 있는데, 아브라함이 떠날 때 데라의 나이는 145세였고 하란에 살고 있었습니다. 아브라함은 그의 아버지가 살아 있음에도 불구하고 하나님의 말씀에 순종하여 아버지를 떠나 하나님이 지시하는 땅으로 떠났던 것입니다.

네 족장 시대

창세기 1장에서 11장까지는 창조 이야기를 시작으로 인간의 타락으로 인한 노아 시대의 홍수 심판과 그 후 노아의 족보를 통해 아브라함을 소개하는 창조 시대의 역사를 다뤘습니다. 창세기 12장부터 50장까지는 하나님으로부터 소명을 받은 아브라함이 하나님의 말씀에 순종하여 가나안 땅에 도착하는 내용을 시작으로 아브라함, 이삭, 야곱 그리고 요셉까지 네 명의 족장 시대 이야기가 펼쳐집니다.

아브라함 이야기

이스라엘의 역사, 즉 신앙 공동체의 역사는 아브라함에서 시작됩니다. 아브라함은 75세에 부름을 받아 175세까지 꼭 100년 동안 하나님과 동행하며 살았던 사람입니다. 하나님의 지시를 따라 가나안 땅에 도착한 아브라함은 여러 가지 실수도 하지만, 하나님께서는 아브라함에게 환상 중에 나타나 언약을 해줍니다. 아브라함과의 언약은 첫째, "너는 복이 될지라… 땅의 모든 족속이 너로 말미암아 복을 얻을 것이라"(창 12:2-3)는 것입니다. 둘째는 큰 민족을 이루고(창 12:2), 하늘의 별과 같이 많은 자손을 주시겠다(15:5)는 것이었습니다. 셋째는 "네 자손이 이방에서 객이 되어 그들을 섬길"(15:13) 것이지만 그곳에서 나올 때에는 아브라함의 자손이 큰 재물을 가지고 나올 것이라는 언약이었습니다(15:14). 넷째는 하나님께서 약속의 땅, 즉 애굽 강에서부터 그 큰 강 유브라데까지 이르는 가나안 땅을 이방의 객(애굽의 종)으로 살다가 나올 아브라함의 자손에게 주시겠다는 것이었습니다(15:18).

필자는 하나님께서 아브라함을 선택하실 때 그 이유를 말씀하지 않았기에 많이 궁금했습니다. 몇 번의 성경 공부를 인도하면서도 그 이유를 알지 못했는데, 2019년 12월 느헤미야를 강의하며 그 원인을 발견하게 되었습니다. 느헤미야를 보면 "그의 마음이 주 앞에서 충성됨을 보시고 그와 더불어 언약을 세우사"(느 9:8)라며 아브라함을 소개합니다. 하나님이 아브라함을 선택하여 언약을 세우신 이유는 바로 그의 충성됨이었던 것입니다. 충성됨의 헬라어는 '티스피스'로, 믿음을 말합니다. 하나님을 향한 충성된 믿음이 있었기에 아브라함과 언약을 하신 것입니다.

모세오경과 구약은 하나님께서 아브라함에게 약속하신 언약을 지켜 아브라함의 후손들을 큰 민족이 되게 하시고, 약속한 땅을 그들이 차지하게 하시며, 그 땅에서 살아가는 과정을 보여주고 있습니다. 그리고 신약에서는 "땅의 모든 족속이 너로 말미암아 복을 얻을 것이라"(창 12:3)는 하나님의 언약이 그의 자손 예수 그리스도를 통해 그를 주로 고백하고 믿는 모든 족속이 영생의 복을 받는 것을 기록하고 있습니다.

아브라함은 믿음의 조상으로서, 믿음과 순종의 본을 보인 사람입니다. 아브라함은 하나님께서

> 너는 너의 고향과 친척과 아버지의 집을 떠나 내가 네게 보여줄 땅으로 가라 내가 너로 큰 민족을 이루고 네게 복을 주어 네 이름을 창대하게 하리니 너는 복이 될지라 너를 축복하는 자에게는 내가 복을 내리고 너를 저주하는 자에게는 내가 저주하리니 땅의 모든 족속이 너로 말미암아 복을 얻을 것이라 _ 창 12:1-2

고 명령하실 때 조금도 주저하거나 의심하지 않고 그대로 믿고 순종하였습니다. 그는 100세에 얻은 귀한 독자 이삭을 번제로 드리라(창 22:2) 말씀하실 때에도 그 아들을 번제로 드릴 정도로 순종한 인물이었습니다. 아브라함은 어디서 이런 순종의 믿음을 배울 수 있었을까요?

그의 충성스런 믿음에 대해 창세기 15장을 보면 이런 말씀이 있습니다. "네 몸에서 날 자(이삭)가 네 상속자가 되리라"(15:4) 하셨고, "하늘을 우러러 뭇별을 셀 수 있나 보라… 네 자손이 이와 같으리라"(12:5) 하시며 아브라함에게 그의 자손이 하늘의 별과 같이 큰 민족을 이루게 하겠다고 약속하였습니다. 당시 아브라함은 자신의 대를 이을 아들이 없었음에도 하나님의 약속의 말씀을 그대로 믿었습니다(15:6). 그렇기에

이삭을 제물로 바칠지라도 하나님께서 분명히 이삭을 다시 살리어 그를 통하여 큰 민족을 이루실 거라는 믿음을 가지고 있었던 것입니다.

이와 같이 아브라함은 하나님께서 죽은 자를 살리실 거라는 부활의 믿음을 가지고 있었습니다(롬 4:17). 히브리서 기자는 아브라함의 믿음에 대하여 다음과 같이 말합니다.

> 아브라함은 시험을 받을 때에 믿음으로 이삭을 드렸으니… 그에게 이미 말씀하시기를 네 자손이라 칭할 자는 이삭으로 말미암으리라 하셨으니 그가 하나님이 능히 이삭을 죽은 자 가운데서 다시 살리실 줄로 생각한지라 _ 히 11:17-19

이러한 아브라함의 믿음을 보고 하나님께서는 하박국 예언자에게 "의인은 그의 믿음으로 말미암아 살리라"(합 2:4)고 하셨으며, 바울은 이 말씀을 인용하여 "오직 의인은 믿음으로 말미암아 살리라"(롬 1:17, 갈 3:11)고 외쳤던 것입니다. 이처럼 아브라함은 하나님을 믿고 따르는 모든 사람에게 믿음과 순종의 본을 보였습니다.

이삭 이야기

이삭은 순종의 아들이었습니다. 그는 하나님의 말씀을 믿고 순종하며 살아가는 아브라함의 삶을 보고 잘 배운 아들이었습니다. 아브라함은 하나님과 동행하는 삶을 아들 이삭에게 보여주었을 것입니다. 이삭은 아버지의 삶을 보고 배운 대로 하나님과 아버지께 순종하며 따랐습니다. 얼마나 아버지를 따르고 신뢰했으면 아버지처럼 자기 아내를 누이라고 말하는 것까지 그대로 본받았겠습니까?

아브라함이 이삭을 번제로 드리려 할 때 이삭의 나이는 한창 피가 끓는 십대였을 것입니다. 그러기에 아버지가 자신을 번제로 드리려 할 때 얼마든지 반항할 수도 있었습니다. 그러나 그는 아버지에게 반항하지 않고 순종하였습니다. 이렇게 자신이 죽기까지 아버지께 순종한 것은 훗날 예수님이 십자가에 달려 죽기까지 하나님께 순종하는 예표가 됩니다. 이삭은 자기 목숨을 드리면서까지 순종하였기에 성경에서 유일하게 백 배의 축복을 받은 사람입니다(창 26:12).

이삭은 또한 평화주의자였습니다. 그가 백 배의 축복을 받자 그랄 족속이 이삭을 시기해 급기야 이삭이 우물을 파는 곳마다 와서 우물을 빼앗거나 다시 묻어 버리지만, 그는 끝까지 다투지 않고 우물을 양보하며 평화를 사랑하였습니다(26:12-23). 필자는 성지순례를 갔을 때 브엘세바에 있는 우물을 보고 너무나 놀랐습니다. 70미터 정도의 깊은 우물이었는데, 그 당시에는 굴착기가 없었기에 손으로 파고 내려가야 했을 것입니다. 우물을 파기 위해 70미터 정도를 돌로 쌓으며 파 내려가는 것을 상상해 보시기 바랍니다. 그러면 우물을 양보하는 것이 얼마나 큰 재산을 양보하는 것인지 이해할 수 있을 것입니다. 우물을 포기한다는 것은 그가 가지고 있는 가장 큰 재산을 포기하는 것과 같습니다. 그런데 이삭은 그랄 족속이 우물을 빼앗았을 때 그들과 전혀 싸우지 않고 양보했던 것입니다.

이삭은 백 배의 축복을 받은 자로, 성경에서 이삭만큼 평안하게 살았던 인물도 찾아보기 힘들 것입니다. 이삭에게는 쌍둥이 아들 에서와 야곱이 있었습니다. 그리고 에서의 자손들은 에돔 지역에서 한 나라를 이루게 됩니다. 이삭은 180세에 죽는데, 이때 야곱의 나이는 120세였습니다. 창세기에 지면을 가장 많이 할애하여 소개하는 인물이 바로 야곱입니다. 야곱은 속이기도 잘하고 속기도 잘하는 우리의 성정과 너무도 닮은 인물이었습니다. 야곱이 얼마나 거친 생활을 하였으며, 또 얼마나 우리처럼 살았는지 창세기의 거의 절반이 야곱에 대한 이야기입니다.

야곱 이야기

야곱은 태어나면서부터 장자에 대한 욕심이 많아서 형 에서의 발꿈치를 잡고 태어납니다(창 25:26). 그는 복중에서부터 싸우고, 팥죽 한 그릇에 장자권을 빼앗고, 아버지 이삭을 속이고 장자에 대한 아버지의 축복을 가로채기도 합니다. 이로 인하여 결국 밧단아람에 살고 있는 외삼촌 라반의 집으로 피신 가서 살게 됩니다.

야곱은 라반의 둘째 딸 라헬을 사랑하게 되는데, 라헬과 결혼하기 위한 신부의 몸값으로 외삼촌 집에서 7년간 봉사하게 됩니다. 라헬을 너무나 사랑하기에 그녀를 얻기 위한 7년이란 세월이 어떻게 지나가는지도 모르고 라반의 가축들을 보살핍니다. 그러나 결혼식 첫날밤 라반은 라헬 대신 언니인 레아를 신방에 들여보냅니다. 야곱은 그가 사랑하는 라헬을 얻기 위해 또 7년 동안 라반의 집에서 봉사하기 시작합니다. 라헬을 얻기 위한 대가로 총 14년 동안 라반의 가축을 친 것이지요. 야곱은 이와 같이 자기가 사랑하는 라헬을 얻기 위해 엄청난 대가를 지불하였습니다. 야곱은 그렇게 귀하게 라헬을 아내로 맞이했기에 레아보다 라헬을 훨씬 더 사랑했습니다.

야곱과 외삼촌 라반 사이에는 많은 문제가 있었던 것으로 보입니다. 야곱은 외삼촌이 열 번이나 자기를 속였다고 말합니다. 그렇다면 쌍둥이 형 에서를 속이고 아버지 이삭을 속여 장자권을 빼앗았던 야곱은 외삼촌을 속이지 않고 살아왔을까요? 아마도 서로 속고 속이는 관계로 살아왔을 것입니다. 그렇게 살면서 야곱은 많은 어려움을 겪습니다. 레아와 라헬은 남편을 차지하기 위해 서로 시기하며 다투었던 것으로 보입니다. 라헬은 야곱의 사랑을 많이 받았지만, 레아는 사랑을 받지 못했습니다. 하나님은 그런 레아를 불쌍히 여겨서 아이들을 낳게 합니다. 반대로 라헬은 야곱의 사랑을 많이 받았지만 아이를 낳지 못합니다. 그러자 라헬은 자신의 시녀 빌하로 하여금 야곱과 동침하게 하여 아이를 낳게 합니다. 당시 시녀가 낳은 아이는 주인의 것이었기에 시녀를 통해 야곱의 아이를 갖기 위함이었습니다. 그러자 레아도 자신의 시녀 실바를 야곱과 동침하게 하여 아이를 낳게 합니다. 이렇게 레아와 라헬의 시기와 질투를 통해 야곱은 네 여인으로부터 12명의 아들과 외동딸 디나를 낳게 됩니다(29-30장).

야곱은 그가 가장 사랑하던 라헬로부터 요셉을 얻자, 아버지 이삭이 살고 있는 헤브론으로 돌아가려고 합니다(30:25). 그러자 외삼촌이며 장인인 라반이 만류하며 품삯을 정하고 자기를 떠나지 말라고 권합니다. 이로 인해 야곱은 그곳에 더 남아 있게 되는데, 라반 몰래 외삼촌의 가축 중에서 품질 좋은 것만을 자기 소유로 만듭니다. 라반의 아들들이 이를 눈치채고 아버지 라반에게 알리자 야곱은 외삼촌의 보복이 두려워 자기 소유의 가축과 재물을 모두 가지고 야반도주를 합니다(창 31:20). 야곱이 얼마나 은밀하게 야반도주를 했는지 라반은 야곱이 없어진 지 3일이 되어서야 그 사실을 알게 됩니다.

분노한 라반이 급히 뒤쫓아와서 야곱을 만나게 됩니다. 야곱은 큰 어려움을 당할 뻔하지만 하나님의 도우심으로 라반이 큰 해를 끼치지 않고 야곱과 상호불가침조약을 맺고 물러갑니다(31장).

그렇게 해서 야곱은 라반과의 문제를 해결했지만 아직도 해결해야 할 문제가 있었습니다. 바로 쌍둥이 형 에서와의 관계였습니다. 야곱은 에서를 속이고 아버지의 축복을 가로챘기에 에서는 야곱을 죽이려고 했습니다. 그러나 20여 년 만에 돌아온 야곱을 본 에서가 그를 용서함으로써 형과의 문제도 극적으로 해결됩니다. 야곱은 외삼촌 라반과 쌍둥이 형 에서와 화해한 후, 헤브론에 살고 있는 아버지 이삭을 만나기 위해 길을 떠납니다.

그런데 야곱이 숙곳을 거쳐 세겜에 머물 때 그의 외동딸 디나가 하몰의 아들 세겜에게 강간을 당합니다. 이 사건으로 인해 야곱의 아들들은 세겜 주민들과 거짓 맹세를 한 후 끔찍한 살육을 저지르게 됩니다(34장). 야곱은 주변 민족들의 보복이 두려워 세겜을 떠나 벧엘을 거쳐 아버지 이삭이 살고 있는 헤브론으로 갑니다. 그런데 가는 길에 그가 가장 사랑하던 라헬이 막내 아들 베냐민을 낳다가 에브랏(베들레헴) 근처에서 죽고 맙니다(35장). 라헬을 장사 지낸 후 헤브론에 도착한 야곱은 아버지 이삭과 함께 지내는데, 그가 가장 사랑하던 아들 요셉이 행방불명됩니다.

요셉은 형들이 잘못할 때마다 아버지에게 일러바쳤기에 평상시 형들로부터 미움을 많이 받았습니다. 더군다나 요셉의 두 번에 걸친 꿈 이야기(37:5-11)는 형들을 더욱 분노하게 만들었습니다. 그를 시기하고 미워한 형들은 요셉이 아버지의 심부름으로 양을 치고 있던 자신들에게 올 때 애굽으로 가는 상인에게 종으로 팔아넘깁니다. 그리고 아버지에게는 피 묻고 찢긴 요셉의 옷을 보여주며 요셉이 마치 야수에게 찢겨 죽은 것처럼 거짓으로 보고합니다(37:12-36).

애굽으로 끌려간 요셉은 애굽 왕의 친위대장인 보디발의 종으로 팔리게 됩니다. 그때 요셉의 나이는 약 17세였는데, 세월이 흐르면서 용모가 빼어나고 아주 성실한 청년이 되었습니다. 보디발의 아내는 잘생기고 지혜로운 요셉을 마음으로 사모하게 되어 기회만 있으면 유혹합니다. 급기야 혼자 집에 있을 때 잠시 집에 들른 요셉을 자신의 침실로 끌어들여 동침하려고 합니다. 하지만 요셉은 하나님께서 주신 꿈을 포기하지 않았기에 그녀의 유혹을 거절하고 겉옷을 벗어 놓은 채 밖으로 뛰쳐 나옵니다. 그러자 자존심이 상한 보디발의 아내는 오히려 요셉이 자신을 겁탈하려고 했다는 누명을 씌웁니다. 이 일로 요셉은 결국 감옥에 갇히게 됩니다(39장).

요셉은 감옥 안에서도 하나님께서 함께하셨기에 주변 사람들로부터 사랑을 받습니다. 그가 감옥에 있을 때 왕의 술관원과 떡 굽는 관원이 죄수로 들어오는데, 요셉이 그들의 꿈을 해석해 줍니다. 그의 해석대로 술관원은 이전의 지위로 복권되고, 떡 굽는 관원은 사형을 당합니다(40장).

그로부터 만 2년이 지난 후 애굽 왕 바로는 이상한 꿈을 꿉니다. 하지만 누구도 그 꿈을 해석하지 못합니다. 그때 술관원으로부터 감옥에 있는 요셉이라는 히브리인이 꿈 해석을 잘한다는 이야기를 듣고 그를 부릅니다.

요셉은 바로 왕에게 꿈 이야기를 듣고 그에 대한 해석과 함께 대비책을 알려 줍니다. 바로 왕의 꿈은 앞으로 7년 동안 큰 풍년이 들 것이나, 그 후에 이전에도 이후에도 없었던 큰 흉년이 들게 된다는 것을 하나님께서 보여주신 것이라고 말합니다. 그러면서 흉년을 제대로 대비하지 못하면 나라가 멸망할 것이니 현명하고 지혜로운 지도자를 세워 나라의 미래를 준비하라고 합니다.

그러자, 그 이야기를 들은 바로 왕은 요셉보다 더 지혜로운 자가 어디 있느냐며 그를 애굽의 총리로 세웁니다. 요셉은 하루아침에 죄수의 몸에서 풀려나 애굽의 총리가 된 것입니다(41장). 이때 요셉의 나이는 30세였습니다. 이것이 바로 하나님의 방법입니다.

요셉이 총리가 된 후 그의 해몽처럼 애굽에는 7년 동안 커다란 풍년이 있었으나, 그 후 극심한 흉년이 찾아옵니다. 흉년은 애굽 땅뿐 아니라 야곱이 살고 있던 가나안 땅을 포함한 그 주변에 있는 모든 민족의 땅에도 닥칩니다. 극심한 흉년이 들자 야곱은 애굽에 양식이 있다는 소식을 듣고 양식을 구하기 위해 막내 아들 베냐민을 제외한 열 명의 아들을 애굽으로 보냅니다. 요셉은 형들이 양식을 구하러 왔을 때 그들을 바로 알아보았지만, 형들은 요셉이 총리가 되었으리라고는 상상도 하지 못했기에 전혀 눈치를 채지 못합니다.

형들이 요셉에게 절하며 양식을 구하러 왔다고 할 때, 요셉은 형제들 중에 베냐민이 없는 것을 발견합니다. 요셉은 순간적으로 자기의 친동생(요셉과 베냐민은 라헬이 낳은 아들)을 미워하여 베냐민마저 '형들이 종으로 팔지 않았나?' 생각하였을 것입니다. 요셉은 좀 더 자세히 알아보기 위해 그들을 정탐꾼으로 몰아 심문합니다. 그들의 가족 상황을 자세히 물으며 심문한 결과 베냐민이 아버지와 함께 있다는 사실을 알고는 시므온만을 인질로 잡고, 다음에 올 때는 베냐민을 반드시 데려오라고 명령하며 집으로 돌려보냅니다(42장).

시므온을 제외한 야곱의 아들들은 양식을 가지고 집으로 돌아옵니다. 야곱은 시므온이 없는 것을 보고 깜짝 놀랍니다. 아들들로부터 애굽에서 있었던 사건에 대하여 이야기를 듣지만 야곱은 자신이 다른 사람들을 잘 속였기에 그들의 이야기를 믿을 수 없었습니다. 이러한 의

구심을 가지고 집으로 들어와 양식 보따리를 풀던 야곱은 그 안에 아들들이 가지고 간 돈뭉치가 그대로 있는 것을 보고 깜짝 놀랍니다. 야곱은 나머지 아들들이 시므온을 종으로 팔아 양식을 사온 것으로 생각합니다. 그러기에 두 번째로 양식을 구하기 위해 애굽으로 가려 할 때 베냐민을 데려가면 그마저도 종으로 팔아넘길 것을 우려해 베냐민을 절대로 보낼 수 없다고 합니다. 하지만 양식이 떨어지자 야곱에게는 다른 대책이 없었습니다. 비록 베냐민을 자기 생명처럼 아꼈지만 다른 가족을 위해 베냐민을 함께 보내지 않을 수 없었습니다(43장).

그리하여 요셉의 형제들은 베냐민도 데리고 두 번째 양식을 사러 애굽으로 가게 됩니다. 베냐민이 함께 온 것을 보고 감정이 복받쳐 오른 요셉은 형제들에게 자기가 바로 형들이 애굽 사람들에게 종으로 팔아넘긴 요셉이라고 밝힙니다. 그러자 형제들은 몹시 당황합니다. 하지만 요셉은 형제들에게 그 일로 인하여 근심하지 말고 앞으로도 흉년이 5년이나 더 남았으니 아버지를 애굽으로 모시고 오라고 합니다. 이렇게 해서 야곱은 죽었다고 생각한 요셉을 만나러 애굽 땅으로 가게 됩니다. 야곱이 애굽에 들어갈 때의 나이는 130세였습니다(44-47장).

야곱이 요셉을 만나러 애굽으로 내려갈 때 하나님께서 나타나 야곱에게 "애굽에 내려가기를 두려워하지 말라 내가 거기서 너로 큰 민족이 되게 하리라"(46:3)고 말씀하십니다. 야곱을 애굽으로 내려가게 하는 것은 야곱의 입장에서는 잃었던 아들을 만나러 가기 위함이었습니다. 그러나 하나님에게는 아브라함에게 하늘의 별처럼 많은 자손을 주기로 약속한 그 언약을 이루기 위해서였습니다.

야곱은 애굽으로 내려가 잃었다고 생각했던 요셉을 22년 만에 다시 만나, 그곳에서 약 17년 동안 살게 됩니다. 야곱의 식구 70인이 애굽에 들어가 살다가 야곱이 죽기 전에 그의 열두 아들에게 축복하는 것을 보면 야곱이 이제까지 살아오면서 겪은 어려움을 통해 그의 영성이 얼마나 많이 성화되었는지 엿볼 수가 있습니다. 그런 후 야곱은 147세에 죽습니다(48-49장).

요셉 이야기

요셉은 하나님의 뜻이 무엇인지 분명히 알았던 인물입니다. 하나님께서 꿈으로 보여주신 하나님의 비전을 잊지 않고 살았기 때문입니다. 그렇기에 보디발의 아내가 유혹해도 넘어가지 않고 이겨낼 수 있었고, 죄 없이 감옥에 갇혔어도 묵묵히 모든 일에 최선을 다하며 살아갈 수 있었습니다. 극심한 가뭄으로 형제들이 애굽으로 양식을 구하러 왔을 때 총리 자리에 앉아 있던 자신을 보고 두려워하자, 요셉은 "하나님이 생명을 구원하시려고 나를 당신들 앞서 보내셨나이다"(창 45:5)라고 말하며 그들을 위로합니다.

이처럼 요셉은 하나님의 뜻과 계획이 무엇인지 분명히 알고 있던 사람이었습니다. 야곱이 얼마나 파란만장한 삶을 살았는지 그의 아들 요셉의 이야기는 야곱이 죽은 후에 잠깐 나오고 그가 110세에 죽었더라 하면서 끝납니다(50장).

야곱이 애굽으로 간 이유

야곱은 130세까지 가나안 땅에서 살다가 큰 가뭄이 닥치자 애굽으로 갑니다. 야곱이 애굽으로 가게 된 직접적 동기는 가뭄과 그가 사랑하던 아들 요셉을 만나러 가기 위함이었지만, 근본적인 목적은 하나님께서 아브라함과 언약하신 것을 이루기 위함이었습니다. 하나님께서는 아브라함에게 약속하신 하늘의 별 같은 큰 민족을 이루도록 그의 아들 요셉을 미리 애굽에 보내 총리가 되게 하였습니다. 요셉의 보호 아래 야곱의 식구 70명은 약 430년 만에 이스라엘이라는 큰 민족을 형성하게 됩니다.

야곱은 원래 가축을 치는 목축업자였습니다. 그는 계절 따라 목초지를 찾아 이곳저곳 다니며 양과 염소들을 치며 살았습니다. 이렇게 목초지를 찾아 떠돌아다녀서는 아브라함에게 약속한 큰 민족이 되기는 불가능했습니다. 그렇기에 하나님은 새로운 계획을 세웠던 것입니다. 바로 야곱의 식구들을 목축 하기 가장 좋은 땅이 있는 애굽으로 들어가 살게 하는 것이었습니다.

야곱이 갔을 때 애굽은 당시 가장 큰 강대국이었습니다. 하나님께서는 이런 나라의 총리로 요셉을 세우고, 그의 보호 아래 목축 하기에 가장 좋은 고센 땅에서 살게 한 것입니다. 고센 땅은 나일 강 근처에 있어 목초지가 충분했습니다. 더욱이 요셉이 애굽 총리이기에 외부로부터 어떠한 공격도 받지 않았습니다. 그들이 자고 일어나면 가축은 새끼를 낳아 곧 큰 기업이 되었습니다. 이제 그들이 해야 할 일은 부지런히 자녀를 낳아 큰 민족을 이루는 것이었습니다. 그리하여 야곱의 식구들이 애굽에 내려간 지 약 350년이 지났을 때는 애굽 왕이 두려워할 만큼 큰 민족이 되었습니다.

드디어 하나님의 때가 되어 이스라엘을 출애굽시키기 위해 가장 필요한 것이 있었는데, 그것은 바로 그 민족을 이끌 지도자였습니다.

출애굽 시대

　성경에는 두 번에 걸쳐 약 350~450년의 공백 기간이 있습니다. 첫 번째는 창세기와 출애굽기 사이에 약 350년의 공백 기간이고, 두 번째는 우리가 잘 알고 있는 구약의 마지막 예언서인 말라기와 복음서 사이에 있는 신구약 중간 시대의 공백기입니다.

　창세기와 출애굽기 사이의 공백 기간은 아마도 처음 듣는 공백기일 것입니다. 이때의 공백기는 야곱이 애굽으로 들어갈 때부터 모세가 태어날 때까지의 기간을 말합니다. 이스라엘이 출애굽할 때는 "이스라엘(야곱) 자손이 애굽에 거주한 지 430년이라"(출 12:40)고 하였습니다. 그때 모세의 나이는 80세였습니다. 야곱이 애굽에 들어갈 때부터 모세가 태어날 때까지 약 350년 동안은 하나님께서 아브라함에게 약속하신 큰 민족을 만드는 시간이었던 것입니다. 이와 같이 야곱의 자손들은 하나님께서 아브라함에게 약속하신 대로 큰 민족이 되었습니다. 그리고 아브라함에게 약속한 하나님의 때가 되어 이스라엘을 애굽에서 인도해 내려 했으나 그들은 요셉이 죽은 후 오랫동안 애굽에서 가축을 치면서 객으로 살았기에 민족을 이끌 만한 지도자가 없었습니다.

　기원전 1570년에는 요셉을 알지 못하는 새로운 왕, 즉 18왕조가 애굽을 다스리게 되었는데, 이때 이스라엘은 애굽의 노예와 종이 된 것으로 보입니다. 애굽으로 내려간 이스라엘 백성이 애굽 총리(요셉)의 자손으로 풍요로운 삶을 누리다가 약 124년 동안(BC 1570~1446) 애굽의 노예와 종이 된 것도 하나님의 섭리입니다. 만약 애굽 왕이 이스라엘 사람들을 노예로 삼아 혹독한 노동을 시키지 않았다면 그들은 절대로 애굽을 떠나 약속의 땅인 가나안으로 들어가려 하지 않았을 것입니다.

그렇기에 하나님께서는 요셉을 알지 못하는 새로운 왕이 애굽의 왕이 되어 이스라엘 백성을 혹독하게 다루도록 한 것입니다. 이스라엘 백성은 새로운 애굽 왕의 혹독한 통치로 일하는 것이 너무 힘들자, 어떻게 해서든지 노예 신분으로부터 벗어나길 원했던 것입니다.

이러한 환경에서도 야곱의 자손이 얼마나 번성했던지 애굽 왕 바로가 두려워할 정도였습니다. 이에 애굽 왕은 산파를 동원하여 아들을 낳으면 모두 죽이고 딸을 낳으면 살리라고 명합니다. 그러나 산파는 애굽 왕의 명령보다 하나님을 더 두려워하여 그 일을 실행하지 않았습니다. 그러자 애굽 왕 바로가 직접 "아들이 태어나면 그를 나일강에 던지라"(출 1:22)고 명합니다. 이러한 환경에서 하나님은 이스라엘 백성을 애굽에서 인도해 낼 지도자가 태어나게 합니다.

이때 아므람과 요게벳이라는 레위 여자에게서 한 아이가 태어납니다. 부모는 아이의 용모가 너무나 준수해서 도저히 나일강에 아이를 버릴 수 없었습니다. 그래서 바로의 명을 어기고 아이를 몰래 숨겨서 길렀습니다 아이가 어찌나 아름다웠는지 스테반은 하나님 보시기에 아름다웠다고 했습니다(행 7:20). 그 아이가 바로 모세입니다. 모세가 태어난 지 3개월이 지나자 아이의 울음소리와 웃음소리가 어찌나 큰지 부모는 더 이상 아이를 숨겨 키울 수가 없었습니다(출 2:3).

그래서 모세 어머니는 물이 새지 않도록 바구니에 역청을 잘 바른 다음, 아이를 바구니에 담아 나일강에 띄워 보냅니다. 바로 그때 (이때가 바로 하나님의 때입니다) 하나님은 애굽 왕 바로의 딸을 나일 강으로 목욕하러 나가게 하고, 나일 강가를 거니는 그녀가 바구니를 발견하게 합니다. 공주는 시녀를 시켜 바구니를 가져오게 합니다(출 2:5). 공주가 바구니의 뚜껑을 여는 순간 잘생긴 아이의 울음소리가 얼마나 우렁찬지 모성애를 자극하여, 공주는 그 아기를 자신의 양자로 삼기로 합니다. 그때 근처에 있던 모세의 누이 미리암이 공주에게 달려가서 이 아이를 위하여 히브리 유모를 데려오겠다고 청합니다. 공주가 승낙하자, 미리암은 엄마를 데려와 유모로 삼게 합니다. 그리하여 모세의 친어머니 요게벳은 공주에게 봉급까지 받아 가면서 아들에게 모유도 먹이고 히브리인 교육도 시키면서 직접 기르게 됩니다. 이것이 하나님의 계획이며 섭리이고 은혜입니다.

모세는 궁중에 있으면서 어머니에게 히브리인 교육을 잘 받았을 것입니다. 또한 하나님의 백성 이스라엘을 인도할 지도자가 되기 위해 40년 동안 애굽 궁전에서 최고의 교육, 즉 왕이 되는 교육을 받습니다. 왕이 되기 위한 훈련을 잘 받은 모세는 스스로 자기 민족 히브리인을 위해 무엇인가를 하려고 계획하고 있었습니다. 그러던 중 그가 40세 되던 어느 날 밖에서 거닐고 있을 때 애굽 사람이 히브리 사람, 곧 자기의 형제를 학대하는 것을 보게 됩니다. 그것을 본 모세는 주위에 보는 사람이 아무도 없는 것을 확인하고 애굽 사람을 돌로 쳐서 죽이고 모래에 파묻습니다. 모세는 이것이 완전 범죄인 줄 알았습니다. 그리고 이러한 자기의 행동을 보고 자기 백성인 히브리 사람들이 자기를 왕으로 세우기를 기대했을 수도 있습니다.

그러나 다음날 자기 형제인 히브리 사람들에게 배척을 당하고, 애굽 사람을 죽인 사실이 바로 왕에게 알려지면서 모세는 하루아침에 살인자가 되어 미디안 광야로 도망을 갑니다. 모세가 미디안 광야로 피신한 것은 그에게는 죽음과 같은 일입니다. 다행히 모세는 미디안 땅에서 이드로의 딸 십보라를 만나 결혼하게 됩니다.

미디안 제사장인 이드로의 사위가 된 모세는 그 후 40여 년 동안 데

릴사위로 처가살이를 하며 장인의 가축을 치게 됩니다. 모세에게 이 기간은 애굽 왕자였던 자신의 모든 것을 내려놓고 하나님의 종으로서 훈련을 받는 기간이었습니다. 모세는 40여 년간의 처가살이를 통해 비록 과거에는 애굽의 왕자였지만 이제는 자기 힘으로 아무것도 할 수 없음을 깨닫게 됩니다. 하나님의 일은 우리 힘으로 하는 것이 아닙니다. 하나님의 능력과 힘으로 하는 것입니다. 모세가 아무것도 할 수 없다고 생각했을 때 하나님께서 떨기나무 가운데 나타나 모세에게 소명을 줍니다. 바울은 "약한 그때에 강함"(고후 12:10)이 된다고 했습니다. 모세가 애굽 왕자로 있을 때에는 하나님께서 그를 사용하실 수 없었습니다. 그러나 그가 모든 것을 내려놓고 자기 스스로 아무것도 할 수 없음을 깨달았을 때 그를 사용하려 나타나신 것입니다.

모세는 호렙 산에서 이상한 광경을 목격합니다. 한 떨기나무에 불이 붙었는데, 떨기나무가 타지 않고 그대로 있는 것입니다. 모세는 이 신기한 현상을 보고 왜 떨기나무가 타지 않는지 보기 위해 떨기나무가 있는 곳으로 갑니다. 그때 그곳에서 하나님의 음성이 들리며 모세는 소명을 받게 됩니다. 이때 모세의 나이는 80세였습니다. 하나님께서는 하나님의 백성을 인도해 낼 한 지도자를 양성하는 데 80년이라는 세월을 투자하신 것입니다.

모세의 소명

모세에게 준 하나님의 소명은 이스라엘 백성을 애굽에서 인도해 내는 것이었습니다(출 3:10). 하나님의 백성을 애굽에서 인도해 내는 것이 모세의 소명이며 사명이었습니다. 소명을 받은 모세는 "나는 입이 뻣뻣하고 혀가 둔한 자이니다. … 보낼 만한 자를 보내소서"(4:10-13)라며 하나님과 말씨름을 하지만, 결국 순종하고 애굽 왕 바로 앞에 서게 됩니다. 모세는 바로에게 "내 백성으로 하여금 애굽에서 나가게 하라"고 말합니다(5:1). 당시 애굽은 지금으로 말하면 미국 같은 초강대국이었습니다. 그런 초강대국의 왕인 바로가 40년 전에 살인을 저지르고 공소시효가 끝났다고 돌아온 일개 히브리 사람 모세의 말을 듣고 그 백성들을 쉽게 내놓을 리가 없습니다. 당시 이스라엘 백성은 애굽 왕에게는 큰 노동 자원이었기 때문입니다.

민수기를 보면 출애굽할 때 레위인과 여자와 아이들을 제외하고 20세 이상 싸움에 나갈 만한 사람의 숫자가 60만 3,550명이었습니다(민 1:46). 이들의 일당을 약 100달러로 계산하면 하루 약 6,000만 달러가 되고, 일 년이면 약 220억 달러의 노동력을 잃게 되는데 누가 이런 노예들을 놓아 주겠습니까? 그렇기에 바로는 아홉 번의 재앙을 겪으면서도 모세의 청에 대해 수락과 거절을 계속 번복하였던 것입니다. 결국 열 번째 재앙이 내려져 애굽에 사람을 포함하여 살아 있는 모든 생물의 초태생이 죽는 역사가 일어납니다. 이 재앙으로 인하여 애굽의 온 땅이 장자의 죽음으로 울음바다가 되고 초상집이 아닌 집이 하나도 없게 됩니다(출 12:30). 그 재앙은 애굽 왕 바로라고 비껴가지 않았습니다. 결국 바로 왕은 자신의 장자는 물론 그 나라의 장자들이 모두 죽는 재앙을 겪고 나서야 모세에게 이스라엘 백성을 이끌고 나가도록 허락합니다.

이스라엘 백성은 애굽에서 나오면서 애굽 사람들에게 광야 생활에 필요한 모든 것을 요구합니다. 애굽 사람들은 이스라엘 사람들이 빨리 애굽에서 나가기를 원했기에 금은보화는 물론 그들이 구하는 것은 무엇이든지 다 줍니다. 하나님께서 아브라함에게 "네 자손이 이방에서 객이 되어 그들을 섬기겠고 그들은 사백 년 동안 네 자손들을 괴롭게 하리니… 그 후에 네 자손이 큰 재물을 이끌고 나오리라"(창 15:13-14) 약속하신 대로 큰 재물을 가지고 나오게 되는 것입니다. 이스라엘 민족은 가지고 나온 것들을 금송아지를 만드는 데 사용하기도 했지만, 시내산에서 성막을 지을 때 귀중한 재료로 씁니다.

이것이 출애굽 사건이고 하나님께서 아브라함에게 약속하신 언약의 성취입니다. 창세기 15장에서 하나님이 아브라함에게 하신 언약, 즉 하늘의 별과 같이 큰 민족이 되리라(창 15:5) 하신 약속과 이방에 객이 되어 400년이 지난 후 큰 재물을 가지고 나오리라던 하나님의 언약이 이루어진 것입니다(창 15:14). 이와 같이 출애굽 사건은 창세기에서 아브라함에게 하신 하나님의 언약이 그대로 성취되는 사건입니다. 애굽에서 나온 이스라엘 백성은 홍해를 건너 약 3개월 만에 시내산에 도착하고(출 19:1), 그곳에서 약 10개월 동안(민 10:11) 머물게 됩니다.

시내산 시대

하나님의 백성 이스라엘은 시내산에 머무는 동안 하나님으로부터 크게 세 가지를 받습니다. 십계명과 성막과 레위기입니다. 십계명은 하나님의 백성으로서 반드시 지켜야 할 헌법 같은 것입니다. 성막은 하나님이 임재하시는 곳으로, 하나님과 만나고 제사(예배)를 드리는 곳입니다. 성막은 금과 은으로 만들어서 중요한 것이 아니라, 그곳에 하나님이 임재하시고 하나님이 그의 백성들과 만나 주시는 곳이기에 중요합니다.

출애굽기에서 성막에 대한 내용은 크게 두 가지입니다. 먼저 25장에서 31장까지 시내산 위에서 모세에게 성막의 모형도를 보여줍니다. 35장에서는 성막을 만드는 데 필요한 재료와 사람들을 준비하는 과정을, 36장부터 39장까지는 시내산에서 보여준 양식대로 성막과 성물을 만든 것을 보여줍니다. 그리고 40장에서 성막을 위해 만든 모든 것을 모세에게 가져와 그것들을 조립하여 완성하는 과정을 보여줍니다.

성막의 중요성

성막은 하나님이 계신 곳이기 때문에 매우 중요합니다. 뿐만 아니라 신앙인들에게도 너무 중요하기에 출애굽기 전체 40장 중에서 17장 정도를 할애하여 성막에 관해 기록하고 있습니다.

성막은 아주 복잡한 듯이 설명되어 있지만 사실은 아주 간단한 구조로 되어 있습니다. 성막은 가로 약 25미터, 세로 약 50미터의 대지에 방이 두 개 있는 조립식 건물입니다. 하나님(아버지)이 계신 지성소(안방)는 5×5미터, 제사장(자녀)들이 하나님께 봉사하는 성소(사랑방)는 5×10미터 정도의 크기입니다. 지성소와 성소 사이에는 휘장이 쳐져 있습니다. 지성소에는 하나님의 법궤와 그것을 덮고 있는 속죄소(뚜껑)가 있고, 지성소와 성소 사이에는 휘장이 있어 지성소와 성소를 구분합니다. 성소에는 휘장 앞에 분향단이 있고 지성소를 바라보고 오른쪽에는 떡상이, 왼쪽에는 촛대가 있습니다.

그리고 뜰로 나오면 성막 앞에 제사장들이 손을 씻는 물두멍이 있고, 물두멍과 울타리 입구(대문) 사이에는 동물을 잡아 제사를 드리는 번제단이 있습니다. 뜰 밖에는 담이 있는데, 담에는 휘장을 쳐서 성막과 외부를 구별하도록 되어 있습니다. 이것이 성막의 모든 것입니다.

성막 평면도

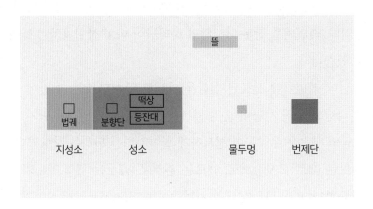

성막은 광야를 이동하면서 조립하고 분리해야 했기에 조립식으로 만들어졌습니다.

성막을 완성한 후(출 40:33), 다음 역사는 민수기로 연결되어야 하는데 출애굽기와 민수기 사이에 아주 중요한 책이 한 권 있습니다. 바로 레위기입니다. 레위기의 대부분은 모세가 시내산에 머물면서 받은 것입니다. 민수기를 설명하기 전에 레위기를 간략하게 설명하고자 합니다.

레위기

레위기의 주제는 '거룩'으로, 하나님의 백성들에게 거룩하게 살아가는 방법을 알려 주고 있습니다. 하나님께서 거룩하시니 하나님의 백성인 우리도 거룩하게 살아가야 한다는 것입니다.

레위기의 또 다른 특징은 하나님의 사랑이 가득 담겨 있다는 것입니다. 레위기에 사랑이 가득 담겨 있다고 하면 믿는 사람이 아무도 없을 것입니다. 레위기에는 법령을 다루는 만큼 죄에 대한 많은 심판이 기록되어 있고, 이런저런 이유로 죽이라는 내용이 많이 담겨 있기 때문입니다. 레위기를 잘못 이해하면 하나님이 마치 살인자처럼 느껴질 수도 있습니다.

그런데 레위기에 선포된 심판을 자세히 들여다보면 그 안에 얼마나 하나님의 크신 사랑이 숨겨 있는지 모릅니다. 레위기에 담겨 있는 하나님의 사랑은 우리들이 행복하게 살아가기를 원하는 사랑입니다.

부모는 때로는 사랑으로, 때로는 훈계로, 때로는 채찍으로 자녀들을 양육합니다. 이 모든 일에는 자녀들이 잘되고 행복하게 살아가기를 원하는 부모의 간절한 사랑이 담겨 있습니다.

이와 같이 하나님의 자녀 된 우리들이 어떻게 살아가는 것이 가장 행복한지 그 방법을 보여주는 것이 레위기입니다. 한마디로 하나님이 우리의 행복을 위해 주신 것입니다. 신명기 10장 13절을 보면 "내가 오늘날 네 행복을 위하여 네게 명령하는 여호와의 명령과 규례를 지킬 것이 아니냐"고 합니다. 이 말씀은 하나님께서 주시는 모든 명령과 규례, 즉 하나님의 말씀인 성경과 레위기에 있는 모든 말씀이 우리들의 행복을 위해 주셨다는 이야기입니다. 우리가 어느 나라에서 살아갈 때 그 나라의 법을 잘 알고 지키면 안전하고 행복하게 살아갈 수 있지만, 법을 모르면 불안할 수밖에 없습니다. 고속도로에서 운전을 할 때도 교통 법규를 잘 알고 그 법을 지키면 안전하지만, 법을 지키지 않으면 사고를 내거나 교통위반 스티커를 받게 될 것입니다. 하나님의 백성이 된 우리는 하나님의 법을 잘 알고 지키며 살아갈 때 행복하게 살 수 있습니다. 레위기는 어떻게 하는 것이 하나님의 백성으로서 가장 행복하게 살아갈 수 있는지 말해 주고, 또한 우리들이 행복하게 살아가기를 간절히 원하는 하나님의 넘치는 사랑이 기록된 책입니다.

사람들이 행복하게 살 수 있는 방법은 첫째, 마음을 다하고 성품을 다하고 뜻을 다하여 창조주 하나님을 사랑하는 것입니다(마 22:37). 레위기 1장에서 10장까지는 하나님을 어떻게 사랑하며 살아가야 하는지 제사법을 통해 하나님을 사랑하는 방법을 알려 줍니다. 둘째, 내 이웃을 내 몸과 같이 사랑하며 살아가는 것입니다(마 22:39). 하나님 나라의 이웃이란 가정에서의 형제 같은 것입니다. 가정에서 형제들이 서로 사랑하며 살아갈 때 부모가 행복하듯 하나님 나라의 백성들이 서로 사랑하며 살아갈 때 하나님께서 기뻐하시는 것입니다.

레위기 11장부터 25장까지는 우리의 이웃(형제)을 어떻게 사랑하며 살아가야 하는지를 알려 줍니다. 그리고 하나님을 사랑하고 이웃을 사랑하며 살아가라고 명하신 대로 순종하면 복을 받고, 불순종하면 어떠한 벌을 받게 되는지 26장에 상세히 기록해 놓았습니다.

특히 하나님을 사랑하는 방법 중 다섯 가지 제사법이 레위기 1장부터 7장에 나옵니다. 번제, 소제, 화목제, 속죄제, 속건제가 그것입니다.

번제는 동물을 잡아 가죽을 벗기고 토막을 내고 내장을 다 빼서 깨끗이 씻은 다음 불에 태워 하나님께 향기를 드리는 제사입니다. 예수님께서 자기 자신을 온전히 주셨듯이, 이렇게 온전히 모든 것을 태워 그 향을 드리는 것이 번제입니다.

소제는 곡식으로 제사를 드리는 것입니다. 곡식을 아주 고운 가루로 만들어 드리는 것으로, 형체가 없어지는 가루처럼 자신을 온전히 희생하여 드리는 제사입니다. 바로 자기 중심성을 내려놓는 것입니다.

화목제는 하나님과 화목하기 위해 드리는 감사제, 서원제와 자원해서 드리는 제사를 말합니다.

속죄제는 부지중에 지은 죄를 속죄받기 위하여 드리는 제사입니다.

속건제는 보상제와 같습니다. 부지중에 하나님의 성전의 기물이나 이웃에게 피해를 주었을 때 그 피해액의 5분의 1을 더하여 갚는 제사입니다.

레위기 8장부터는 제사를 주관하는 제사장에 대한 기록이 있습니다. 그러나 예수님이 오시면서 더 이상 제사를 드릴 필요가 없어졌습니다. 예수님이 십자가에 죽으시어 단번에 자신을 대속 제물로 드림으로써 우리 죄를 사하여 주셨기 때문입니다. 이제는 동물을 죽여 드리는 제사가 아니라, 예배를 통하여 죄 사함을 얻게 된 것입니다. 1장부터 10장까지 기록된 제사 제도는 예수님께서 오셔서 십자가에 못박혀 죽으심으로써 이미 완성되었습니다.

그런데 레위기의 제사 제도가 왜 아직도 성경에 있는 것일까요? 그것은 우리들이 더 이상 제사를 드리지는 않지만 그 정신은 이어받아야 하기 때문입니다. 제사법을 통해 어떠한 자세로 예배를 드려야 하는지 그 정신을 이어받기 위해서입니다.

레위기는 출애굽기 시대에 모세가 시내산에 머무르던 시기에 주어진 것이기에 시간적 흐름이 없습니다. 하나님 나라의 역사는 출애굽기에서 민수기로 이어집니다.

광야 시대

이스라엘 민족은 하나님의 섭리 가운데 종이 되었던 애굽에서 탈출하여 시내산에 도착하고, 시내산에서 하나님의 백성으로 살아가는 데 필요한 헌법인 십계명과 율례와 규례와 법규인 레위기를 받게 되었습니다. 또한 하나님의 임재와 제사를 위한 성막도 받았습니다.

이처럼 하나님께서 많은 이적과 기적을 보이시고 그들에게 시내산에서 직접 십계명을 선포했지만(출 20:2-17), 그들은 진정으로 하나님을 알지 못했습니다. 그러기에 가나안 땅을 정복하기 위해 정탐꾼을 보냈을 때 전지전능한 하나님의 능력을 믿지 못하고 그들의 눈으로 확인한 것을 기준으로 모든 것을 판단하여 부정적인 보고를 하였던 것입니다(민 13장).

열두 명의 정탐꾼 중에서 갈렙과 여호수아를 제외한 열 명의 부정적인 보고를 받고 이스라엘 백성은 하나님께서 하시는 일에 반기를 듭니다(민 14장). 그런 이스라엘을 하나님께서 하나님의 백성으로 훈련시키는 기간이 바로 광야 시대로, 민수기를 통해 어떠한 훈련을 받게 되는지 알 수 있습니다.

민수기

민수기의 목적은 훈련에 있습니다. 민수기는 하나님의 백성으로 훈련되는 과정을 기록한 훈련기라고 할 수 있습니다. 이스라엘 백성은 430년 동안 애굽에 살면서 많은 세월을 노예와 종으로 살았기에 노예 근성이 몸에 배어 있었습니다. 노예 근성이란 어떠한 작은 일만 생겨도 불평불만을 늘어놓는 행위를 말합니다. 주인은 어떠한 일이 발생하면 그 문제를 해결하기 위해 백방으로 노력하지만 노예나 종은 불평불만을 늘어놓습니다. 그렇기에 이들은 하나님께서 애굽에 내리신 열 가지 재앙으로 애굽에서 나오게 하고, 홍해를 건너게 하고, 바위에서 물이 나오게 하며, 많은 이적과 기사를 통하여 그들을 인도함에도 불구하고 하나님을 잘 알지 못했습니다. 어떤 문제가 발생하면 불평불만을 늘어놓기 바빴습니다. 하나님은 그들을 하나님의 백성으로 살아가도록 훈련시켜야 했습니다.

이스라엘 백성이 애굽에서 나올 때는 마치 군에 입대는 했지만 아직 군인이 무엇인지 잘 모르는 성숙하지 못하고 다듬어지지 않은 군인 같은 모습이었습니다. 하나님께서 이러한 이스라엘 백성을 40년의 광야 생활을 통해 "택하신 족속이요 거룩한 나라요 왕 같은 제사장"으로서 하나님의 백성이 되도록 훈련시키는 과정을 기록한 것이 바로 민수기입니다. 민수기는 하나님께 순종하는 훈련이요, 하나님과 교제하는 훈련이요, 하나님의 백성으로 행복하게 살아가는 방법을 훈련받는 기간이었습니다. 이러한 훈련의 모범을 보인 사람이 바로 모세입니다. 모세는 "여호와께서 자기에게 명령하신 대로 다 지켜 행하였더라"(출 40:16)고 성경에 기록되어 있습니다.

출애굽기 40장을 보면 하나님께서 명령하신 대로 성막을 완성하고 가나안 땅으로 출발하기 위해 인구조사와 진 편성을 한 다음(민 1, 2장) 시내산에서 두 번째로 유월절(민 9:5)을 지내게 됩니다. 시내산에서 드리는 유월절은 성막에서 드리는 첫 번째 유월절(1월 14일)이었습니다. 이스라엘은 성막에서 첫 번째 유월절을 지키고, 약 한 달 후인 2월 20일 시내산을 출발하여 가데스 바네아에 도착합니다. 그리고 가나안 땅을 정복하기 위해 열두 명의 정탐꾼을 보냅니다. 그러나 40일간의 정탐을 마치고 돌아온 정탐꾼 중에서 여호수아와 갈렙을 제외한 열 명의 정탐꾼이 부정적인 보고를 합니다(민 13장). 이로 인하여 이스라엘 백성은 두려움에 사로잡혀 급기야 애굽으로 다시 돌아가자며 모세를 돌로 쳐 죽이려고까지 합니다(14장).

하나님께서 가장 싫어하신 말이 있는데, 그것은 바로 "애굽으로 돌아가자"는 것이었습니다. 하나님께서는 아브라함과의 약속을 이행하시려고 430년 동안 애굽에서 큰 민족을 만드시고 큰 재물을 가지고 나오게 하셨습니다. 그러나 이스라엘 백성은 하나님을 의지하지 않고 눈앞에 있는 작은 문제 때문에 다시 애굽으로 돌아가자고 한 것입니다. 애굽은 하나님의 백성이 노예로 있던 곳이고, 온갖 종류의 우상을 섬기던 곳이었습니다. 어떤 학자는 당시 애굽에는 2,000개가 넘는 우상이 있었다고 말합니다.

이러한 곳에서 노예로 살아가던 이스라엘 백성을 나오게 했는데, 다시 애굽으로 돌아가자고 하자 하나님께서는 이스라엘을 진멸시키고 모세를 통하여 새로운 민족을 만들려고 합니다(14:12). 아마도 필자 같으면 "네, 하나님 저를 통해 크고 강한 나라를 만드시옵소서!" 하였을 것입니다.

그러나 모세는 달랐습니다. 모세는 이스라엘 백성이 멸망하는 것을 원하지 않았습니다. 그는 오히려 백성들을 위하여 중보 기도를 하여 하나님의 마음을 돌립니다. 이것이 모세의 리더십입니다. 모세는 자신의 이익을 구하지 않고 오직 이스라엘 백성의 안위만을 위하여 하나님께 기도합니다. 모세의 중보 기도로 하나님께서 이스라엘을 멸망시키지는 않지만 이스라엘은 그들의 죄로 인하여 40년 동안 광야에서 하나님을 싫어하면 어떻게 되는지 배우게 됩니다(14:34).

이처럼 광야 생활은 이스라엘 백성이 하나님이 어떠한 분인지 알아 가며 하나님의 백성이 되는 훈련을 받는 기간이었습니다. 광야 생활을 하며 하늘에서 내려 주시는 일용할 양식인 만나를 통해 '하나님 말씀에 순종하는 훈련과 안식일을 지키는 훈련'을 하며 하나님을 알아갔던 것입니다. 그들이 어떠한 훈련을 받았는지는 민수기 15장부터 20장까지 잘 기록되어 있습니다. 이스라엘 백성이 가나안 땅에 들어가서 지낼 제사 규례(15장), 고라와 동조자들의 지도력에 도전하는 것에 대한 하나님의 심판(16장), 아론의 싹 난 지팡이를 통한 지도력 도전에 대한 종지부(17장), 성막에서 봉사하는 제사장과 레위인의 직무(18장), 므리바 물 사건(20장) 등을 통해 하나님을 경험하며 신뢰하는 훈련을 받은 것입니다.

모세는 하나님께서 언약한 40년이 거의 다 되었을 때 가나안 땅을 정복하기 위해 요단 강 동편으로 이동하기 시작합니다. 가나안 땅을 정복하기 위해서는 가데스에서 북쪽으로 올라가는 가까운 길이 있었습니다. 그러나 가데스 바네아 북쪽에는 군사적으로 강력한 블레셋과 아말렉, 그리고 아낙(거인) 자손들이 있었기에 모세는 그곳을 피해 에돔을 지나 요단 강 동편 모압 땅으로 가려고 하였습니다(민 20:17). 하지만 에돔 왕이 이스라엘 사람들의 에돔 통과를 허락하지 않았기에 광야 길을 우회하여 북쪽으로 갈 수밖에 없었습니다.

이스라엘 백성이 가데스를 떠나 호르 산에 이르렀을 때 아론이 123세(출애굽 40년째 5월 1일)로 죽자 아론의 장례를 마친 후, 세렛 시내를 건너게 됩니다. 세렛 시내를 건널 때 하나님께서 말씀하신 대로 출애굽 1세대는 광야에서 다 죽고 2세대만이 건너게 됩니다(신 2:14). 그들은 세렛 시내를 건넌 후 북쪽으로 올라가 요단 강 동편 모압 땅인 비스가 산에 도착합니다(민 21:20). 이때 아모리 왕 시혼이 공격해 옴으로써 전쟁이 시작되지만 이스라엘의 승리로 끝납니다. 그 후 바산 왕 옥과의 전쟁에서도 승리하여 요단 강 동편 지역을 점령합니다(민 21장). 이스라엘이 모압 평지에 진을 치자 모압 왕 발락은 발람에게 많은 재물을 주며 이스라엘을 저주하려고 하지만, 하나님께서는 저주 대신 발람에게 이스라엘을 축복하도록 합니다(민 22-24장).

그러나 이스라엘 백성이 싯딤에 머물 때 이스라엘 남자들이 모압과 미디안 여자들과 음행을 저지르게 됩니다(민 25장). 이스라엘 여인들은 40년 동안 광야 생활을 했기에 화장도 안 하고 옷차림도 꾀죄죄했을 것입니다. 반면 모압에 도착하여 그곳의 여자들을 보니 너무도 예쁘고 매력적이었을 것입니다. 이스라엘의 남자들이 모압 여자들의 유혹에 넘어가, 급기야 그들의 신에게 절하며 우상을 섬기는 일이 벌어집니다(25:2). 이 일로 인하여 하나님께서 진노하시어 염병이 돌면서 2만 4,000여 명이 죽습니다. 하지만 아론의 손자 비느하스가 하나님의 마음을 가지고 미디안 여자와 음행을 저지르는 남녀를 죽임으로써 염병이 그치게 됩니다(25:4-18).

그 후 출애굽 2세대를 위한 2차 인구조사를 하니 레위인을 제외한 인구가 60만 1,730명으로 시내산에서 했던 1차 인구조사 때보다 약간 줄어든 것으로 나타납니다(26장). 염병으로 2만 4,000여 명이 죽었기에 더욱 인구가 줄었을 테지만, 광야 생활이 결코 쉽지 않았던 것 같습니다. 2차 인구조사를 마친 후 다시 한 번 가나안 땅에 들어가서 지켜야 할 규례들을 선포하고 이스라엘이 점령한 요단 강 동편의 땅을 르우벤과 갓과 므낫세 반 지파에게 분배합니다(27-36장).

신명기

민수기 다음에는 신명기가 나오는데, 신명기는 레위기처럼 역사서가 아닙니다. 모압 땅에 도착한 출애굽 2세들에게 약속의 땅에 들어가서 하나님의 백성이 어떻게 살아가야 하는지 설명하는 것입니다. 신명기는 모세가 가나안 땅에 들어갈 출애굽 2세들에게 신신당부하는 모세의 유언 같은 설교입니다. 즉, 하나님께서 약속하신 "가나안 땅에 들어가면 이방인들과 혼인하지 말며, 그들의 우상을 섬기지도 말고 오직 여호와만을 섬기며 살아가라"고 신신당부하는 모세의 유언인 것입니다.

모세가 모압 땅에 도착해 백성들에게 신명기를 가르칠 때에는 이미 출애굽 1세들은 모두 죽었습니다. 민수기에서 가나안 땅에 정탐꾼을 보내고 그들이 돌아와 부정적인 보고를 하며 차라리 애굽으로 돌아가자고 불평할 때, 하나님께서 '너희들은 아무도 가나안 땅을 밟지 못하리라'고 하신 대로 결국 출애굽 1세대는 광야에서 모두 죽게 됩니다. 그렇기에 애굽에서 나온 지 40년이 지나 요단 강 동쪽 모압 땅에 도착했을 때에는 출애굽 1세대는 다 죽고 2세들만 남아 있었습니다.

신명기는 새로 하나님께 받은 말씀이 아니라 출애굽기, 레위기 그리고 민수기를 통해 이미 주신 하나님의 말씀을 2세들의 언어로 재해석하여 그들이 하나님의 명령과 규례를 잘 이해하고 그 말씀대로 살아가도록 하는 모세의 유언 같은 마지막 설교입니다. 1장부터 3장까지는 이제까지의 여정을 간략하게 기록하며, 하나님께서 애굽에서 모압 땅까지 어떻게 인도하셨는지 설명합니다. 그리고 4장에서는 제일 먼저 출애굽기 20장에 있는 십계명을 설명합니다.

십계명은 이미 언급하였듯이 헌법 같은 것이기에 하나님의 백성인

이스라엘 민족에게는 가장 중요한 것입니다. 십계명의 처음 네 계명은 하나님을 사랑하라는 계명이고, 다섯 번째부터 열 번째까지는 이웃을 사랑하라는 계명입니다.

특히 안식일을 거룩히 지키라는 네 번째 계명은 창세기 2장 1절에 근거하고 있습니다. 하나님은 6일간 모든 창조를 마치고 제7일에 안식하셨습니다. 그리고 시내산에서 모세에게 십계명을 주시며 안식일을 거룩하게 지키라고 합니다(출 20:8-11). 우리들이 안식일을 거룩하게 지키는 것은 하나님께서 이 세상을 창조하신 것, 즉 창조주 하나님을 인정하는 것입니다. 안식일을 거룩하게 지키는 것은 하나님께서 창조하신 것을 믿는 것이고, 내가 하나님의 자녀라는 사실을 인정한다는 것입니다. 그래서 안식일을 거룩하게 지킨다는 것은 중요합니다. 그러나 앞서 언급하였듯이 거룩하게 지켜야 할 그 안식일은 우리들을 위해 주신 것입니다. 예수님께서도 안식일은 사람을 위하여 주셨다고 분명히 말씀하셨습니다(막 2:27).

신명기 5장부터 27장까지는 2세들이 이해하기 어려운 레위기와 법규들을 그들이 잘 이해할 수 있도록 풀어 설명하고 있습니다. 1세대에게 주어진 레위기와 법규들은 어렵고 딱딱해서 2세들이 이해하기 쉽지 않았기 때문입니다. 우리의 후세대에게 개역한글이나 개역개정의 성경을 읽으라고 하면 이해하기 어렵지만, 같은 성경이라도 그들이 이해하기 쉬운 현대어로 잘 풀어서 쓴 성경을 읽게 하면 이해하기가 훨씬 쉬울 것입니다. 이와 같이 1세대는 레위기를 잘 이해할 수 있었지만 2세대는 그 뜻을 이해하기가 어려웠습니다. 그래서 가나안을 정복할 2세대가 율례와 규례를 지키며 살아가도록 그들이 이해할 수 있는 언어로 설교한 것이 신명기입니다.

이와 같이 모세는 신명기 4장부터 27장까지 하나님의 백성 이스라엘이 지켜 행해야 할 율례와 규례와 법도와 법규를 설명한 후 28장에서는 이제까지 선포한 명령을 지켜 행하면 복을 받고, 불순종하면 저주를 받을 것이라 선포합니다. 29장에서 34장까지는 하나님이 2세대에게 특별히 들려주는 계명이 기록되어 있습니다. 모세는 모든 설교를 마친 후 느보산에서 120세에 죽습니다. 그 후 하나님은 여호수아에게 가나안 땅을 정복하도록 합니다.

모세가 죽을 때 그의 눈이 흐리지 않았고 기력도 쇠하지 않았다고 합니다(신 34:7). 많은 사람들이 모세가 가나안 땅에 들어가지 못한 것이 '므리바'에서 하나님께 불순종했기 때문이라고 합니다. 성경(민 20장)에도 그렇게 기록되어 있고, 필자도 이것을 인정합니다. 그러나 모세가 가나안에 들어가지 못한 더 중요한 이유가 있는데, 그것은 바로 모세의 소명이 끝났기 때문입니다. 모세의 소명은 오직 이스라엘 백성을 종 되었던 애굽에서 인도해 내는 것이었습니다(출 3:10).

만일 모세가 가나안 땅까지 정복했다면 모세가 이룬 업적으로 인하여 이스라엘 백성 눈에 하나님은 보이지 않고 오직 모세만 보였을지도 모릅니다. 아마도 모세가 신격화되어 이스라엘 백성에게 또 다른 우상이 될 수도 있었을 것입니다. 하나님께서는 모세가 이스라엘 백성에게 또 하나의 우상이 되는 것을 원치 않으셨을 것입니다. 그러므로 모세가 아닌 그의 종이었던 여호수아를 택하여 가나안 땅을 정복하도록 한 것이라 생각합니다.

만약 한 번의 죄로 인하여 모세가 약속의 땅에 들어갈 수 없었다면 이 세상에 존재하는 사람들은 누구도 천국에 들어갈 수 없을 것입니다. 하나님께서는 모세가 아닌 여호수아를 통해 가나안 땅을 정복하게 함으로써 이스라엘 백성에게 세상의 주권자가 하나님이라는 것을 보여준 것입니다. 우리 개개인에게는 하나님께서 주신 소명이 있습니다. 모세가 받은 소명이 있고, 아론이 받은 소명이 있으며, 여호수아가 받은 소명이 있습니다. 그들은 모두 하나님께서 주신 소명을 성취하며 살아갔던 것입니다.

이와 같이 우리들도 하나님께서 우리를 이 땅에 보내신 뜻이 무엇인지 알아 그 뜻을 이루며 살아가야 합니다. 하나님의 뜻이 곧 우리들의 소명인 것입니다. 기도하는 가운데 하나님께서 각자 여러분에게 주신 소명을 발견할 수 있기를 바랍니다. 그리고 그 소명을 완수하는 삶을 살아가기를 바랍니다. 그 일이야말로 하나님께 영광을 돌리는 일입니다. 모세오경을 통하여 하나님의 마음을 알아가는 시간이 되기 원하여 간략하게 다시 정리해 봅니다.

창세기에서는 창조의 하나님, 언약하시는 하나님의 마음을 볼 수 있고, 출애굽기에서는 그 언약을 이루시는 하나님을 만날 수 있습니다. 레위기에서는 하나님의 백성으로 살아가는 데 필요한 율법을 주고, 그 율법을 지켜 순종하며 행복하게 살아가기를 원하는 하나님의 마음을 발견할 수 있습니다. 민수기에서는 애굽에서의 노예 근성을 버리고 하나님 나라의 거룩한 백성으로 살아가기를 원하시며 훈련시키는 하나님의 마음을 알 수가 있습니다. 그리고 신명기에서는 2세들에게 하나님을 경외하는 법을 가르치며 그들이 들어갈 땅에서 하나님만을 섬기며 행복하게 살아가기를 원하시는 하나님의 마음을 볼 수 있습니다.

모세오경 중에서 2세들에게 들려주어야 할 가장 핵심적인 말은 "쉐마 이스라엘", 즉 "이스라엘아 들으라!"는 말씀입니다.

이스라엘아 들으라 우리 하나님 여호와는 오직 유일한 하나님이시니 너는 마음을 다하고 뜻을 다하고 힘을 다하여 네 하나님 여호와를 사랑하라 오늘 내가 네게 명하는 이 말씀을 너는 마음에 새기고 네 자녀에게 부지런히 가르치며 집에 앉았을 때에든지 길을 갈 때에든지 누워 있을 때에든지 일어날 때에든지 이 말씀을 강론할 것이며 너는 또 그것을 네 손목에 매어 기호를 삼으며 네 미간에 붙여 표로 삼고 또 네 집 문설주와 바깥문에 기록할지니라 _ 신 6:4-9

모세는 이렇게 명령하고 있습니다.

우리가 할 수 있는 것은 마음을 다하고 뜻을 다하고 힘을 다하여 하나님을 사랑하는 것입니다. 그리고 이것을 우리의 자녀들에게, 그 자녀는 또 그 후손들에게 영원히 하나님을 사랑하며 살아가도록 가르치고 배우도록 하는 것입니다. 이 말씀은 모세나 이스라엘 후손들에게만 주신 말씀이 아니라 지금 이 땅을 살아가고 있는 모든 그리스도인 한 분 한 분에게 주신 말씀입니다. 하나님의 이 말씀이 그 시대 사람들에게만 필요했다면, 성경 말씀은 우리와 아무런 관계가 없는 역사서이며 경전에 불과한 것입니다.

그러나 하나님의 말씀은 그 시대나 지금이나 동일하게 역사하시기 때문에 생명력이 있는 것입니다. 그러기에 "하나님의 말씀은 살아 있고 활력이 있어 좌우에 날선 어떤 검보다 예리하여 혼과 영과 및 관절과 골수를 찔러 쪼개기까지 하며 또 마음의 생각과 뜻을 판단"(히 4:12)하는 능력이 있는 것입니다. 왜냐하면 하나님은 어제나 오늘이나 영원히 변치 않는 하나님이시기 때문입니다. 이 모든 말씀이 모세오경을 통하여 우리들에게 주시는 하나님의 말씀입니다.

2장

가나안 정복기부터 솔로몬 통치까지

이번 장에서는 모세가 죽은 후 여호수아, 사사기, 룻기, 사무엘상하, 열왕기상 11장까지 살펴보도록 하겠습니다. 여호수아서는 가나안 땅 정복과 땅 분배에 대하여 기록하고 있고, 사사기는 정복한 땅에서 하나님을 잊고 살아갈 때 이스라엘 백성이 겪는 이야기를 기록하고 있습니다. 사무엘상에서는 이스라엘 백성이 하나님이 다스리던 신정정치에서 왕이 통치하는 왕정정치로 바뀐 후 이스라엘의 초대 왕이었던 사울의 통치를 기록하고, 사무엘하에서는 다윗의 통치 시대를 기록하고 있습니다. 열왕기상에서는 다윗이 죽은 후 솔로몬의 통치와 그의 실책으로 인하여 그의 아들 르호보암 시대에 이스라엘이 남북으로 나뉘어 분열왕국 시대가 온 것을 볼 수 있습니다.

여호수아

모세가 죽은 후, 여호수아가 이스라엘의 지도자가 됩니다. 이제 모세의 시대는 지나가고 여호수아의 시대가 열린 것입니다. 당시 이스라엘 민족은 가나안 땅을 정복하기 위해 요단 강 동편 모압 땅에서 대기하고 있었습니다. 여호수아는 어떠한 인물이었을까요? 여호수아는 아마도 맥아더 장군 같은 인물이었을 것입니다. 필자가 보기에 맥아더 장군은 성경을 잘 알고 있었고, 특히 여호수아서를 잘 알고 있었던 것 같습니다. 맥아더 장군이 한국전쟁에서 실행한 인천상륙작전은 여호수아서에서 배운 것으로 생각됩니다. 맥아더 장군이 인천상륙작전을 펼칠 때 동서만 바뀌었을 뿐 여호수아가 가나안을 정복할 때 쓴 전술을 그대로 실행한 것을 알 수 있습니다. 이를 통해 성경에 길과 진리와 생명이 있음을 다시 한 번 발견하게 됩니다.

여호수아서는 "모세가 죽은 후"라며 시작합니다. 성경에 누군가 죽은 후라고 말하는 것은 새로운 시대가 시작된다는 뜻입니다. 여호수아서는 모세가 죽은 후 다음 세대를 이끌어갈 인물인 여호수아를 소개합니다. 모세가 죽은 후 여호수아에게 하나님의 말씀이 임합니다. 아브라함에게 "이 땅을 네 자손에게 주리라"(창 12:7)고 약속하신 그 땅을 여호수아에게 점령하도록 소명을 준 것입니다. 모세의 소명이 하나님의 백성을 종 되었던 애굽에서 인도해 내는 것이라면, 여호수아의 소명은 약속의 땅, 즉 가나안 땅을 정복하는 것입니다.

가나안 땅을 정복하라는 말씀을 들은 여호수아는 3일 안에 가나안을 점령할 계획을 세웁니다(수 1:11). 그러고는 먼저 정탐꾼을 보내 살피게 합니다. 여호수아는 정탐꾼 출신입니다. 그래서 정탐꾼이 지녀야할 자질에 대하여 누구보다 잘 알고 있었습니다. 모세가 열두 명의 정탐꾼을 보냈을 때의 실패도 경험한 사람입니다. 그래서 이번에는 열두 명까지 보내지 않고 이스라엘을 대표할 수 있는 문무(文武)를 두루 갖춘 두 사람만 선택하여 정탐꾼으로 보냅니다. 이렇게 선별된 정탐꾼이 여리고 성에 들어가 머문 곳은 기생 라합이 운영하는 주막집이었습니다. 주막은 모든 여행길에 있는 사람들이 머무르며 쉬는 곳이며, 또한 주민들이 술을 마시며 삶의 이야기를 나누는 곳이기에 그들이 원하는 정보와 함께 민심을 가장 잘 알 수 있는 곳입니다. 그러한 이유로 정탐꾼들은 주막집에서 머문 것으로 보입니다.

정탐꾼들이 주막집에 들어가자, 기생 라합이 그들의 비범함을 보고 깜짝 놀랍니다. 주막은 많은 사람들이 머물다 가는 곳이기에 수많은 사람들을 상대해 본 라합은 정탐꾼들을 본 순간 이들이 보통 사람이 아니라는 사실을 직감한 것입니다. 라합이 보기에 이들은 문무를 겸비하고, 인물도 뛰어났습니다. 이들을 보고 한눈에 반한 라합은 이들이 위기에 처하게 될 때 자기 생명과 바꿀 만한 가치가 있는 사람들이라 생각하게 되었습니다.

여리고 왕은 정탐꾼이 기생 라합의 주막에 있다는 소식을 듣고 군인들을 보내 잡아오라고 명령하였습니다. 그런데 라합은 그 소식을 듣고 자기가 살고 있는 여리고를 정복하기 위해 온 정탐꾼들을 오히려 숨겨 줍니다. 여리고 성에 살고 있는 시민으로서 여리고를 점령하려고 정탐하러 온 사람들을 숨겨 주는 것은 자신의 목숨을 건 도박과도 같은 것이었습니다. 여리고 성의 군인들이 주막에 도착하여 라합에게 "네 집에 들어온 정탐꾼들을 끌어내라"고 명령합니다. 이때 라합이 정탐꾼이 자기 집에 온 적이 없다고 하였다면, 군인들이 주막 곳곳을 샅샅이 뒤졌을 것입니다.

그러나 라합은 아주 지혜롭고 재치가 있는 여인이었습니다. 그녀는 군인들에게 이렇게 말합니다. "과연 그 사람들이 내게 왔었으나 그들이 어디서 왔는지 나는 알지 못하였고 그 사람들이 어두워 성문을 닫을 때쯤 되어 나갔으니 어디로 갔는지 나는 알지 못하나 급히 따라가라 그리하면 그들을 따라잡으리라"(수 2:4-5). 여러분이 군인이라면 라합의 이야기를 듣고 집 안을 뒤질까요? 아니면 정탐꾼을 잡기 위해 빨리 밖으로 나가 그들을 뒤쫓을까요? 아마도 정탐꾼을 잡기 위해 바로 밖으로 나갔을 것입니다. 라합이 여리고 성을 정복하려는 적의 정탐꾼들을 숨겨 준 일은 자기의 목숨과 바꿀 정도로 위험한 일이었지만, 라합이 이러한 일을 할 수 있었던 것은 라합에게 남들이 보지 못하는 안목이 있었기 때문입니다.

첫째, 라합에게는 남자를 보는 안목이 있었습니다. 라합은 정탐꾼들을 보는 순간 그들의 비범함을 보고 그들이라면 자기의 생명과 바꿀 만한 가치가 있다고 생각한 것입니다. 둘째, 하나님의 섭리를 아는 안목이 있었습니다. 라합이 정탐꾼들에게 "너희 하나님은 하늘 아래 하나님이요, 또 땅 위의 하나님이라"(수 2:11)고 고백한 것으로 보아 하나님을 보는 안목이 있었습니다. 셋째, 라합은 시대를 보는 안목이 있었습니다. 라합은 "여호와께서 너희에게 이 땅을 주신 줄 내가 아노라"(수 2:9)며, 이제 한 시대가 가고 새로운 시대가 열리는데 하나님께서 이 가나안 땅을 히브리인, 즉 유대인에게 주실 것임을 알고 있었습니다. 기생 라합은 이런 특별한 안목을 가지고 있었기에 정탐꾼들을 숨겨 주었던 것입니다.

두 정탐꾼 중 한 사람은 유다지파의 우두머리였던 나손(민 1:7)의 아들 살몬(마 1:4)이었던 것으로 추정되는데, 라합은 후에 살몬과 결혼합니다. 두 사람 사이에 태어난 아들이 보아스(마 1:5)이고, 보아스는 오벳을 낳고 오벳은 이새를 낳으며, 이새에게서 다윗이 나오고, 또 다윗의 자손을 통하여 예수님이 태어납니다.

이처럼 하나님의 섭리와 시대를 읽는 안목을 가지고 있던 라합은 예수님의 조상이 되는 영광을 얻게 됩니다. 라합의 도움으로 위기를 모면한 정탐꾼들이 돌아가 여호수아에게 여리고 사람들이 이스라엘에 대한 소문을 듣고 사시나무 떨듯 떨고 있다고 보고를 합니다. 여호수아는 정탐꾼들의 보고를 받은 후 요단 강을 건너 가나안 땅으로 입성하려 준비합니다. 그런데 가나안 땅을 정복하려 할 때 여호수아에게 커다란 장애물이 하나 있었습니다. 바로 요단 강입니다. 그때가 추수기(3~4월)였는데, 물이 강둑까지 찼다고 성경은 말합니다.

필자가 성지순례를 가서 가장 실망한 것은 요르단에서 갈릴리로 들어갈 때 요단 강을 보고 나서입니다. 3월에 성지순례를 갔는데, 요단 강이 시냇물처럼 졸졸 흐르는 것이었습니다. 3월에 흐르는 요단 강물이 이 정도라면 여호수아가 요단 강을 건너는 것은 그리 큰일이 아니었을 것입니다. 그러나 여호수아가 가나안 땅을 정복할 때와 지금은 모든 면에서 많이 달랐을 것입니다. 당시에는 지금보다 비도 많이 왔고, 지금처럼 많은 사람이 살고 있지도 않았습니다. 따라서 물을 저장할 필요가 없었습니다. 지금은 그 시대보다 훨씬 많은 사람이 살고 있고, 또 농사도 많이 지어 아주 적은 양만을 요단 강으로 흘려보내기 때문에 물의 양이 적은 것입니다. 그러나 여호수아가 요단 강을 건널 때에는 헐몬 산 같은 높은 산에서 겨울에 내린 눈이 녹아 요단 강으로 흘러 들어갔기에 지금처럼 졸졸졸 흐르는 시냇물이 아니라 사람이 들어가면 몸이 잠길 정도의 큰 강이었을 것입니다.

여호수아는 그런 요단 강을 건너 하나님께서 주시는 땅으로 가라는 소명을 받았습니다(수 1:2). 여호수아는 믿음을 가지고 제사장들에게 법궤를 메고 강을 건너도록 합니다. 법궤를 멘 제사장들이 첫발을 강에 내딛자 흘러가던 강물이 멈춥니다. 요단 강물이 멈춘 사건을 보며 이스라엘 백성은 홍해가 갈라졌던 사건을 다시 기억했을 것입니다. 이 사건을 통해 하나님께서 모세와 함께하셨듯이 여호수아와 함께하시고, 지금 자신들과 함께하심을 두 눈으로 똑똑히 목격하게 된 것입니다. 과거에 모세와 함께하셨던 하나님이 이제는 여호수아와 함께하심을 모든 백성이 알게 된 사건이었습니다. 그리고 모세가 죽은 후 두려워 떨고 있던 여호수아에게도 하나님이 함께하심을 알게 한 사건이었습니다.

요단 강을 건넌 이스라엘 백성은 길갈에 진영을 세웁니다(수 4장). 길갈은 참으로 중요한 성읍입니다. 가나안 정복을 위한 총사령부가 있었던 곳이고, 항상 길갈을 기점으로 가나안 땅의 정복이 시작되었습니다. 가나안 땅의 정복은 여리고 성을 점령하는 것에서 시작됩니다. 그런데 하나님은 여리고 성을 점령하기 위해 토성을 쌓거나 공성퇴나 칼과 활을 가지고 점령하라 하지 않고, 오직 6일 동안 하루에 한 바퀴씩 여리고 성을 돌게 합니다. 그리고 7일째 되는 날에 여리고 성을 일곱 바퀴 돌고 큰 함성을 지르라고 합니다. 이스라엘 백성이 그대로 행하자 여리고 성이 돌 하나도 남지 않고 무너집니다. 이스라엘 백성이 한 일은 그저 하나님의 말씀에 순종하여 여리고 성을 돌고, 하나님께서 소리를 지르라 하실 때 함성을 질렀을 뿐인데 여리고 성이 힘없이 무너진 것입니다. 단순히 함성을 지른다고 커다란 돌로 쌓은 여리고 성이 무너질 수 있을까요? 소리만 질러서는 성을 무너뜨릴 수 없습니다. 그러나 하나님의 백성이 하나님의 명령을 그대로 따를 때 하나님께서는 하나님이 하실 일을 행하심을 성경을 통해 볼 수 있습니다. 이처럼 우리의 할 일은 하나님의 말씀에 순종하는 것입니다. 그러면 하나님께서는 하나님이 하실 일을 합니다.

전쟁은 누구에게 속한 것입니까? 전쟁은 하나님께 속한 것입니다. 추측하건대 여리고 성이 무너진 것은 이스라엘 백성이 함성을 지를 때 하나님께서 여리고에 큰 지진이 일어나게 하셨기 때문이라고 봅니다. 그들이 하나님의 말씀에 순종하여 큰 함성을 지를 때 하나님께서는 하나님의 하실 일, 즉 지진 같은 일을 통하여 여리고 성을 함락시키신 것입니다. 이러한 일을 통해 이스라엘 백성은 여리고 성을 함락시킨 분이 하나님이라는 것을 알았을 것입니다. 하나님께서는 이스라엘 백성이 여리고 성을 점령한 것이 자신들이라고 자랑하지 못하도록 하신 것입니다. 우리는 어떤 일을 할 때 내가 했다고 자랑하고 싶을 때가 간혹 있습니다. 그러나 그 모든 일은 나를 사용하셔서 하나님께서 이루신 것입니다. 우리는 그저 도구로 사용되었을 뿐입니다. 하나님께서 여리고 성을 함락시킴으로써 이스라엘 백성과 독자인 우리들에게 전쟁(삶)은 하나님께 속한 것임을 알게 하신 것입니다.

이스라엘은 여리고 성을 함락시킨 후 여리고 성보다 훨씬 작은 아이 성을 공격합니다. 그러나 아이 성에서 이스라엘은 첫 패배를 경험하게 됩니다. 패배 원인은 아간이 하나님의 물건을 취했기 때문이었습니다. 여리고 성은 가나안 정복을 위한 첫 성이었기에 여리고 성에서 취한 모든 전리품은 하나님께 드려야 했습니다. 그러나 아간은 전리품 중에서 가죽으로 만든 좋은 외투와 금궤와 은궤 같은 것을 하나님께 드리지 않고 자기 소유로 취했습니다. 아마도 아간의 아내가 좋아하는 샤넬백 같은 것도 있었을 것입니다. 이러한 유혹이 왔을 때 아간은 유혹을 물리치지 못하고 물건을 취하는 죄를 저질렀던 것입니다.

이스라엘은 아간의 죄를 해결한 후 아이 성을 점령하고, 그 후 가나안 땅을 점령합니다. 가나안 땅을 정복할 때 여호수아는 가나안 땅을 동쪽에서 서쪽으로 반으로 자른 후 먼저 남쪽 지역을 정복하고, 그 후 북쪽 지역을 정복하는 전략을 씁니다. 이러한 전술은 맥아더 장군이 한국전쟁에서 인천상륙작전 때 사용한 것과 같습니다. 예수님께서는 "나는 길이요 진리요 생명"(요 14:6)이라 말씀하셨습니다. 예수님은 말씀이 육신이 되어 오신 분이시기에(요 1:14) 말씀, 곧 성경에는 길과 진리와 생명이 있는 것입니다. 성경에는 이와 같이 우리들의 삶에 필요한 모든 것이 기록되어 있습니다.

여호수아 13장부터 21장까지는 정복한 땅을 분배하는 내용이 나오는데, 성경을 읽을 때 가장 재미없는 부분 중의 하나가 바로 이 부분입니다. 많은 성읍의 이름이 나오지만 아는 이름도 거의 없고, 더군다나 거기에는 나의 땅이 한 평도 없기 때문입니다. 그런데 만일 그곳에 여러분의 땅이 단 한 평이라도 있다면 그 땅을 찾기 위해 이 부분을 가장 열심히 읽게 될 것입니다. 이처럼 우리에게는 가장 재미없는 성경이지만, 이것을 읽는 이스라엘 사람들에게는 자기들에게 분배된 땅이 기록되어 있기에 이보다 더 큰 복음이 없습니다. 이것이 우리들과 이스라엘 사람들의 차이입니다. 모든 성경이 마찬가지입니다. 믿는 자들에게는 말씀이 꿀보다 더 달지만, 믿지 않는 자들에게는 우리가 여호수아서에서 땅을 분배하는 기사를 읽을 때와 같이 아무런 재미도 흥미도 주지 못합니다.

가나안 땅을 정복한 후, 여호수아는 모세 시대에 점령한 요단 강 동편의 땅을 분배받은 르우벤과 갓과 므낫세 반지파를 동쪽으로 보냅니다. 그리고 마지막으로 그동안 자기가 이루었던 모든 일을 회상하며 유언을 남깁니다. 그는 하나님의 역사하심을 경험한 백성들에게 하나님을 믿으라, 하나님을 믿지 못하겠으면 동쪽에 있는 신을 믿든지 서쪽에 있는 신을 믿든지 너희들이 알아서 하라고 하면서 "오직 나와 내 집은 여호와를 섬기겠노라"(수 24:15)고 선포합니다.

여호수아의 이 믿음이 오늘 독자들의 믿음이 되기를 바랍니다. 우리들이 때로는 하나님의 역사가 눈에 보이지 않기 때문에 하나님이 우리에게 어떠한 역사를 이루고 계신지 알 수가 없습니다. 그러나 아브라함과 함께하셨던 하나님, 모세와 함께하셨던 하나님, 그리고 여호수아와 함께하셨던 하나님이 지금 이 순간에 여러분과 함께하심을 믿으시기 바랍니다.

사사기

사사기는 가나안 땅을 정복하고 그곳에서 살아가는 이스라엘 백성들의 삶의 이야기입니다. 여호수아가 죽은 후(삿 1:1), 이제 또 새로운 세대가 등장합니다. 여호수아가 죽고 갈렙도 죽고 가나안 땅에 들어온 1세대가 모두 죽고 2세, 3세의 시대가 온 것입니다. 대부분의 2세와 3세는 하나님을 직접 경험하지 못한 세대입니다.

신명기에서 모세는 "가나안 땅에 들어가 살 때 이방인들과 혼인하지 말지니 네 딸을 그들의 아들에게 주지 말 것이요 그들의 딸도 네 며느리로 삼지 말고 또한 이방신을 섬기지 말며 하나님만을 섬기며 살아가라"고 신신당부했습니다. 그럼에도 불구하고 이들은 이방 여인들과 결혼하고, 이방 여인들과 결혼한 이들은 결국 그들의 신까지 섬기며 하나님을 떠나게 됩니다(삿 2:12). 이렇게 이스라엘 후손들은 하나님을 떠나 죄를 지으며 살아갑니다. 이스라엘 민족이 하나님의 백성임에도 왜 이렇게까지 이방인들을 받아들이고 그들의 우상들을 섬기는 죄를 지을 수밖에 없었을까를 잠시 생각해 봅니다.

이스라엘이 가나안을 점령할 때까지는 한 나라였습니다. 그러나 땅을 12지파에 분배한 후에는 지방자치제가 이루어져 각 지파의 힘이 분산되어 약해지기 시작했습니다. 각 지파의 힘이 약해지자, 한 지파의 힘으로는 분배받은 땅을 온전히 점령할 수 없었습니다. 그래서 그들은 가나안 땅에 살고 있던 원주민들과 함께 살며 잘 지낼 생각을 하게 됩니다. 이로 인해 이방 여인들과 혼인도 하고 그들의 신을 섬기게 된 것입니다. 이렇게 하나님을 섬기는 신앙을 잃고 살아가는 모습을 기록한 것이 사사기입니다.

이스라엘 백성은 원래 목축업을 하는 민족이었으나 가나안 땅에 정착하면서부터는 농경을 하게 됩니다. 농사를 지어 본 경험이 없었던 그들은 원주민인 가나안 사람들에게 농사법을 배우며 자연스럽게 그들의 풍습을 배우고, 그들이 섬기는 우상도 섬기게 된 것입니다.

사사기 3장 7절부터 16장 31절까지는 웃니엘부터 삼손까지 열두 명의 사사 시대에 어떠한 사건들이 있었는지 기록되어 있습니다. 당시 이스라엘 백성은 하나님을 떠나 우상을 섬기는 죄를 지으며 타락한 생활을 하였습니다. 하나님의 백성이 하나님을 떠나 이방 신을 섬기며 악을 행한 것입니다. 하나님을 떠나 이방신을 섬긴 것은 외도를 한 것입니다. 자기의 배우자가 외도하는 현장을 목격한 남편이나 아내의 마음이 어떠한지를 알아야 사사기 때의 하나님의 마음을 알 수 있습니다. 자기 아내나 남편이 다른 사람과 외도하는 현장을 보았다면 마음속에서 분노가 불같이 끓어 올라 그들을 감옥에 집어 넣고 싶을 것입니다. 실제로 외도를 목격한 사람은 그들의 배우자를 감옥에 보내기도 합니다. 이와 같이 하나님을 떠나 다른 신을 섬기는 이스라엘 백성에게 하나님이 불같이 질투하는 것을 볼 수 있습니다. 하나님께서는 외도하는 하나님의 백성을 이방인을 통해 심판합니다.

하나님께서 심판하시면 이스라엘 백성은 다시 하나님 앞에 나와 회개를 합니다. 이것은 마치 외도하고 감옥에 들어간 남편이나 아내가 자신의 잘못을 사과하며 감옥에서 꺼내 달라고 호소하는 것과 같습니다. 잘못을 뉘우칠 때 변호사를 보내 그들을 감옥에서 꺼내 주는 것처럼 하나님께서도 회개하는 이스라엘에 사사를 보내 그들을 고난에서 구원해 주십니다. 이렇게 사사들을 통해 이스라엘 백성이 죄를 짓고 타락하면 심판하시고 회개하면 구원해 주시는 이야기가 사사기 3장 7절부터 16장 31절까지 기록되어 있습니다.

그런데 이스라엘 백성은 이러한 일을 열두 번이나 반복해서 저지릅니다. 17장부터 22장까지는 사사기 시대에 악을 행하며 타락한 대표적인 두 사건이 기록되어 있습니다.

첫 번째는 에브라임 지역에 사는 미가를 둘러싼 사건입니다. 그는 자신을 위해 신상을 만들고 에봇과 드라빔을 만들어 섬기고 있었습니다. 그런데 그의 집에 유다 베들레헴에서 온 레위지파 한 사람(모세의 손자이며 게르솜의 아들 요나단)이 함께 거주하게 됩니다. 미가는 그가 유다 베들레헴의 레위인임을 알고 그를 자기 집안의 제사장으로 삼아 섬기도록 합니다. 이렇게 레위인이 미가 집안의 제사장이 되어 섬기고 있을 때, 단 지파가 자기 지파가 머물 곳을 찾다가 미가의 집에 제사장이 있음을 알게 됩니다. 단 지파는 그들이 정착할 성읍(라이스)을 점령하러 가는 길에 미가의 집에 들어가 그 제사장과 드라빔을 빼앗아 갑니다. 미가와 단 지파는 형제임에도 불구하고 힘있는 자가 힘없는 자의 것을 빼앗아 가는 악행을 저지른 것입니다.

두 번째는 에브라임 지역에 한 레위인이 살고 있었는데, 그에게는 베들레헴에서 데려온 미모의 첩이 있었습니다. 그 첩이 불륜을 저지르고 자기 친정이 있는 베들레헴으로 도망을 가자, 레위인이 그곳에 가서 데려옵니다. 돌아오는 길에 기브아에 도착했을 때 날이 저물자, 한 노인의 영접을 받고 그 집에서 하룻밤을 묵게 됩니다. 그때 기브아 성읍의 사람들이 노인 집에 찾아와 그 사람을 내놓으라고 합니다. 그곳에는 남창들이 있었는데, 그들이 노인 집에 머무는 남자와 성관계를 갖기 위해 그 사람을 내보내라고 요구한 것입니다. 하지만 노인은 손님을 내보내지 않고 대신 자기 딸을 내주려 합니다. 레위인은 자신을 대신하여 노인이 자기 딸을 불량배들에게 내주는 것이 너무나 미안해 자기의 첩을 그들에게 보냅니다. 그런데 레위인이 다음날 이른 아침에 일어나 보니 대문 앞에 첩이 죽어 있습니다(19장).

자기의 첩이 성읍 불량배들에게 밤새도록 윤간을 당하고 죽은 것을 목격한 레위인은 너무나 화가 나서 그 여인의 시체를 열두 조각으로 토막 내어 열두 지파에게 보냅니다. 그것을 받은 열두 지파 사람들은 이스라엘에서 이런 일이 일어날 수 없는데 누가 이런 일을 행하였느냐며 매우 분개합니다. 이스라엘 지파는 총회를 소집하고 그 사람을 불러 자초지종을 듣습니다. 기브아는 베냐민 지파에 속해 있기에 베냐민을 제외한 다른 지파들이 모여 이러한 일을 저지른 기브아 사람들을 처단하도록 베냐민 지파에 요구합니다.

그러나 베냐민 지파는 이들의 제안을 거부합니다. 이로 인해 형제 간에 피의 전쟁이 일어나 많은 형제들이 죽게 됩니다. 베냐민 지파는 첫 번째와 두 번째 전쟁에서는 승리하지만 마지막 세 번째 전쟁에서는 크게 패배합니다. 이 전쟁으로 베냐민 지파는 군인 600여 명만 남게 되어 거의 전멸 위기에 처하게 됩니다(20장). 결국 베냐민은 이스라엘 지파 중에서 가장 작은 지파가 됩니다. 사울이 왕으로 선택받았을 때 "나는 이스라엘 지파의 가장 작은 지파 베냐민 사람"(삼상 9:21)이라고 했는데, 이 사건으로 인해 베냐민 지파가 가장 미약한 지파가 되었던 것입니다.

사사기의 문제점을 보면 하나님께서 자녀들에게 부지런히 성경을 가르치라고 신명기에서 말씀하셨는데, 여호수아가 그리심 산과 에벨 산에서 성경을 읽어 준 것 외에는 성경을 가르쳤다는 기록이 전혀 없습니다. 그리고 이스라엘 민족은 일 년에 세 차례, 즉 유월절, 칠칠절, 초막절에 하나님 여호와 앞에 얼굴을 보여야 했습니다. 얼굴을 보인다는 것은 하나님께 제사(예배)를 드리기 위해 나오는 것을 말합니다. 그러나 그렇게 했다는 기록도 성경에서 거의 찾아볼 수 없습니다.

사사기의 마지막 부분을 보면 이러한 기사가 있습니다. "그때에 이스라엘에 왕이 없으므로 사람이 각기 자기 소견에 옳은 대로 행하였더라"(삿 21:25).

우리는 우리들의 왕이 되시는 하나님께서 말씀하신 대로 그 뜻을 행하며 살아가야 합니다. 그러나 이들은 왕 되신 하나님의 뜻이 아닌 각자 자기 소견대로 살았습니다. 그래서 이스라엘 민족은 많은 어려운 상황 가운데 고난을 겪어야 했던 것입니다.

룻기

사사기 다음에는 아주 작은 책이 한 권 나오는데, 바로 룻기입니다. 성경에는 여자 이름으로 되어 있는 성경이 두 권 있는데, 첫 번째는 룻기이고 두 번째는 에스더입니다. 룻기는 사사기 기간에 있었던 사건을 기록한 책입니다. 그런데 왜 룻기를 별도의 책으로 구분하였을까요? 필자의 생각으로는 사사기의 세 번째 사건에 룻기를 놓았으면 좋았을 것 같습니다. 그러나 하나님의 다른 뜻이 있었습니다.

룻기는 유다 베들레헴에 살고 있던 엘리멜렉이 흉년으로 인해 아내 나오미와 두 아들 말론과 기룐을 데리고 모압 지방으로 떠나는 것으로 시작합니다.

그런데 모압 땅에서 엘리멜렉이 죽고 결혼한 두 아들마저 죽게 됩니다. 그러자 나오미는 두 며느리와 함께 다시 유다 땅으로 돌아가기로 합니다. 가는 길에 나오미는 두 며느리에게 각자 친정으로 돌아가 새로운 삶을 살도록 권유합니다. 이에 첫째 며느리는 돌아가지만, 둘째 며느리인 룻은 시어머니와 동거동락하겠다고 하여 두 사람은 함께 유다 땅으로 돌아옵니다. 룻기는 어찌 보면 시어머니와 며느리의 사랑을 보여주는 것 같습니다.

그러나 룻기는 결코 시어머니와 이방 며느리 룻의 감동적인 사랑 이야기만은 아닙니다. 그리고 시어머니를 잘 모시고 살던 착한 이방 여인이 보아스라는 귀족을 만나 행복하게 살았다는 신데렐라 이야기도 아닙니다.

룻기의 핵심은 하나님의 마음에 맞는 자였던 다윗을 소개하는 데 있습니다. 야곱의 아들 유다는 그의 며느리 다말에게서 쌍둥이 베레스와 세라를 낳는데. 룻기의 마지막에 베레스의 족보를 소개합니다. 이 족보를 통해 한 사람을 소개하는데, 그가 바로 다윗입니다. 베레스는 헤스론을 낳고, 헤스론은 람을 낳고, 람은 암미나답을 낳고, 암미나답은 이스라엘이 시내산에서 가데스 바네아로 출발할 때 유다 지파의 우두머리인 '나손'을 낳았으며(민 1:7), "나손은 살몬을 낳았고 살몬은 (라합에게서) 보아스를 낳았고 보아스는 (룻에게서) 오벳을 낳았고 오벳은 이새를 낳고 이새는 다윗을 낳았더라"(룻 4:18-22, 마 1:4-6)고 하며 다윗을 소개하고 있습니다. 룻은 다윗의 증조할머니인 것입니다.

이와 같이 룻기는 사무엘상에서부터 아브라함 이후 성경에서 가장 중요한 역할을 하는 다윗을 소개하는 아주 중요한 책입니다. 룻기를 사사기에 기록하지 않고 사사기와 사무엘상 사이에 별도로 넣음으로써 다윗이 어떠한 가문의 사람인지 설명해 주고 있습니다. 다윗의 증조할아버지인 보아스는 "유다 자손의 지휘관이었던 나손"(민 2:3)의 아들인 살몬과 기생 라합 사이에서 태어났습니다. 이렇게 룻기는 다윗이 얼마나 뼈대 있는 유다 지파 지휘관의 자손인지를 소개하고 있습니다.

사무엘상

사무엘상에서는 네 가정을 소개합니다. 사무엘의 가정, 엘리의 가정, 그리고 사울과 다윗 가정입니다. 먼저 사무엘 가정의 이야기를 살펴보겠습니다.

사무엘 가정 이야기

사무엘의 아버지 엘가나에게는 한나라는 아내와 브닌나라는 첩이 있었습니다. 그런데 첩인 브닌나에게는 자녀가 있었고, 본처인 한나에게는 자녀가 없었습니다. 따라서 두 여인 사이에 어떤 일이 있었을지 상상할 수 있습니다. 첩인 브닌나는 자식이 있으므로 자식이 없는 한나를 조롱하며 핍박하였습니다. 한나가 브닌나에게 집안일을 시키면 아이를 핑계 삼으며 일을 하지 않았습니다. 심지어 자기 아이의 기저귀마저 한나에게 빨아 달라고 부탁합니다. 이처럼 브닌나가 첩인 주제에 집안일을 전혀 하지 않고 본처인 한나에게 일을 미루자, 한나는 화가 나서 브닌나를 꾸짖습니다.

하지만 브닌나가 '형님, 아이 낳아 봤어?'라고 되물으면 한나는 아무 말도 할 수 없었습니다. 브닌나가 얼마나 못되게 굴었는지 브닌나가 한나를 "심히 격분하게 하여 괴롭게 하더라"(삼상 1:6)고 기록하고 있습니다. 한나는 브닌나의 조롱과 핍박이 너무도 힘들었기에 절기마다 여호와의 전에 나가 자신의 고통을 호소하며 눈물로 하나님께 소원을 빌었습니다. 한나의 소원은 무엇이었을까요?

아마도 자신에게도 아들을 달라는 것이었을 겁니다. 그렇다면 한나가 "하나님, 저에게도 아들을 주시어 이런 모멸감을 면하게 해주세요" 하고 기도했을까요? 그렇게 기도하면 하나님께서 한나의 원통함을 들으시고 그녀의 기도를 들어 주실까요? 아닙니다! 한나의 기도는 달랐습니다. 한나의 기도는 "주의 여종에게 아들을 주시면 내가 그의 평생에 그를 여호와께 드리고 삭도를 그의 머리에 대지 아니하겠나이다"(1:11)는 서원이었습니다. 한나가 아들을 달라는 목적이 자기의 영광을 위해서거나 억울함을 풀어 달라는 것이 아니라 하나님께 드리기 위해서였던 것입니다.

그렇다면 하나님께서 그녀의 기도를 들어 주셨을까요? 예수님께서는 "너희는 먼저 그의 나라와 그의 의를 구하라 그리하면 이 모든 것을 너희에게 더하시리라"(마 6:33)고 하셨습니다. 한나의 기도는 하나님의 나라와 그의 의를 위하여 통곡하며 드리는 기도였습니다.

한나가 이렇게 통곡하며 기도하고 있는 모습을 지켜보던 엘리 제사장은 그녀가 술에 취한 줄 알고 호통을 칩니다. 그러자 한나는 자기가 술에 취한 것이 아니라 원통한 마음이 있어 하나님 앞에 눈물로 아뢰는 것이라고 말합니다. 그 이야기를 듣고 엘리 제사장은 한나에게 "평안히 가라 이스라엘의 하나님이 네가 기도하여 구한 것을 허락하시기를 원하노라"(삼상 1:17)고 선포합니다. 한나는 엘리 제사장의 이야기를 듣는 순간 '아멘'으로 받았습니다. 엘리 제사장이 "네가 기도하여 구한 것을 허락하시기를 원하노라" 할 때 이제는 자식 없는 불쌍한 여인이 아니라 여호와의 복을 받고 기도의 응답을 이미 받았음을 믿은 것입니다. 한나의 얼굴에는 더 이상 근심의 빛이 없었으며, 소망과 기대를 가지고 라마로 돌아옵니다.

집에 온 한나는 남편 엘가나와 동침하고 임신하게 됩니다. 이렇게 한나가 기도로 낳은 아들이 바로 사무엘입니다. 아이가 젖을 떼자 한나는 하나님께 서원한 대로 엘리 제사장을 찾아가 사무엘을 하나님께 드립니다. 이때부터 사무엘은 제사장 엘리 앞에서 여호와를 섬기게 됩니다(2:11).

하나님께서는 어렵게 기도로 얻은 아들 사무엘을 하나님께 바친 한나에게 후사를 더 주셨을까요? 예수님께서는 "내 이름을 위하여 집이나 형제나 자매나 부모나 자식이나 전토를 버린 자마다 여러 배로 받

하나님의 마음을 알아가는 성경 통독

고 또 영생을 상속하리라"(마 19:29)고 하셨습니다. 한나는 하나님의 이름을 위하여 독생자 사무엘을 드렸습니다. 이렇게 하나님께 독생자 사무엘을 바칠 때 예수님의 말씀처럼 한나는 여러 배를 받게 됩니다. 사무엘을 바친 후 하나님께서는 한나에게 3남2녀의 자녀들을 더 허락해 주셨습니다(2:21). 사무엘 가정의 이야기는 여기서 잠시 멈추고 대제사장 엘리의 가정을 방문해 보기로 하겠습니다.

엘리 가정 이야기

대제사장이었던 엘리의 가정에는 두 아들, 홉니와 비느하스가 있었습니다. 엘리의 아들들은 제사장임에도 불구하고 악을 행하며 죄를 지었습니다. 이들은 하나님의 제사를 멸시하고 성전에서 봉사하던 여인들과 동침하는 등 추악한 일을 저지릅니다(삼상 2:22). 이런 일들은 하나님 보시기에 너무도 악한 행동이었습니다.

그러나 엘리는 하나님께 악을 저지르는 두 아들을 책망하지 않았습니다. 성경에서는 엘리가 그의 아들들을 하나님보다 더 중히 여겼다고 합니다(2:29). 이들의 죄로 인하여 엘리의 가정은 저주를 받아 그의 집에 노인이 한 명도 없게 될 것이며, 엘리의 두 아들 홉니와 비느하스가 한날에 죽을 것이라고(2:34) 선포합니다.

하나님께서 선포하신 대로 이스라엘이 블레셋과의 전쟁에서 패배하고 언약궤를 빼앗길 때 엘리의 두 아들 홉니와 비느하스가 같은 날 죽게 됩니다. 두 아들이 죽고 언약궤마저 빼앗겼다는 소식을 전해 들은 엘리 제사장은 의자에 앉아 있다 떨어져 목이 부러져 비참하게 죽고 맙니다(4:18).

사무엘의 통치

대제사장 엘리가 죽은 후 사무엘은 이스라엘의 제사장이요, 사사요, 선지자가 되어 이스라엘을 통치하게 됩니다. 사무엘은 통치를 시작하기 전에 제일 먼저 이스라엘 백성을 미스바에 모이게 하고 금식하며 하나님께 회개하는 영적 대각성 운동을 벌입니다(삼상 7:6).

이 소식을 들은 블레셋은 이때야말로 이스라엘을 진멸할 절호의 기회라 생각하고 공격합니다. 이스라엘은 아무 전쟁 준비도 없이 기습 공격을 당하지만 하나님께서 사무엘과 함께하시기에 블레셋과 싸워 이기고 빼앗겼던 땅까지 되찾게 됩니다. 사무엘이 살아 있는 동안 하나님께서 함께하셨기에 이스라엘은 평화롭게 살아갈 수 있었습니다(7장).

사무엘에게는 요엘과 아비야라는 두 아들이 있었습니다(8:2). 사무엘은 나이가 들자 두 아들을 브엘세바의 사사로 세웁니다. 그런데 사사가 된 사무엘의 아들들은 "뇌물은 밝은 자의 눈을 어둡게 하고 의로운 자의 말을 굽게 하기에 뇌물을 받지 말라"(출 23:8)는 율법을 무시하고 뇌물을 받는 죄를 저지릅니다. 올바른 재판을 위해 "뇌물을 받지 말라"(신 16:19)고 하였음에도 사무엘의 아들들은 뇌물을 받고 재판을 바르게 하지 않았던 것입니다. 성경에 나오는 인물 중 아브라함의 아들 이삭을 제외하고 자식 교육을 제대로 했던 왕이나 제사장을 별로 찾아볼 수가 없습니다. 사무엘의 아들마저 뇌물을 받고 재판을 올바로 하지 않는 것을 알게 된 장로들이 사무엘에게 와서 더 이상 제사장이나 사사들을 믿고 따를 수 없으니 우리에게도 왕을 달라고 호소합니다(삼상 8:5).

그러나 사무엘은 그들을 만류합니다. 지금까지 하나님의 통치로 이스라엘을 다스려 왔는데, 이제 왕을 세우게 되면 다른 이방의 나라들처럼 인본주의가 될 것을 알았기 때문입니다. 이스라엘 장로들이 요구하는 것은 이제 하나님의 통치가 아닌 사람이 통치하는 나라를 만들겠다는 것입니다. 사무엘도 백성들이 원하는 것을 더 이상 막을 수 없었습니다. 그러자 하나님은 그들에게 왕을 세우는 것을 허락합니다(8:22). 그렇게 해서 기름부음 받아 이스라엘의 초대 왕이 된 사람이 사울입니다.

사울 이야기

사무엘은 이스라엘 백성을 미스바로 모이게 하고 제비를 뽑아 사울을 이스라엘의 초대 왕으로 선택합니다(삼상 10:21). 그러나 많은 사람들은 사울을 왕으로 세우는 것을 기쁘게 생각하지 않았습니다. 이스라엘 장로들이 왕을 구할 때에는 적어도 유다 지파나 에브라임 또는 므낫세 지파 같은 큰 지파에서 왕이 나올 것으로 기대했습니다. 그런데 기대와 달리 이스라엘 지파 중에서 가장 작고 약한 베냐민 지파(사사기 20장 참고)에서 왕이 선출되자, 사울을 왕으로 인정하지 않는 사람들이 많았습니다.

그러나 암몬과의 첫 번째 전쟁에서 승리하자(삼상11:11) 사울 왕의 세력은 날로 번창하였습니다. 처음에 사울을 왕으로 세웠을 때 따르지 않던 사람들까지도 이제는 그를 왕으로 인정하고 따르게 된 것입니다.

이때부터 사울은 군사를 두었는데 자기 수하에 2천 명의 군사를 거느리고, 아들 요나단에게 1천 명의 군사를 맡겼습니다(13:2). 당시에는 아직도 이스라엘의 여러 성읍에 블레셋 수비대가 남아 있었습니다.

어느 날 사울의 아들 요나단이 게바에 있는 블레셋 수비대를 공격하자, 이 소식을 들은 블레셋 군사들이 이스라엘로 쳐들어오게 됩니다. 그렇지 않아도 사무엘과의 전쟁에서 패배한 후(7:10) 보복할 기회를 노리고 있던 블레셋은 이번이야말로 이스라엘을 점령할 절호의 기회로 여기고 공격합니다. 블레셋에게는 지금의 탱크 같은 병거가 약 3만 대 있었고, 말을 탄 마병, 즉 특수병이 6천 명 있었습니다. 그리고 일반 군인은 모래알같이 그 수를 셀 수 없을 정도였습니다(13:5).

반면 사울에게는 고작 2천 명의 군사가 있을 뿐이었습니다. 요나단의 군사까지 합쳐야 겨우 3천 명이었습니다. 사울은 이스라엘 전역에 급히 군 동원 명령을 내립니다. 이스라엘은 이미 암몬과의 전쟁에서 승리하여 많은 전리품을 챙긴 경험이 있기에 이번에도 전쟁에서 승리하여 많은 전리품을 얻을 수 있을 것이라는 기대를 갖고 있었습니다.

그러나 사울의 징집령에 모인 이스라엘 지파의 군사들은 블레셋 군대의 병거와 마병과 모래알같이 많은 군사들을 보자 지레 겁을 먹고 도망치기 시작합니다(13:6). 결국 대부분 도망가고 사울에게 남은 군사는 겨우 600명밖에 되지 않았습니다. 설상가상으로 사울의 군사들은 무기조차 없었습니다. 사울과 요나단만 칼과 창을 갖고 있었을 뿐입니다(13:22).

이스라엘은 전쟁을 치르기 전에 반드시 하나님 앞에 제사를 드리고 하나님의 뜻을 물어야 했기에 제사장인 사무엘을 기다리고 있었습니다(13:8). 사울의 군사들은 적이 두려워 하나 둘 도망쳐서 숫자가 점점 더 줄어드는데, 제사를 드리기 위해 오기로 한 사무엘은 제때 오지 않는 것이었습니다. 이스라엘 군사들은 겁에 질려 모두 도망가고, 앞에는 블레셋의 군사들이 진이 치고 있기에 사울 역시 불안에 떨고 있었습니다. 결국 사무엘을 기다리다 지친 사울은 직접 제사를 드리게 됩니다(13:9). 제사는 모든 예를 갖춰 제사장만이 드려야 하지만, 왕인 사울이 형식적인 제사를 드린 것입니다.

제사가 끝나자마자 사무엘이 도착합니다. 사무엘은 제사장이 드려야 하는 제사를 왕인 사울이 "부득이하여 번제"(13:12)를 드린 것을 알고 "왕이 망령되이 행하였도다"(13:13)며 책망합니다. 우리는 가끔 인내심이 부족하여 실수하거나 열매를 맺지 못하는 경우가 있습니다. 사울도 인내심이 부족하여 제사장만이 드려야 하는 제사를 자신이 드렸기에 하나님의 분노를 사게 됩니다. 이처럼 사울이 하나님께 잘못을 저질렀지만, 하나님은 그의 아들 요나단을 통하여 블레셋과의 전쟁에서 극적으로 승리하게 합니다(14장).

블레셋과의 전쟁에서 승리한 후, 사무엘이 다시 한 번 사울에게 나타나서 이번에는 아말렉을 진멸하도록 합니다(15:2). 아말렉을 진멸하되 살아 있는 동물까지 다 죽이라고 명합니다. 하나님께서는 뒤끝이 있으실까요? 하나님도 뒤끝이 있습니다. 이스라엘이 출애굽하여 르비딤에 있을 때 아말렉이 이스라엘을 공격한 적이 있습니다(출 17:8). 당시 여호수아가 나가서 싸울 때 모세가 손을 들어 기도하면 이기고, 손을 내리면 전쟁에서 패했던 전쟁이 바로 아말렉과의 전쟁입니다. 하나님은 그 전쟁을 기억하고 있었습니다. 이때는 이스라엘이 출애굽한 지 3개월도 되지 않아서 이스라엘 민족은 아주 나약하고 군대로서 훈련되지도 않았을 때입니다. 이렇게 나약한 하나님의 백성을 공격했던 아말렉을 400년이 지났음에도 잊지 않았던 것입니다. 하나님께서는 "그들이 행한 일 곧 애굽에서 나올 때에 길에서 대적한 일로 그들을 벌하노니"(15:2) 하시며 그때의 일을 잊지 않고 있음을 밝힙니다. 이것을 보면 하나님의 뒤끝이 꽤 오래간다는 것을 볼 수 있습니다.

아멜렉과의 전쟁에서 승리한 사울은 아말렉에 속한 생물을 모두 죽이라는 하나님의 명령을 따르지 않고 왕인 아각을 살려 두고, 전리품 중에서 귀하고 좋은 것들을 백성들이 취하도록 합니다. 사무엘이 이 일을 책망하자 사울은 하나님 앞에 제사 드릴 때 쓰려고 간직한 것이라고 핑계를 댑니다. 그러자 사무엘은 "순종이 제사보다 낫다"며, 하나님께서는 "숫양의 기름보다 하나님 말씀 듣는 것을 더 좋아하시는 것을 너희가 알지 못하느냐?"(15:22)며 다시 책망합니다. 하나님께서는 제사보다 하나님의 말씀에 순종하는 것을 더 좋아합니다.

이 일로 하나님께서는 사울을 왕으로 세운 것을 후회합니다(15:35). 그리하여 사울을 버리기로 작정하고 사무엘에게 이새의 집에 가서 그의 아들 중 한 명에게 기름을 붓도록 합니다. 이렇게 기름 부음 받은 자가 바로 다윗입니다. 이때부터 다윗에게는 하나님의 영이 함께했고, 반면 사울에게서는 하나님의 영이 떠나 악령이 지배하게 됩니다(16:14).

다윗의 등장(17장)

사울이 악령에 시달리고 있을 때 블레셋이 다시 쳐들어옵니다. 블레셋에는 골리앗이라는 장군이 있었습니다. 골리앗은 키가 2미터 80센티미터 정도로 크고 체격이 아주 좋은 군인이었습니다. 그가 이스라엘과 싸우기 위해 갑옷을 입고 투구를 쓰고 칼과 창으로 무장을 하고 나와 이스라엘을 조롱하고 있었습니다. 그때 양을 치는 어린 목동이었던 다윗이 전장에 나가 있던 형들을 면회 왔다가 골리앗이 이스라엘을 조롱하는 소리를 듣고 골리앗과 싸우게 됩니다. 이때 다윗은 많아야 열다섯 살 정도밖에 안 되는 연약한 소년이었습니다.

키도 크고 체격도 좋고 군인으로서 잘 훈련된 골리앗과 양을 치던 십대 소년 다윗이 싸운다면 상식적으로 누가 이기겠습니까? 이 싸움은 누가 보아도 골리앗이 이기는 싸움입니다. 골리앗은 잘 훈련된 군인이었으며 전쟁을 위해 완전무장을 하고 있었습니다. 골리앗에 비하면 다윗은 몸도 비교할 수 없을 정도로 작고, 양 치는 소년에 불과했습니다.

그러나 다윗의 뒤에 누가 계십니까? 이 세상을 창조하셨으며 지금도 이 세상을 통치하시는 전지전능한 하나님이 계십니다. 그러면 이 전쟁에서 누가 이기겠습니까? 물론 다윗이 이길 것입니다. 이제 이 전쟁은 다윗이 골리앗과 싸우는 것이 아니라 하나님이 골리앗과 싸우는 것이기 때문입니다. 다윗은 단지 하나님의 도구로 쓰임을 받는 것뿐입니다. 다윗과 함께하신 하나님이 지금 우리들과 함께하시기에 우리들은 우리의 대적이 되는 사탄과 싸워 승리하며 살아가고 있는 것입니다. 모든 전쟁은 하나님께 속한 것이기에 다윗은 승리를 하였고, 우리들도 이와 같이 승리하며 살아가고 있는 것입니다.

사울의 추적과 다윗의 도피(18-31장)

골리앗과의 전쟁에서 승리한 후 사울과 그의 일행이 돌아올 때 환영 인파 중에 많은 여인들이 "사울이 죽인 자는 천천이요, 다윗이 죽인 자는 만만이로다"(삼상 18:7)라고 노래를 합니다. 그 노래를 들은 사울은 다윗을 시기하는 마음이 불같이 일어납니다. 당시 사울은 하나님께 죄를 짓고 마음이 악령에게 지배당하던 때였기에 더할 수 없이 악해져 있었습니다.

사울은 딸 미갈을 주어 다윗을 사위로 삼습니다. 그러고는 사위이

자 가장 충직한 신하인 다윗을 죽이기 위해 계속 쫓아다닙니다. 사울과 다윗이 쫓고 쫓기는 사건이 사무엘상 30장까지 기록되어 있습니다. 이렇게 다윗을 쫓던 사울은 다윗 없이 길보아 산에서 블레셋과 전쟁을 하다 패하여 아들 요나단과 함께 죽고 맙니다(31:1-6).

사울이 처음 왕이 되었을 때는 이스라엘에서 가장 빼어난 사람이었습니다. 하나님이 보시기에도 나무랄 데 없는 사람이었습니다. 하지만 그의 죄로 인하여 그에게서 하나님의 영이 떠나고 악령이 지배하자, 사울은 그 누구보다 악한 사람으로 변했습니다. 그는 악한 영에 사로잡혀 악한 일을 계속하다가 결국 블레셋과의 전쟁에서 죽음을 맞이한 것입니다. 사울의 삶을 돌아볼 때 한마디로 "안타깝다"라고 말할 수밖에 없습니다. 사울은 훌륭한 왕이 될 수 있는 자질이 충분히 있었습니다. 그러나 자신의 열등감을 이기지 못하고 다윗을 죽이려고 쫓아다니다가 생을 마감한 것입니다.

사무엘하

사무엘하는 다윗 왕국에 대한 이야기입니다. 사울이 죽은 후 다윗이 왕이 됩니다. 그의 나이 30세였을 때입니다. 민수기를 보면 레위 지파가 성전 회막에서 봉사할 때 그들의 나이는 대략 30~50세였습니다(민 4:3). 그러니까 성경을 읽다가 "나는 아이다"라는 구절이 나오면 30세가 안 되었다고 생각하면 됩니다. 요셉이 총리가 되었을 때도 30세였습니다. 예수님도 30세에 사역을 시작했습니다. 에스겔도 30세에 예언자로 세움을 받았습니다. 다윗도 30세에 왕이 되어 40년간 통치를 합니다(삼하 5:4).

다윗이 40년 동안 통치할 때 하나님이 늘 그와 함께하심으로 가는 곳마다 승리를 거둡니다(8:14). 그리하여 그가 정복한 땅이 날로 넓어집니다. 당시 겨울에는 비가 오고 추워서 휴전을 하고 봄이 되면 다시 전쟁을 하였습니다.

봄이 되어 다윗의 군대가 암몬 랍바에서 전쟁을 하고 있을 때 궁전에 남아 한가로이 시간을 보내고 있던 다윗에게 어느 날 사건이 일어납니다.

다윗과 밧세바

다윗의 궁전 아래에는 한 아리따운 여인이 살고 있었습니다. 다윗의 군사들이 전장에 나가 있던 어느 날, 낮잠을 자고 일어난 다윗이 저녁 무렵 베란다에 나갔다가 아름다운 여인이 목욕하고 있는 광경을 목격하게 됩니다(삼하 11:2). 아마 요셉이 그 자리에 있었다면 유혹을 떨치기 위해 곧바로 궁 안으로 들어갔을 것입니다. 그러나 다윗은 목욕하는 여인을 한참 바라보다가 신하를 시켜 그 여인을 데리고 오라 명하고 그녀와 동침을 합니다. 얼마 지나서 다윗은 그 여인으로부터 임신하였다는 소식을 듣게 됩니다.

그러자 다윗은 전쟁터에 나가 있는 그녀의 남편 우리아를 불러들입니다. 우리아가 아내와 합방하게 하여 그 아이가 마치 우리아의 아들인 것처럼 속이려 한 것입니다. 다윗은 우리아에게 전쟁에 대한 보고를 받은 후, 그동안 수고했으니 오늘은 집에 가서 아내와 편히 밤을 보내고 전쟁터로 돌아가라고 합니다. 맛있는 음식과 술도 우리아의 집으로 보냅니다. 우리아가 집에 가서 왕이 보낸 음식을 먹고 술을 마신 후 아내와 동침할 것이라 생각한 것입니다. 다윗의 목적은 오로지 우리아가 그의 아내와 동침하게 하려는 데 있었습니다.

그러나 우리아는 충성스런 군인이었습니다. 우리아는 전쟁터에 있는 전우들을 생각하고 차마 집으로 들어가 아내와 동침하며 편안한 밤을 보낼 수 없었습니다. 그래서 궁전 문지기들과 함께 밖에서 그날 밤을 지냅니다. 그 사실을 알게 된 다윗은 다음날 다시 한 번 음식과 술을 보내며 우리아에게 집으로 돌아가 아내와 합방하도록 권유합니다. 하지만 우리아는 다윗의 두 번째 권유에도 집으로 가지 않음으로써 다윗의 계획은 실패하고 맙니다. 다윗은 자신의 술수가 실패로 돌아가자 우리아를 다시 전쟁터(랍바)로 보낸 후, 군대 장관인 요압에게 서찰을 보내 우리아를 전투가 가장 치열한 지역에 보내 적과 싸우다 죽게 합니다(11:14). 다윗은 밧세바를 합법적으로 자신의 아내로 맞기 위해 우리아를 전쟁터에서 죽게 한 것입니다. 우리아는 비록 전쟁터에서 죽었지만 다윗이 죽인 거나 마찬가지입니다. 우리아가 전쟁에서 죽자, 다윗은 밧세바를 아내로 맞이합니다(11:27).

나단의 책망과 다윗 가정의 불화

그때 예언자 나단이 나타나 다윗을 책망합니다. 사울은 예언자로부터 책망을 받았을 때마다 이런저런 핑계로 자신의 잘못을 인정하지 않고 회피하려 했지만, 다윗은 그 자리에서 회개했습니다(삼하 12:13). 다윗은 나단의 책망을 듣자 재를 뒤집어쓰고 통곡을 하며 하나님 앞에서 진정으로 회개한 것입니다. 그 점이 다윗과 사울의 차이점입니다.

우리들은 죄악된 세상을 살아가면서 죄를 짓지 않을 수는 없습니다. 다만 죄를 지었을 때 어떻게 행동하느냐가 더 중요합니다. 다윗은 하나님 앞에 저지른 죄를 회개하여 용서는 받지만 그 죄의 값은 지불해야 했습니다.

밧세바 사건은 다윗 가정에 불화의 씨가 되었습니다. 그 사건 이후 장남인 암논은 다윗의 외동딸이자 자기의 이복 여동생인 다말을 강간하고(13:14), 다말의 친오빠인 압살롬은 이복형인 암논을 죽이고(13:29) 아버지인 다윗을 죽이고 왕이 되려는 모반까지 계획합니다. 또한 아버지 다윗 왕의 첩들을 백주 대낮에 강간하여 모욕을 보이는 크나큰 죄를 범합니다(16:22). 그러나 압살롬은 오히려 다윗의 군대 장관 요압에 의해 죽고 맙니다(18:15). 이것이 다윗이 저지른 범죄 이후에 다윗 집안에 일어난 수치스런 역사입니다.

하지만 다윗은 밧세바 사건 외에는 책망받을 일을 하지 않은 선한 왕이었습니다. 다윗의 삶에 대하여 열왕기 기자는 "다윗이 헷 사람 우리아의 일 외에는 평생에 여호와 보시기에 정직하게 행하고 자기에게 명령하신 모든 일을 어기지 아니하였음이라"(왕상 15:5)고 평가합니다.

열왕기상

다윗은 나이가 들어 늙자 아비삭이라는 여인으로 하여금 자신을 섬기도록 합니다. 장남인 암논과 정치적 야심가였던 셋째 아들 압살롬이 죽었지만 다윗은 자신의 뒤를 이을 후계자를 지명하지 않았습니다. 둘째 아들 길르압은 성경에 거의 보이지 않는 것으로 볼 때 정치에 관심이 없었던 것 같습니다. 그러자 넷째 아들인 아도니아는 자기가 왕이 될 차례가 되었다(왕상 1:5)고 생각하고, 군대 장관인 요압과 제사장 아비아달을 부르고 백성들 앞에서 자신을 왕으로 선포합니다.

그러나 예언자 나단이 다윗을 찾아가 아도니아가 스스로 왕이라고 선포한 사실을 알리자, 다윗은 솔로몬에게 기름을 부어 왕이 되게 합니다(1:9). 왕이 된 솔로몬은 다윗이 준 살생부대로 군대 장관이었던 요압과 다윗이 압살롬을 피해 도망갈 때 다윗을 저주하던 시므이와 그 밖의 살생부에 기록된 모든 정적을 죽이고 마침내 정권을 잡고는 성전을 건축합니다(2-6장).

솔로몬의 기도

솔로몬이 성전(왕상 6장)과 궁전(왕상 7장)을 짓고 하나님께 기도한 내용이 열왕기상 8장 25절부터 52절까지 나오는데, 이 기도는 정말로 훌륭합니다. 솔로몬은 단 한 번도 자신이나 왕권을 위해 기도하지 않고 오직 하나님의 백성, 즉 이스라엘을 위하여 기도합니다. 내용인즉 "이스라엘이 비록 범죄하여 벌을 받을지라도 이 성전을 향하여 기도하면 들어 주시고 용서해 달라는 것"이었습니다. 이스라엘뿐 아니라 누구든지 이스라엘에 속하지 아니한 이방인이라도 주의 이름을 듣고 이곳에 와서 기도하면 그들의 기도를 들어 주어 만민이 하나님의 이름을 알게 해달라고 합니다. 비록 이스라엘이 죄를 지어 적에게 포로로 잡혀갈지라도 그곳에서 성전을 향하여 기도하면 다시 돌아오게 해달라는 것이었습니다.

솔로몬의 기도를 기억하고 포로로 잡혀가 기도한 사람이 바로 다니엘입니다. 다니엘은 대적들의 모략으로 인하여 기도하면 사자굴에 던져질 것을 알고도 숨어서 기도하지 않고 창문을 활짝 열고 예루살렘 성전을 향하여 기도했습니다(단 6:10).

타락하는 솔로몬

솔로몬은 젊은 시절에는 하나님의 말씀을 잘 따르던 신실한 왕이었으나 나이를 먹어 가면서 큰 죄를 짓게 됩니다. 모세가 그렇게 이방 여인과 혼인하지 말라고 신신당부했음에도 솔로몬이 들인 후궁 700명과 첩 300명은 대부분 이방 여인들이었습니다(왕상 11:3). 솔로몬은 왜 이렇게 많은 후궁과 첩을 거느렸을까요?

솔로몬은 뛰어난 정치가였습니다. 그래서 이웃 나라들과 화친을 맺기 위해 정략결혼을 한 것입니다. 솔로몬은 시돈과 에돔과 모압과 암몬과 햇족속 왕의 딸이나 장관들의 딸과 정략결혼을 했습니다. 하나님을 의지하는 것이 아니라 정략결혼을 통해 자신의 정권을 굳건히 하려고 한 것으로 보입니다. 그가 젊었을 때에는 이방인 후궁과 첩들을 다스리는 데 문제가 없었습니다. 그들이 이방신을 섬기지 못하도록 강하게 다스렸습니다.

그러나 나이가 들면서 판단력에 문제가 생기고 남자 구실도 제대로 하지 못하게 됩니다. 그러자 젊고 예쁜 후궁과 첩들이 솔로몬을 찾아와 너무 외롭다며 고향에서 자신들이 섬기던 신을 섬길 수 있도록 산당을 지어 달라고 부탁합니다. 솔로몬은 처첩들의 요구를 한두 번은 거절했지만 결국 산당을 하나 둘 지어 주기 시작합니다. 그러다 보니 거룩한 성 예루살렘에 이방신을 섬기는 산당이 셀 수 없이 많이 생기게 되었습니다.

이로 인해 하나님의 거룩한 전이 있던 예루살렘이 우상의 소굴이 되고 맙니다. 급기야 솔로몬 자신도 우상을 섬기게 됩니다(11:4). 이것이 솔로몬이 하나님께 지은 죄입니다.

그러자 하나님은 예언자 아히야를 보내 솔로몬의 신하였던 여로보암에게 열 지파를 주어 이스라엘이 나뉠 것이라고 예언하게 합니다 (11장). 결국 이스라엘은 솔로몬의 죄로 인해 그의 아들 르호보암 때 남과 북으로 갈리게 됩니다(12장).

북이스라엘의 역사

3장에서는 분열 왕국의 시작부터 북이스라엘이 멸망하기까지 북이스라엘의 역사를 살펴볼 것입니다.

솔로몬이 죽은 후 그의 아들 르호보암이 왕이 되지만 그는 지혜롭지 못하였습니다. 솔로몬이 하나님을 떠나 우상을 섬기는 죄와 르호보암의 지혜롭지 못한 통치로 인해 결국 이스라엘은 남과 북으로 나뉘어 분열 왕국 시대가 시작됩니다.

북이스라엘은 여로보암이 초대 왕이 되어 통치하지만, 불과 210년 만에(BC 931~722) 멸망합니다(왕하 17장). 북이스라엘이 멸망하기 전에 그곳에서 활동하던 예언자로 요나, 호세아 그리고 아모스가 있었습니다. 이들이 그 시대에 어떤 환경에서 무엇을 책망하며 하나님의 말씀을 선포하였는지에 대해 간략하게 다룰 것입니다. 북이스라엘이 하나님을 떠나 우상을 섬기며 음행하는 모습을 보고 하나님의 마음은 너무도 답답했을 것입니다. 얼마나 답답했으면 호세아에게 음란한 여자를 취하여 음란한 자식을 낳으라고까지 말씀하셨겠습니까?

이제부터 펼쳐지는 북이스라엘의 역사와 예언자들의 선포를 통해 하나님의 마음을 알아가는 시간이 되기를 바랍니다.

분열 왕국

　통일 왕국이었던 이스라엘은 솔로몬 왕이 죽고 그의 아들 르호보암이 왕이 되면서 남과 북으로 갈라져 분열 왕국이 됩니다. 분열 왕국이 된 첫 번째 원인은 솔로몬이 하나님을 떠나 우상을 섬기는 죄를 지었기 때문입니다.

　솔로몬이 나라를 다스리고 있을 때, 그의 신하 느밧의 아들로 여로보암이라는 사람이 있었습니다. 그는 용사였으며 부지런한 청년이었습니다. 솔로몬은 그의 용맹함과 부지런함을 보고 요셉 족속의 일을 감독하게 합니다(왕상 11:28). 솔로몬이 죄를 지으며 통치하고 있을 때 예언자 아히야는 여로보암에게 하나님께서 이스라엘의 열두 지파 중에서 열 지파를 네게 줄 것이라고 예언합니다(11:31). 여로보암에게 열 지파를 준다는 것은 열 지파의 왕이 된다는 의미입니다.

　이 사실을 알게 된 솔로몬은 여로보암을 죽이려 합니다. 여로보암은 솔로몬을 피해 애굽으로 도망합니다(11:40). 세월이 흘러 솔로몬 왕이 죽었다는 소식을 들은 여로보암은 애굽에서 돌아와 솔로몬의 아들 르호보암 왕에게 나아갑니다. 그리고는 "왕의 아버지가 우리의 멍에를 무겁게 하였으나 왕은 이제 왕의 아버지가 우리에게 시킨 고역과 멍에를 가볍게 하소서 그리하시면 우리가 왕을 섬기겠나이다"(12:4)라고 요청합니다.

　그러나 르호보암은 그의 요구를 들어 주기는커녕 "내 아버지는 너희의 멍에를 가볍게 하였으나 나는 너의 멍에를 더욱 무겁게 할지라 내 아버지는 채찍으로 너희를 징계하였으나 나는 전갈 채찍으로 너희를 징치하리라"(12:13)며 오히려 더 무거운 짐을 지우겠다고 협박하니다. 이에 여로보암은 "우리가 다윗과 무슨 관계가 있느냐"(12:16)며 다윗의 집을 배반하고 열 지파의 백성들을 이끌고 나와 북이스라엘의 초대 왕이 됩니다. 이렇게 해서 분열 왕국이 시작된 것입니다.

북이스라엘의 초대 왕 여로보암

북이스라엘의 왕이 된 여로보암에게 큰 고민이 생겼습니다. 이스라엘 백성은 일 년에 세 번, 즉 유월절, 칠칠절, 초막절에 예루살렘 성전에 가서 예배를 드려야 했습니다. 여로보암 생각에, 만약 북이스라엘 백성이 하나님에게 예배를 드리기 위해 일 년에 세 번씩 예루살렘에 가게 되면 모든 백성의 마음이 남유다 왕 르호보암에게 넘어갈 것 같았습니다. 그렇게 되면 자신도 백성으로부터 버림을 받아 왕의 자리에서 쫓겨날 것이라는 두려움이었습니다.

금송아지와 여로보암 왕조의 멸망

백성들에게 버림받을까 봐 두려움에 사로잡힌 여로보암은 백성들이 남왕국 예루살렘에 가서 하나님께 예배를 드리는 것을 막기 위해 금송아지 두 마리를 만듭니다. 그리고 금송아지 하나는 벧엘에, 다른 하나는 단에 두고 북이스라엘 백성에게 이 금송아지가 너희를 애굽 땅에서 인도해 낸 '너희의 신'이니 더 이상 예루살렘으로 내려갈 필요 없이 이 금송아지를 섬기라고 선포합니다(왕상 12:29). 그는 금송아지를 섬기는 날짜도 다른 절기와 비슷하게 8월 15일이라고 정해 줍니다(12:32).

한국인에게는 8월 15일이 일제에 빼앗긴 땅과 주권을 되찾은 광복

절이지만, 이스라엘에서는 8월 15일이 특별히 무엇을 기리는 날이 아닙니다. 여로보암은 금송아지를 섬기는 제사장도 레위 지파로 세우는 것이 아니라 일반 평민이라도 재물(뇌물)을 주면 제사장으로 삼았습니다. 이러한 여로보암의 죄는 북이스라엘이 멸망하는 원인이 됩니다(13:34).

여로보암이 죽고 그의 아들 나답이 왕이 됩니다. 나답은 왕이 된 지 불과 2년 만에 바아사에게 죽임을 당합니다. 그리하여 바아사 왕조 시대가 열립니다(15:33). 하지만 바아사 왕조도 여로보암과 똑같이 죄를 짓습니다. 결국 바아사의 아들 엘라가 통치한 지 2년 만에 그의 신하인 시므리에게 죽임을 당하고 시므리가 왕이 됩니다(16:15).

오므리 왕조

쿠데타로 왕이 된 시므리는 단 7일 동안만 왕 노릇을 하게 됩니다. 당시 북이스라엘에는 오므리라는 군대 장관이 있었습니다. 그는 블레셋과 싸우기 위해 깁브돈이라는 성읍에 진을 치고 있다가 시므리가 엘라 왕을 죽이고 왕이 되었다는 소식을 듣게 됩니다. 그러자 오므리를 따르던 군사들이 그를 왕으로 추대합니다(왕상 16:16). 왕으로 추대받은 오므리는 블레셋과의 전쟁을 중지하고 당시 북이스라엘의 수도인 디르사로 올라와 시므리가 머물고 있는 왕궁을 포위합니다.

시므리는 오므리와 싸워 이길 수 없다는 것을 알고 왕궁에 불을 지르고 자살합니다(16:18). 이때 이스라엘에는 오므리 외에 디브니라는 장군이 있었는데, 이 두 사람은 서로 왕이 되기 위해 싸웁니다. 그 전투에서 오므리가 승리하여 마침내 오므리 왕조가 시작됩니다.

왕이 된 오므리는 쿠데타가 두 번이나 일어난 디르사에서 사마리아로 수도를 옮깁니다(16:24). 이때부터 사마리아가 북이스라엘의 수도가 됩니다. 오므리가 북이스라엘을 12년 동안 통치하고 죽자, 그의 아들 아합이 왕위에 올라 22년 동안 다스리게 됩니다(16:29).

아합 왕

오므리의 아들은 그 유명한 아합입니다. 아버지가 죽은 후 이스라엘의 왕이 된 아합은 실로 이스라엘의 어느 왕보다 악한 왕이었습니다. 아합의 아내는 바알을 섬기는 시돈 왕 엣바알의 딸, 이사벨이었는데(왕상 16:31), 아합 왕을 충동질하여 악을 행하도록 한 아주 악한 여인이었습니다. 그녀의 계교로 아합은 하나님을 섬기는 제사장을 모두 죽이고 바알과 아세라 등 이방신을 섬기는 사람들을 제사장으로 세웁니다. 아합 자신도 하나님을 버리고 이방신을 따르고, 힘이 약한 나봇의 포도원을 빼앗는 등 숱한 악을 행합니다(21:1-16). 하나님은 이토록 악을 행하는 아합에게 엘리야를 보내 악한 행위를 멈추고 하나님께 돌아오라고 선포합니다.

성경에 나오는 예언자를 설명할 때 필자는 오늘날의 경찰관 역할과 비교하며 설명합니다. 어느 지역에 사고가 나거나 문제가 발생하면 경찰관이 출동하여 그 사건을 조사하듯이, 어느 시대에 예언자가 나타났다면 그곳에 영적 문제가 발생한 것입니다. 하나님께 죄를 짓고 살아가는 사람들에게 그 죄를 지적하며 하나님께 회개하고 돌아오도록 권유하는 것이 예언자들의 선포였습니다. 엘리야도 영적으로 혼탁하고 하나님을 떠나 금송아지와 바알과 아세라상을 섬기는 이스라엘 백성과 아합 왕에게 하나님의 심판을 선포하며 하나님께로 돌아오라고 권면했습니다(21:17-26). 그러나 그들은 자신의 죄를 뉘우칠 줄 모르고 계속 악행을 저지릅니다.

이렇게 아합 왕과 북이스라엘 백성이 악을 행하며 살아가고 있을 때 남유다의 여호사밧 왕이 아합을 방문합니다(22:2). 이때 아합은 아람 왕에게 빼앗겼던 길르앗 라못을 되찾으려고 하니 도와 달라고 합니다. 길르앗 라못은 요단 강 동쪽, 즉 예루살렘에서 북동쪽 지역에 있는 르우벤 지파의 땅이었습니다. 예전에는 이스라엘 땅이었는데 아람에게 빼앗겼던 것입니다. 아합과 여호사밧은 사돈지간이었습니다.

그러자 여호사밧은 아합을 도와 전쟁에 함께 나가겠다고 합니다. 여호사밧은 하나님을 따르는 선한 왕이었기에 아합 왕에게 전쟁을 하기 전에 먼저 여호와의 뜻이 어떠한지 물어 보자고 합니다(22:5). 이에 아합은 선지자 400명을 모으고 그들에게 전쟁에서 누가 승리할 것인지 예언하도록 합니다.

아합이 선지자들에게 길르앗 라못에 대하여 묻자, 거짓 선지자들은 한결같이 아합 왕이 승리할 것이라며 그 땅을 취하도록 종용합니다(22:6). 그러나 하나님의 선지자 미가야는 그 전쟁에 나가면 아합이 죽을 것이라고 예언합니다. 그럼에도 아합 왕은 미가야의 말을 듣지 않고 아람과 전쟁을 하다가 길르앗 라못에서 죽고 맙니다(22:37).

아합 왕의 후손들

아합 왕이 죽자 장남 아하시야가 왕이 되지만, 그 역시 악을 행하다 2년 만에 죽습니다. 아하시야에게는 아들이 없었기에 동생 여호람(요람)이 왕이 됩니다(왕하1:17). 여호람은 아버지 아합의 원수를 갚기 위해 길르앗 라못에서 아람과 전쟁을 합니다. 하지만 여호람은 전쟁에서 부상을 당하고 이스라엘로 돌아옵니다(8:29).

그때 하나님의 선지자 엘리사가 자신의 제자를 길르앗 라못에 보내 여호람의 군대 장관이었던 예후에게 기름을 부어 왕이 되게 합니다. 예후는 길르앗 라못에서 회군하여 이스라엘로 돌아와 여호람을 죽이고 북이스라엘의 왕이 됩니다(9:24). 예후의 쿠테타로 아합 집안에 대한 피의 숙청이 시작되어 오므리 왕조는 마침내 막을 내리고 예후 왕조가 시작됩니다(10:30).

예후 왕조

열왕기에 나오는 북이스라엘의 왕은 디브니(왕상 16:21)를 왕으로 인정하지 않을 경우 모두 19명입니다. 그러나 필자는 디브니도 왕으로 계수하여 20명으로 계산합니다. 그래야 북이스라엘의 왕이 20명, 남유다의 왕이 20명이 되기 때문입니다.

북이스라엘에는 20명의 왕이 있었지만 하나님 마음에 드는 선한 왕은 한 명도 없었습니다. 예후는 북이스라엘의 열한 번째 왕이 되자 아합에 속한 모든 왕족을 죽이고, 바알과 아세라상을 섬기던 제사장도 모두 죽이고 바알 신당을 파괴하는 등 종교개혁을 합니다. 드디어 이스라엘에도 선한 왕이 나오는 듯했습니다(왕하 9:30-10:30).

그러나 그 역시 진심으로 하나님을 섬기지 않고 계속해서 여로보암이 만들어 놓은 금송아지를 섬기는 죄를 짓습니다(10:31). 예후가 죽고 그의 아들 여호아하스가 왕이 되고, 여호아하스가 죽고 그의 아들 요아스가 왕이 되는 동안 북이스라엘은 하나님을 섬기기보다는 금송아지와 바알과 아세라 등 우상을 섬깁니다.

이렇게 북이스라엘이 하나님을 떠나 우상을 섬기자, 하나님은 엘리야와 엘리사 같은 능력이 충만한 예언자들을 보내 여러 기적과 이적을 보여주며 하나님께 돌아오도록 합니다. 그러나 그들은 하나님께로 돌아오지 않았습니다. 그러자 하나님께서는 요나를 불러 니느웨에 가서 니느웨의 멸망을 선포하도록 합니다.

요나

요나는 하나님께 "큰 성읍 니느웨로 가서 그것을 향하여 외치라"(욘 1:2)는 소명을 받은 선지자요 예언자였습니다. 그러나 요나는 니느웨에 가서 하나님의 말씀을 선포하고 싶어 하지 않았습니다. 그것은 미래에 니느웨가 북이스라엘을 침공할 것을 알고 있었기 때문입니다. 그래서 그는 니느웨가 구원받는 것에 대한 거부감이 있었습니다. 요나는 니느웨로 가서 그들의 멸망을 선포하면 그들이 회개하여 구원받을 수 있다고 생각한 것으로 보입니다.

요나는 이러한 이유로 처음에는 하나님의 말씀을 따르지 않고 니느웨와 정반대편에 있는 다시스로 가려고 배를 탑니다. 그러나 하나님께 불순종한 죄로 인해 요나는 다시스로 가는 항해 도중에 바다에 던져집니다(욘 1:15). 바다에 던져진 요나는 하나님께서 준비하신 큰 물고기의 뱃속에서 3일간 스올(지옥)에 있는 것 같은 어려움을 겪은 후, 니느웨로 가서 하나님의 말씀을 선포합니다. 요나는 니느웨의 멸망을 선포하지만, 그의 선포는 사명감을 가지고 한 것이 아니라 하나님의 명령이기에 어쩔 수 없이 억지로 한 것이었습니다.

니느웨는 사흘 동안 걸어야 할 만큼 큰 성읍이었습니다(3:2). 그럼에도 불구하고 요나는 단 하루 동안만 "40일이 지나면 니느웨가 무너지리라"(3:4)고 선포합니다. 그는 니느웨가 회개하여 구원을 받기보다는 멸망하기를 내심 원했던 것으로 보입니다. 그래서 하나님의 말씀을 성의 없이 선포했을 것입니다. 그런데 요나의 기대와는 달리 그의 예언을 들은 니느웨 성의 왕과 고관들과 백성들은 하나님을 알지 못하는 이방인임에도 굵은 베옷을 입고 금식하며 회개합니다.

그들이 회개하자 하나님은 니느웨를 멸망시키지 않고 용서합니다(3:10). 그러자 요나는 어떻게 그럴 수 있느냐고 하나님께 화를 내며 따집니다(4:1-2). 요나는 자기가 선포한 대로 니느웨가 멸망하지 않자, 자존심이 몹시 상했는지 사는 것보다 죽는 것이 낫다며 자신의 생명을 거두어 달라고까지 합니다(4:3).

이러한 요나의 모습을 통해 우리의 모습을 다시 한 번 점검해 볼 수 있습니다. 우리는 하나님께서 맡겨 주신 일을 감당하면서 때로는 하나님의 마음이나 뜻과 상관없이 우리의 뜻이 이루어지기를 바랄 때가 있습니다. 하나님이 어떤 일을 우리에게 맡겼을 때 맡은 자의 본분은 나의 뜻이 이루어지기를 원하는 것이 아니라, 하나님의 뜻이 이루어지기를 바라며 오직 그 일에 충성을 다하는 것입니다.

요나는 자신이 사는 것보다 죽는 것이 낫다고 불평하였기에 하나님께서 마음을 돌려 니느웨를 멸망시킬 것이라 생각했습니다. 그래서 니느웨가 멸망하는 장면을 보기 위해 성읍 동쪽에 가서 초막을 짓고 니느웨가 멸망하기를 기다립니다(4:5). 하나님은 이러한 요나를 불쌍히 여겨 그를 위해 박넝쿨을 자라게 하여 그늘을 만들어 줍니다. 그러자 요나는 신이 났습니다. 그러나 하나님은 다음날 벌레가 박넝쿨을 갉

아먹게 하여 시들게 합니다. 요나는 뜨거움에 견딜 수가 없었습니다.

그러자 요나는 또다시 사는 것보다 죽는 것이 낫다며 하나님께 불평을 합니다(4:8). 이렇게 불평하는 요나에게 하나님은 "네가 수고도 아니하였고 재배도 아니하였으며 하룻밤에 났다가 하룻밤에 말라 버린 이 박넝쿨을 아꼈거든 하물며 이 큰 성읍 니느웨에는 좌우를 분별하지 못하는 자가 십이만여 명이요 가축도 많이 있나니 내가 어찌 아끼지 아니하겠느냐"(4:10-11)며 요나를 책망합니다.

이를 통해 하나님이 이스라엘 백성만을 사랑하는 것이 아니라 이방인이라도 회개하고 하나님께 돌아오면 용서한다는 것을 알 수 있습니다. 하나님의 보편적인 사랑입니다. 이렇듯 요나서는 하나님이 이스라엘 민족만을 사랑하는 것이 아니라 온 민족을 사랑한다는 것을 보여줍니다. 그들도 하나님께서 지으신 하나님의 자녀요 백성이기 때문입니다.

하나님은 북이스라엘에 엘리야, 엘리사, 미가야 등 많은 예언자를 보내 하나님께 돌아오도록 선포하였지만, 그들은 하나님의 말씀을 듣지도 않고 순종하지도 않았습니다. 하나님께서 요나를 니느웨에 보내신 이유는 이스라엘 백성이 엘리야와 엘리사 같은 대예언자를 보내 많은 기적과 이적을 보이며 하나님께로 돌아오라고 선포해도 돌아오지 않았기 때문입니다. 그러나 니느웨는 하나님을 알지 못하는 이방 민족이었지만, 요나가 그들의 멸망을 외치자 예언자의 말을 듣고 회개하여 구원을 받습니다. 이처럼 요나서는 많은 예언자들의 선포에도 회개하지 않는 북이스라엘을 부끄럽게 하려는 목적도 있습니다.

요나가 활동하던 시대는 북이스라엘 왕 여로보암 2세 이전이나 통치 초기였을 것입니다. 그 이유는 이스라엘 영토가 "하맛 어귀에서부터 아라바 바다까지"(14:25) 회복될 것이라는 요나의 예언이 여로보암 2세 때 성취되었기 때문입니다(14:28).

여로보암 2세

열왕기 시대에 북이스라엘에는 여로보암 왕이 두 명 있었습니다. 첫 번째는 북이스라엘의 초대 왕 여로보암이고, 두 번째는 예후의 3대 손 여로보암입니다. 이들을 구별하기 위해 예후의 3대 손 여로보암(왕하 14:23-29)을 여로보암 2세라고 부릅니다. 여로보암 2세 때에는 정치적·경제적으로 북이스라엘이 최고의 전성기를 누렸던 시기입니다. 그는 요나가 예언한 대로 하맛 어귀에서부터 아라바 바다에 이르기까지 땅을 회복하였으며(14:28), 정치적으로 안정되고 경제적으로는 풍성함을 누리며 북이스라엘 최고의 전성기를 누리게 됩니다.

그러나 사회의 부익부 빈익빈 현상으로 부자들은 가난한 자들을 학대하고 착취하며 더 큰 부를 누렸지만, 힘 없고 가난한 자들은 더욱 살기 힘든 세상이 되었습니다. 그들은 하나님의 백성으로서 지켜야 할 율법과 규례를 따르지 않았기에 그 사회는 공의도 정의도 없고 권력과 힘있는 자들의 학대와 폭정과 탐욕과 허영으로 인해 죽을 병에 걸려 있었습니다. 이러한 시대에 등장한 예언자가 아모스입니다.

아모스

아모스는 예언자도 제사장도 아닌 남유다에서 가축을 치던 목자요 뽕나무를 재배하던 자였습니다(암 7:14). 그러던 아모스가 하나님께서 북이스라엘에 가서 이스라엘 백성에게 임박한 심판에 대하여 예언하라는 하나님 소명을 받게 됩니다(7:15-17). 당시 북이스라엘은 경제적으로 풍요롭고 정치적으로는 잃었던 땅을 되찾으며 안정되었지만, 사회의 부익부 빈익빈 현상으로 공의와 정의가 사라져 가고 있었습니다. 아모스는 공의와 정의가 사라진 사회에서 살고 있는 이스라엘 백성을 향하여 이 왕조에 임박한 멸망을 선포합니다(7:7-9). 남유다 출신의 아모스가 포악한 북이스라엘에 가서 그들의 죄악을 책망하며 하나님의 심판과 멸망을 선포하기 위해서는 아마도 자기 목숨을 내놓는 담대함이 필요했을 것입니다.

아모스는 빈부 격차와 공의와 정의가 사라져 가난한 자들이 핍박받는 현실에 대하여 선포합니다. 그 시대에는 힘없고 가난한 자들이 부자와 정치 지도자들의 핍박과 학대로 더욱 큰 어려움을 겪고 있었습니다. 힘있는 자들의 횡포가 얼마나 심했는지 가난한 사람들의 인권은 거의 말살되어 신발 한 켤레를 받고 인신매매를 하는 일까지 일어납니다(암 2:8). 하나님은 공의와 사랑의 하나님입니다. 그러기에 아모스는 사회의 공의와 정의, 즉 공의와 사랑에 대하여 선포합니다.

그러나 이스라엘 민족이 아모스의 선포를 듣지 않자, 결국 이스라엘의 멸망을 예언합니다. 아모스는 이스라엘의 죄로 인하여 하나님께서 "한 나라를 일으켜 너희를 치리니 하맛 어귀에서부터 아라바 시내까지 너희를 학대하리라"(6:14)고 선포합니다. 이것은 하나님께서 한 나라를 일으켜 이스라엘을 침범하게 할 것이고, 그들이 이스라엘을 대파하고 이스라엘 백성을 포로로 잡아갈 것이라는 선포입니다.

여기서 한 나라는 앗수르를 말하는 것으로, 이스라엘에 공의와 정의(사랑)가 회복되지 않으면 앗수르에 멸망하고 백성들은 포로로 잡혀가게 된다는 것입니다. 그러기에 정의와 공의가 사라진 북이스라엘에 너희는 "오직 정의를 물같이 공의를 마르지 않는 강같이 흐르게 할지어다"(5:24)라고 선포합니다. 이 말은 강물이 끊이지 않고 흐르듯 공의와 정의를 흐르는 강물처럼 유지하라는 말씀입니다. 하나님은 공의로운 하나님이시요 정의의 하나님이시기 때문입니다.

그러나 아모스가 아무리 정의와 공의를 외쳐도 이스라엘은 듣지 않습니다. 그러자 하나님은 북이스라엘에 호세아를 보냅니다.

호세아

하나님이 아모스를 보내 공의와 정의를 선포하지만 이스라엘은 하나님의 말씀에 귀기울이지 않고 계속해서 우상을 섬기고 음란한 행위를 하며 살아갑니다. 그러자 하나님은 예언자 호세아를 보냅니다. 호세아는 북이스라엘에서 활동한 마지막 예언자입니다. 하나님은 호세아에게 "음란한 여인을 아내로 맞이하여 음란한 자식을 낳으라 이 나라가 여호와를 떠나 크게 음란함이니라"(호 1:2)고 말씀합니다. 이것은 호세아로 하여금 하나님을 떠나 우상을 섬기며 음란한 행위를 할 때 하나님의 마음이 얼마나 아픈지 직접 경험하게 하기 위해서였습니다. 이스라엘이 하나님을 떠나 우상을 섬기는 것은 마치 아내가 남편 아닌 다른 남자와 음행을 저지르는 것과 같기 때문입니다.

하나님의 명령에 따라 호세아는 고멜이라는 여인을 아내로 맞이합니다(1:3). 고멜은 아들 둘과 딸 하나를 낳지만 도망하여 다른 남자와 살아갑니다. 그런데 하나님은 호세아에게 그 여인을 다시 데려와서 사랑하며 함께 살라고 말씀합니다(3:1). 그 이유는 하나님의 백성이 하나님을 떠나 다른 신을 섬기며 음란을 일삼을 때 하나님의 마음이 얼마나 아픈지 호세아가 직접 체험하게 하기 위해서였습니다. 이스라엘 백성이 하나님을 떠나 우상을 섬기고 있었기에 하나님은 "그는 내 아내가 아니요 나는 그의 남편이 아니라"(2:2)라고 선포하게 합니다.

비록 이스라엘 백성이 음란죄를 저지르고 있었지만 하나님은 그들을 포기할 수 없었습니다. 이스라엘 백성이 지금은 많은 죄를 지으며 살고 있지만(4:1-5:7), 그들이 회개하고 돌아오는 그날에 하나님은 "너는 내 백성이라" 하고 백성들은 "주는 내 하나님이시라"고 고백할 것이라고 합니다(2:23). 그러나 회개하고 돌아오지 않으면 누구도 구원할 수 없는 하나님의 심판이 임할 것이라고 선포합니다(5:8-15).

호세아는 이스라엘의 죄에 대하여, 제사장들의 죄에 대하여, 그리고 그들이 우상 섬김으로 지은 죄에 대하여 낱낱이 책망하며 하나님께 돌아오도록 권면합니다(4:1-5:15). 그는 하나님의 마음을 너무도 잘 알았기에 "오라 우리가 여호와께로 돌아가자"(6:1)고 외치며 여호와께 돌아가기만 하면 그는 우리를 용서해 줄 것이라고 선포합니다. 그리고 "여호와를 알자, 힘써 여호와를 알자"(6:3)고 말합니다. 호세아는 힘써 하나님을 알되 하나님께로 돌아오면 모든 것을 용서하고 회복시켜 주는 하나님의 마음까지 알자고 외친 것입니다.

창세기부터 요한계시록까지 기록된 하나님 말씀의 전체 주제는 호세아의 외침처럼 "여호와께로 돌아오라"는 것입니다. 모든 예언자들의 외침도 우상을 섬기지 말고 "하나님께로 돌아오라는 것"이었습니다.

하나님이 우리에게 원하는 것은 어떤 물질이나 형식적인 제사가 아닙니다. 하나님께서는 "인애를 원하고 제사를 원하지 아니하시며 번제보다 하나님 아는 것을 원하노라"(6:6)고 말씀합니다. 하나님께서는 하나님의 마음을 알기를 간절히 원하고 있으나 이스라엘 백성은 하나님의 말씀을 듣지도 깨닫지도 못하고 계속하여 우상을 섬기는 등 많은 죄를 지으며 살아갑니다(7:1-8:14).

호세아가 그렇게 하나님께로 돌아오라고 외쳤음에도 이들은 하나님의 언약과 모세가 명령한 것을 하나도 지키지 않았습니다(왕하 18:12). 호세아는 이스라엘이 끝까지 하나님께 돌아오지 아니하기에 결국 앗수르에 의해 멸망할 것이라고 선포합니다(호 11:5-7). 호세아의 선포에도 하나님의 말씀을 듣지도 행하지도 않던 북이스라엘은 호세아의 예언대로 결국 기원전 722년 앗수르에 의해 멸망하고 맙니다(왕하 17:6).

북이스라엘의 멸망

여로보암 2세가 죽은 후 북이스라엘은 정치적으로 큰 혼란에 빠집니다. 여로보암의 아들 스가랴는 통치 6개월 만에 살룸에게 죽임을 당하고(왕하 15:10), 살룸은 통치 1개월 만에 므나헴에게 죽임을 당하고(15:14), 므나헴의 아들 브가히야는 통치 2년 만에 베가에게 죽임을 당합니다(15:25). 그리고 엘라의 아들 호세아가 쿠데타를 일으켜 베가를 죽이고 북이스라엘의 마지막 왕이 됩니다(15:30). 북이스라엘은 여로보암 2세가 죽은 후(BC 753) 약 30년 동안 네 번의 쿠데타가 일어나고 여섯 명의 왕이 다스리는 정치적 혼란기를 겪게 된 것입니다. 이를 통해 당시 이스라엘이 정치적·사회적으로 얼마나 혼탁한 나라였는지 여실히 알 수 있습니다.

하나님이 많은 선지자를 북이스라엘에 보내 악한 길, 악한 행위를 떠나서 하나님께 돌아오라고 외쳤으나 그들은 하나님의 말씀을 듣기는커녕 귀를 기울이지도 않았습니다(슥 1:4). 북이스라엘은 결국 하나님을 떠나 우상을 섬기며 음행을 저지르다가 예언자 호세아가 예언한 대로(호 11:5-7) 기원전 722년 멸망하게 됩니다(왕하 17:6).

앗수르의 포로 정책

멸망 후 앗수르의 포로 정책에 따라 사마리아에 살고 있던 많은 북이스라엘 사람들이 앗수르가 점령한 고산과 할례와 메대 등 여러 나라의 성읍으로 끌려가 뿔뿔이 흩어져 살게 됩니다(왕하 17:6). 또한 앗수르는 점령한 다른 지방 사람들을 북이스라엘로 보내 살게 함으로써 북이스라엘의 정체성을 없애고 혼합 민족이 되어 살아가게 만듭니다 (17:24). 앗수르의 포로 정책은 그들이 정복한 나라의 민족을 다른 지방으로 이주시키고 다른 지방의 민족을 그곳에 이주시켜 살게 하는 것이었습니다. 정복한 나라에 여러 민족이 섞여 살게 함으로써 각 민족의 순수 혈통을 유지하지 못하게 하고 혼혈 민족을 만들어 민족의 정체성을 말살시키기 위한 것이었습니다.

북이스라엘도 앗수르의 포로 정책에 따라 이스라엘의 순수한 혈통을 잃어버리고 혼합 민족이 되어 하나님도 섬기고 우상도 섬기는 새로운 민족이 되었기에, 이때부터 북이스라엘의 수도인 사마리아에 살고 있는 사람들을 '사마리아인'이라 부르게 됩니다.

사마리아인

사도요한은 예수님께서 사마리아의 수가라는 마을에 있는 야곱의 우물에서 정오에 물을 길러 온 사마리아 여인을 만나 대화하는 장면을 소개합니다. 예수님이 사마리아 여인에게 "물을 좀 달라"고 했을 때 그녀는 "당신은 유대인으로서 어찌하여 사마리아 여자인 나에게 물을 달라 하나이까"(요 4:9)라고 묻습니다. 그 이유에 대해 요한은 "이는 유대인이 사마리아인과 상종하지 아니함이러라"(4:9)고 설명합니다. 이러한 요한의 설명은 북이스라엘이 멸망할 때 앗수르의 포로 정책으로 순수 이스라엘 민족의 정체성을 잃고 혼혈 민족이 되었기 때문입니다. 혼혈 민족이 된 사마리아인은 종교적으로도 여호와와 이방신을 함께 섬기게 됩니다. 이러한 이유로 예수님이 활동하던 시대까지도 유대인은 사마리아인과 상종하지 않았던 것입니다.

일반적으로 북이스라엘을 '사마리아'라고 불렀는데, 그것은 사마리아가 북이스라엘의 수도였기 때문입니다. 열왕기와 역대기를 읽다 보면 북이스라엘을 어떤 때에는 '이스라엘'이라 하고 어떤 때에는 '사마리아'라고도 하는데, 그것은 남유다를 '유다' 또는 '예루살렘'이라고 부르는 것과 같습니다.

이렇듯 신약을 올바로 이해하기 위해서는 먼저 구약의 역사를 알아야 합니다. 구약을 잘 이해하면 신약에 나오는 많은 예화를 정확하게 이해할 수 있습니다. 다음 장에서는 남유다의 역사를 살펴보기로 하겠습니다.

4장

남유다의
역사

남유다에는 20명의 왕이 있었지만 여기에서는 모든 왕을 일일이 설명하지 않고 중요한 사건이 있었던 왕들과 그 시대에 활동했던 예언자들이 어떠한 시대적 배경에서 어떠한 내용을 선포하였는지 역사적 순서에 따라 간략하게 살펴보기로 하겠습니다.

남왕국 유다의 왕들

남왕국 유다도 1대 왕 르호보암 때부터 하나님 앞에 정직하지 못하여 하나님을 노엽게 하였습니다(왕상 14:22). 2대 왕 아비얌(야)도 악했지만 3대 왕인 아사와, 4대 왕인 여호사벳은 선한 왕이었습니다. 그러나 여호사벳은 북이스라엘의 아합 왕과 이사벨의 딸인 아달랴를 며느리로 맞는 실수를 저질렀습니다(왕하 8:18). 이로 인해 여호사벳의 아들인 남유다의 5대 왕 여호람은 악한 아내 아달랴의 영향으로 악을 행하다 죽고, 그의 아들 아하시야가 유다의 6대 왕이 됩니다. 그러나 아하시야는 길르앗 라못에서 아람과 전쟁 중에 부상당한 외삼촌인 북이스라엘 왕 여호람(요람)을 병문안 갔다가 그곳에서 예후에게 요람 왕과 함께 살해당합니다(9:27).

아하시야가 예후에게 죽자 그의 어머니인 아달랴는 다윗 왕가의 모든 자손을 죽이고 자신이 남유다의 7대 왕이 됩니다(11:3). 그때 아하시아의 누이 여호세바가 아하시아의 한 살 된 아들 요아스를 몰래 빼돌립니다. 여호세바의 남편인 제사장 여호야다는 요아스를 성전에서 6년 동안 양육합니다(11:2-3). 요아스는 일곱 살 때 고모부이며 제사장인 여호야다에게 기름부음을 받아 유다의 왕으로 세워집니다.

요아스는 할머니인 아달랴를 죽이고 유다의 8대 왕이 되어 통치하기 시작합니다(11:12). 요아스는 고모부인 여호야다가 살아서 가르치고 조언하는 동안에는 선한 왕이었으나, 여호야다가 죽자 악을 저지르기 시작합니다. 요아스가 악을 행하며 죄를 지을 때 여호야다의 아들 스가랴가 그의 죄를 책망합니다. 그러자 요아스는 스가랴까지 죽이는 악을 행합니다. 역대하 24장에는 요아스의 악행이 자세히 기록되어 있습니다(대하 24:15-22). 이렇게 악을 행하던 요아스는 결국 자신의 심복들에게 살해당하고, 그 뒤를 이어 요아스의 아들 아마샤가 9대 왕이 됩니다(왕하 12:21).

아마샤가 죽은 후에는 그의 아들 웃시야가 16세에 유다의 10대 왕이 되어 52년간 통치합니다(15:1). 웃시야는 남북 전체를 통틀어 두 번째로 오래 통치한 왕입니다. 웃시야는 하나님이 보시기에 정직하고 선한 왕이었습니다. 그래서인지 웃시야 왕이 통치하는 동안에는 축복을 많이 받아 유다의 면적이 넓어집니다. 이때 북왕국에서는 여로보암 2세가 통치를 하고 있었습니다.

웃시야는 하나님의 축복을 받아 유다의 지경을 넓히며 나라가 부강해지자 교만해져서 제사장만 들어갈 수 있는 성전에 들어가 직접 하나님께 분향을 드리려고 합니다. 제사장 아사랴가 만류하지만 듣기는커녕 오히려 화를 내며 제사장을 치려고 합니다. 왕이 손을 들어 제사장을 치려고 할 때 하나님의 진노가 웃시야에게 임해 그의 이마에 문둥병이 생겨 나병 환자가 됩니다(15:5). 이로 인해 웃시야는 왕 노릇을 제대로 할 수 없기에 그의 아들 요담이 11대 왕이 되어 웃시야와 함께 나라를 다스리게 됩니다(15:7).

웃시야가 죽던 해에 한 예언자가 나타나는데, 그가 바로 이사야입니다. 이사야는 웃시야가 죽던 해에 예언자로서 소명을 받아 활동을 시작하게 됩니다(사 6:1). 요담은 아버지 웃시야가 악을 행하는 모습을 보아서인지 선을 행하던 왕이었습니다. 요담이 통치하던 때 또 다른 예언자가 등장하는데, 바로 미가입니다(미 1:1). 미가는 이사야보다 조금 늦게 예언을 시작했는데, 이 둘은 요담과 아하스와 히스기야 시대까지 함께 예언 활동을 합니다.

요담이 죽은 후 그의 아들인 아하스가 유다의 12대 왕이 되어 통치를 합니다. 아하스는 남유다의 3대 악한 왕 중 하나로 꼽을 수 있을 정도로 악한 왕이었습니다. 그는 하나님께서 하지 말라는 것을 모조리 행하였으며, 자기 아들을 불 가운데로 지나가게 하는 가증한 일도 하였습니다(16:3). 살아 있는 아들을 불 가운데로 지나가게 하는 일은 암몬 자손들이 그들의 신을 섬길 때 하는 악한 제사 행위입니다. 이러한 행위는 이방인들이 자신들의 형통을 빌려고 자기 아들을 암몬 신에게 바치는 가증한 행위였는데, 아하스는 그런 악한 관습을 그대로 좇아서 행한 것입니다.

히스기야

아하스가 죽자 우리가 잘 아는 히스기야가 유다의 13대 왕이 됩니다(왕하 18:1). 히스기야는 25세에 왕이 되어 29년 동안 통치하였습니다. 그는 왕위에 오르자마자 종교 개혁을 시작했는데, 그렇게 할 수 있었던 것은 이사야와 미가의 영향 때문일 가능성이 큽니다. 히스기야는 아버지 아하스가 만들어 섬기던 모든 우상과 산당을 없애고 모세가 광야에서 만들었던 놋뱀까지 없앱니다(18:4). 놋뱀에 대하여는 민수기 21장을 보면 잘 알 수 있습니다.

이스라엘 백성이 가데스 바네아 근처에서 약 38년간의 광야 생활을 마치고 모압 땅으로 들어가기 위해 광야 길을 지나게 됩니다. 이스라엘 백성은 먹을 것도 없고 마실 것도 없는 광야를 다시 지나가게 되자 "어찌하여 우리를 애굽에서 인도해 내어 이 광야에서 죽게 하는가?"라며 모세를 원망합니다(민 21:5). 이것은 모세가 아니라 하나님을 원망하는 것이었습니다. 그러자 하나님은 광야에 불뱀을 보내 많은 사람들을 물려 죽게 합니다. 이에 백성들은 자신들의 죄를 회개하며 모세에게 기도하여 불뱀을 떠나게 해달라고 요구합니다.

모세가 백성들의 요구대로 기도할 때, 하나님은 불뱀을 진영에서 떠나 보내는 것이 아니라 놋뱀(놋으로 만든 불뱀)을 만들어 장대에 매달아 놓고 불뱀에게 물린 사람들이 놋뱀을 보도록 합니다(민 21:8). 불뱀이 그들의 진영 가운데 항상 있게 한 것입니다. 그러나 하나님은 불뱀에게 물린 자에게 살 수 있는 길을 줍니다. 그것은 장대에 매달린 놋뱀을 보는 것입니다. 불뱀에 물린 자가 하나님의 말씀을 믿고 장대에 매달린 놋뱀을 보면 살고, 그렇지 않으면 죽는 것입니다. 이것이 믿음입니다. 믿음이란 하나님의 말씀을 그대로 실행하며 살아가는 것을 말합니다. 장대에 달린 놋뱀은 예수님을 예표하는 것입니다.

예수님은 "모세가 광야에서 뱀을 든 것같이 인자도 들려야 하리니"(요 3:14)라고 말씀하셨습니다. 그것은 불뱀에 물린 자들이 장대에 매달린 놋뱀을 보고 살아난 것처럼, 죄로 인하여 죽을 수밖에 없는 죄인이지만 십자가에 달리신 예수님을 믿고 바라보는 자들도 구원을 얻게 됨을 알려 주는 것입니다.

모세가 만든 이 놋뱀은 히스기야 시대까지 남아 있었습니다. 당시 이스라엘 백성은 놋뱀을 우상으로 섬겼는데, 히스기야가 놋뱀을 없애고 종교 개혁을 실시한 것입니다(히스기야 6년). 그 무렵 북이스라엘은 앗수르의 공격을 받아 멸망합니다(왕하 18:10).

앗수르의 침공

북이스라엘이 멸망한 지 8년 후인 히스기야 왕 14년에 남유다에 큰 사건이 일어납니다. 히스기야가 종교 개혁을 하며 앗수르를 배반하자, 앗수르가 남유다를 침범한 것입니다. 북이스라엘을 점령한 앗수르는 살만에셀과 사르곤이 죽고 산헤립이 왕위에 오르자 앗수르를 배반한 남유다마저 점령하기 위해 라기스와 립나를 포함하여 유다의 많은 성읍을 점령하기 시작합니다(왕하 18:13). 그러자 히스기야는 앗수르 왕 산헤립에게 조공을 바치며 유다에서 물러가 달라고 요청합니다. 그러나 산헤립은 조공만 받고 히스기야의 요청을 무시하고 군사를 보내 예루살렘을 포위합니다(18:17).

앗수르의 군대 장관인 랍사게는 예루살렘을 포위한 후 유다 왕 히스기야와 하나님을 조롱하며 모욕합니다(18:20-35). 당시 남유다에는 예언자 이사야와 미가가 활동하고 있었는데, 하나님을 조롱하고 모욕하는 소리를 들은 히스기야는 옷을 찢으며 이사야에게 신하를 보내 하나님께 기도하기를 요청합니다. 이사야는 기도할 때 들은 하나님의 말씀, 즉 "나를 모욕하는 말 때문에 두려워하지 말라 내가 한 영을 그의 속에 두어 그로 소문을 듣고 그의 본국으로 돌아가게 하고 또 그의 본국에서 그에게 칼에 죽게 하리라"(19:6-7)는 이야기를 히스기야에게 들려줍니다.

다음날 하나님께서는 여호와의 사자를 앗수르의 진영에 보내 앗수르의 군사 18만 5,000명을 죽이고, 산헤립은 본국으로 돌아가지만 그의 신전에서 경배할 때 자신의 아들들에게 암살당합니다(19:37, 대하 32:21). 이 모든 일은 이사야가 예언한 대로 이루어진 것입니다. 이스라엘 백성이 출애굽할 당시에 애굽이 가장 강대한 나라였다면, 이때는 앗수르가 그와 같은 위치에 있었습니다. 지금으로 말하자면 미국 같은 위치였다고 할 수 있습니다. 그런데 지극히 작은 나라였던 유다 왕 히스기야가 당시 가장 강대한 나라였던 앗수르에 승리한 것입니다.

히스기야의 교만

유다 왕 히스기야가 앗수르에 이겼다는 소문은 대중 미디어와 SNS와 인터넷을 통해 온 세계에 퍼지게 되었습니다. 수많은 사람들이 여기저기서 히스기야에게 "왕이시여, 당신은 참으로 위대한 왕입니다. 이전에도 당신과 같은 왕이 없었고 이후에도 당신과 같이 위대한 왕은 없을 것입니다"라며 그를 찬양하기 시작하였을 것입니다. 이러한 소문이 온 세계에 퍼지며 그의 명성이 올라가자, 히스기야는 모든 영광을 하나님께 돌리는 대신 자신이 무엇을 한 것인 양 교만해지기 시작한 것 같습니다. 하나님이 가장 싫어하시는 것이 있는데, 바로 '교만한 마음'입니다. 히스기야가 이렇게 교만해지자, 하나님은 이사야를 보내 "너는 집을 정리하라 네가 죽고 살지 못하리라"(20:1)고 하나님의 말씀을 선포하게 합니다. 그러자 히스기야는 이사야를 책망하거나 원망하지 않고 하나님 앞에 무릎을 꿇고 회개합니다(20:2).

여기서 우리는 히스기야의 위대함을 볼 수 있습니다. 죄를 지었을 때 바로 하나님 앞에 자기 죄를 고백하고 용서를 구하는 것입니다. 그는 하나님을 부르며 "여호와여 구하오니 진실과 전심으로 주 앞에 행하며 주께서 보시기에 선하게 행한 것을 기억하옵소서"(20:3) 하며 눈물로 기도합니다. 비록 지금은 죄를 지었지만 하나님 앞에 진실과 전심으로 행하던 일들을 기억해 달라고 간구한 것입니다. 하나님은 히스기야의 기도를 듣고 그의 생명을 15년 더 연장해 줍니다.

15년간의 생명 연장이 히스기야에게 복이 되었는지 저주가 되었는지에는 성경에 기록되어 있지 않습니다. 과연 15년간 생명을 연장받은 히스기야의 삶은 아름다웠을까요? 이에 대하여 성경은 침묵하고 있습니다. 유추해 보면 그의 나머지 삶이 그리 아름답지는 않았던 것 같습니다. 과연 그것을 어떻게 알 수 있을까요? 그의 아들 므낫세의 통치를 보면 간접적으로 알 수 있습니다.

므낫세

히스기야가 죽자 그의 아들 므낫세가 열두 살에 유다의 14대 왕이 됩니다(왕하 21:1). 므낫세의 나이로 볼 때 그는 히스기야가 15년의 생명 연장을 받은 후에 태어난 아들입니다.

므낫세는 아주 악한 왕이었습니다. 성경을 보면 그는 하나님께서 하지 말라고 하는 것을 모두 행한 악한 왕이었습니다. 그의 어머니는 '헵시바'였는데, 헵시바란 '나의 즐거움은 그녀에게 있다'는 뜻을 가진 이름입니다. 히스기야는 15년간 생명 연장을 받은 후 하나님으로부터 즐거움을 찾지 않고 젊은 여인 헵시바로부터 즐거움을 찾지 않았나 생각됩니다. 시편 1편을 보면 "복 있는 사람은 악인의 꾀를 따르지 아니하며 죄인들의 길에 서지 아니하며 오만한 자들의 자리에 앉지 아니하고 오직 여호와의 율법을 즐거워하여 그의 율법을 주야로 묵상하는도다"(시 1:1-2)라고 하였는데, 히스기야는 그 즐거움을 여호와에게서 찾지 않고 여인의 품에서 찾았던 것 같습니다.

북이스라엘 멸망의 근원이 여로보암이라면, 남유다의 멸망 원인은 므낫세입니다. 열두 살의 어린 나이에 왕이 된 므낫세는 아버지와 어머니가 생전에 살아가는 모습을 답습하며 살았을 것입니다. 히스기야가 15년의 생명을 연장받고 좋은 영향을 주었다면 성경의 어느 한 구절에라도 그에 관해 나올 법한데, 단 한 줄도 찾아볼 수 없습니다. 이와 같이 히스기야가 생명 연장을 받은 후의 삶에 대한 내용이 전무한 것을 보면 아마도 이 기간에 하나님께 축복받을 만한 삶을 살지 못한 것 같습니다. 그런 이유로 므낫세는 아버지로부터 훌륭한 삶의 모범을 보지 못하고 자랐을 것입니다.

므낫세가 55년이라는 긴 세월을 통치하며 저지른 악행은 아버지 히스기야가 정권 초기에 헐어 버린 산당들을 다시 세우고, 바알의 제단과 아세라 목상을 다시 만들고, 여호와의 성전에 세단을 쌓고, 자기 아들을 불 가운데 지나가게 하는 등 가나안 민족보다 더 심하게 우상을 섬긴 것입니다. 어린 나이에 왕이 된 므낫세가 무엇을 알았겠습니까? 아마도 주변에 우상을 섬기던 자들이 어린 왕을 회유하여 우상을 섬기게 하고, 이를 책망하는 예언자들을 죽이도록 했을 것입니다. 세상을 살아가면서 누구의 말에 귀를 기울이고 살아가느냐에 따라 우리 삶의 질이 변하게 됩니다. 여러분은 무엇에 귀를 기울이고 살아가고 있습니까? 세상에 귀기울이며 살아간다면 죽을 수밖에 없을 것입니다. 그러나 하나님의 말씀에 귀기울이며 살아간다면 영원한 생명을 얻게 될 것입니다. 하나님의 말씀은 곧 길과 진리와 생명이기 때문입니다(요 14:6).

므낫세는 이러한 악행 외에도 "무죄한 자의 피를 심히 많이 흘려 예루살렘 이 끝에서 저 끝까지 가득하게 하였더라"(왕하 21:16)고 합니다. 우상을 섬기는 자들의 회유에 넘어간 므낫세는 급기야 하나님이 보낸 이사야와 미가도 죽인 것으로 보입니다. 이사야와 미가가 순교한 후 이스라엘에는 약 60~70년 동안 예언자가 나타나지 않습니다. 그 이유는 므낫세가 죄 없는 자, 즉 예언자들을 죽여 예언자들이 활동할 수 없었기 때문일 것입니다.

므낫세가 죽고 그의 아들 아몬이 유다의 15대 왕이 됩니다(21:18). 그러나 아몬도 므낫세처럼 악을 행하다 자신의 신하에게 살해되고, 그의 아들 요시야가 유다의 16대 왕이 됩니다(21:26). 요시야 시대를 이야기하기 전에 먼저 요시야 이전에 유다에서 활동하던 예언자(이사야, 미가)들이 선포한 내용을 간략히 살펴보기로 합니다.

남유다에 선포된 예언서

필자는 다섯 시간 동안 성경 전체를 설명하는 성경 통독 세미나를 준비하면서 어떻게 하면 많은 분량의 예언서를 쉽고 간략하게 설명할 수 있을까 많은 고민을 하였습니다. 성경 통독 세미나는 오전 9시부터 오후 4시까지 창세기부터 요한계시록을 한 시간씩 다섯 시간의 강의로 계획하였기에 강의록을 만들어 가는 모든 과정이 힘들었지만, 특히 예언서를 준비하는 것이 가장 힘들고 어려웠습니다. 이사야서 한 권만 강의해도 다섯 시간으로는 불가능하다는 것을 독자들도 잘 알고 있을 것입니다.

이 문제를 놓고 기도하는 가운데 유다에서 활동하던 예언서들을 므낫세 이전과 이후로 나누어 강의하도록 하나님께서 지혜를 주셨습니다. 성경 통독 세미나는 성경의 모든 내용을 설명하고 강의하는 것이 아니라, 마치 영화의 예고편을 보고 영화를 보고 싶은 마음이 생기듯 세미나를 통하여 성도들에게 성경을 읽고 싶은 마음을 불어넣어 주기 위한 것입니다. 그러므로 예언서들도 그 내용을 일일이 설명하는 것이 아니라 예언자들이 활동하던 시대의 역사적 배경을 설명하며 그 시대의 문화와 사회적 배경, 삶 가운데 어떠한 죄책과 심판과 위로와 소망의 메시지를 선포하고 있는지 강의하면 좋을 것이라는 지혜를 준 것입니다.

앞서 말했듯이 어느 시대에 예언자가 출현했다는 것은 그 시대에 영적 문제가 발생한 것입니다. 이러한 이유로 예언자가 활동하던 시대는 대부분 악한 왕이 통치하던 때라고 추정합니다. 유다가 바벨론에 멸망하기 전에 유다에서 활동하던 예언자들은 이사야, 미가, 스바냐,

하박국, 요엘, 예레미야, 나훔 그리고 오바댜입니다. 이들 중 므낫세 이전에 활동한 예언자는 이사야와 미가 두 사람이었고, 나머지는 므낫세 이후에 활동했습니다.

므낫세 이전의 예언자

므낫세 이전에 활동한 예언자는 이사야와 미가 두 사람인데, 이사야는 므낫세의 고조할아버지인 웃시야가 죽은 해부터, 미가는 이사야보다 조금 늦은 므낫세의 증조할아버지인 요담 시대부터 아하스와 히스기야 시대까지 활동하다가 므낫세에게 순교당한 것으로 알려지고 있습니다. 먼저 이 두 예언자가 선포한 내용을 간략히 보고자 합니다.

이사야

이사야는 남유다의 왕 웃시야, 요담, 아하스 그리고 히스기야 시대에 활동한 예언자입니다(사 1:1). 그는 하나님을 떠나 우상을 섬기며 살아가는 이스라엘 백성에게 그들의 죄를 책망하며 그들에게 임할 하나님의 심판과 구원에 대하여 선포합니다. 그의 선포는 하나님의 백성이라도 죄를 지으면 심판을 받지만, 회개하고 돌아오면 구원을 베풀어준다는 내용입니다. 사실 신구약 성경 66권을 자세히 들여다보면 죄를 책망하며 회개하고 하나님께로 돌아오라는 것입니다.

성경이 66권으로 되어 있듯이 이사야서는 66장으로 되어 있는데, 일반적으로 이사야의 처음 39장(1-39장)을 제1 이사야, 그 후의 27장(40-66장)을 제2 이사야라고 나눕니다(어떤 학자는 제1, 제2, 제3 이사야로 나누

기도 함). 어떤 사람들은 제1 이사야가 39장으로 구성되어 있기에 39권으로 구성된 구약을 말하고, 제2 이사야는 27장으로 구성되어 있기에 27권으로 구성된 신약이라고 부르기도 합니다. 아마 이런 식으로 신구약 성경을 나눈다면 39라는 숫자는 모두 구약 성경이라 부르고, 27이라는 숫자는 모두 신약 성경이라 불러야 할 것입니다.

필자도 제1 이사야를 구약, 제2 이사야를 신약을 대표하는 성경으로 해석합니다. 그러나 39와 27이라는 숫자 때문이 아니라 이사야가 선포한 내용 때문입니다. 이사야가 선포한 내용을 보면 1장에서 39장까지는 죄를 지으며 살아가고 있는 하나님의 백성 이스라엘의 죄를 책망하며 회개하고 하나님께로 돌아오라는 것입니다. 그러면서 지속적으로 앞으로 올 메시야에 대하여 선포하고 있습니다. 구약 성경의 핵심은 하나님의 백성인 이스라엘로 하여금 하나님을 떠나지 말고 하나님과 함께 영원히 살아가도록 권면하는 것입니다. 그러기에 그들이 죄를 지으면 책망하고 심판을 선포하지만, 회개하고 돌아오면 구원해 줄 것이라고 권면하며 "하나님께로 돌아오라!"고 선포하는 것입니다. 그러면서 오실 메시아에 대하여 선포하고 있습니다. 이와 같이 제1 이사야서는 구약에서 선포한 내용과 흡사하기에 구약이라 불릴 수 있다고 봅니다.

하나님의 백성인 유다가 죄악을 행하며 살아갈 때 많은 예언자들이 그들의 죄를 책망하며 회개하고 하나님께 돌아오라고 외치지만 그들은 듣지도 회개하지도 하나님께 돌아오지도 않았습니다. 그러므로 그들은 벌을 받아야 했습니다. 그들의 죄삯은 바벨론으로 잡혀가 포로 생활을 하는 것이었습니다.

제2 이사야서는 유다가 죄를 짓고 바벨론의 포로로 잡혀가 죄삯을 치르고 있는 이스라엘 백성에게 선포하는 것입니다. 그들은 이미 심판을 받고 있기에 이제 그들에게 선포할 하나님의 말씀은 죄에 대한 책망과 심판이 아니라, 구원과 회복에 대한 위로와 소망의 메시지가 되어야 했습니다. 따라서 제2 이사야서는 죄에 대한 책망이나 심판에 대한 내용이 거의 없이 바벨론에서 하나님만이 하나님이심을 분명히 알게 한 후에, 하나님이 행하실 "새 일"(사 42:9, 43:19, 48:6)을 외치며 위로와 소망의 메시지를 선포하고 있습니다.

신약 성경도 우리가 그처럼 기다리던 예수 그리스도가 세상에 오셔서 희망도 소망도 없이 살아가는 우리를 위로하고 영원히 살아갈 천국에 대한 메시지를 선포합니다. 이와 같이 이사야가 선포한 내용을 보고 제1 이사야, 제2 이사야로 나눌 수 있습니다.

이사야 1장은 이사야서 서론이나 요약 같은 내용이 담겨 있습니다. 이사야는 아래와 같이 외치며 시작합니다.

> 하늘이여 들으라 땅이여 귀를 기울이라 여호와께서 말씀하시기를 내가 자식을 양육하였거늘 그들이 나를 거역하였도다 소는 그 임자를 알고 나귀는 그 주인의 구유를 알건마는 이스라엘은 알지 못하고 나의 백성은 깨닫지 못하는도다 슬프다 범죄한 나라요 … 그들이 여호와를 버리며 이스라엘의 거룩하신 이를 만홀히 여겨 멀리하고 물러갔도다
> _ 사 1:2-4

이사야의 선포는 하나님께서 그들을 자기 백성으로 삼으셨는데 그 백성은 하나님을 알지도 못하고 깨닫지도 못하고 하나님을 경히 여겼다고 책망하는 것입니다.

이러한 죄로 인하여 이스라엘은 매를 맞아 발바닥에서 머리까지

성한 곳 없이 상한 곳과 터진 곳과 새로 맞은 흔적뿐이었습니다. 그러나 그들은 자신의 상처를 싸매며 기름으로 부드럽게 함을 받지 못하고 있었습니다(1:6). 이스라엘의 죄로 인하여 받은 상처들은 전혀 치료받지 못하였기에 이스라엘 땅은 황폐해졌고, 성읍들은 불에 탔으며, 토지는 그들의 목전에서 이방인에게 삼켜져 파괴되고 황폐해졌던 것입니다(1:7). 하나님의 딸 같던 시온은 포도를 추수한 후에 남겨진 포도원의 망대나 추수 후 참외밭의 원두막처럼 겨우 남게 되었습니다(1:8). 여기서 포도원의 망대나 참외밭의 원두막은 추수한 후 텅 빈 벌판에 쓸쓸히 남아 있는 형태를 말합니다. 이렇게나마 이스라엘이 포도원의 망대나 참외밭의 원두막같이 남겨진 것도 하나님의 은혜입니다.

이사야는 "만군의 여호와께서 우리를 위하여 생존자를 조금 남겨 두지 아니하셨더면 소돔과 고모라와 같이 완전히 멸망"했을 것이라고 선포하고 있습니다(1:9). 이스라엘은 하나님께 죄를 지으면서도 온전히 회개하지 않고 하나님께 무수한 제물을 드리고, 또한 많은 수송아지와 어린 양과 숫염소로 번제를 드렸습니다. 그러나 이러한 행위는 하나님 앞에 형식적으로 보이러 오는 것이기에 하나님의 마당을 밟을 뿐이라고 합니다(1:11-12). 하나님께서는 이러한 가증스런 행위를 견디지 못하겠다고 하십니다(1:13-14). 이들이 드리는 제사는 하나같이 형식적이기에 "너희가 손을 펼 때에 내가 내 눈을 너희에게서 가리고 너희가 많이 기도할지라도 내가 듣지 아니하리니 이는 너희의 손에 피가 가득"(1:15)하기 때문이라고 합니다. 그러니 너희는 "악한 행실을 버리고 행악을 그치고"(1:16), "선행을 배우며 정의를 구하며 학대받는 자를 도와주며 고아를 위하여 신원하며 과부를 위하여 변호하라"(1:17)고 합니다.

이스라엘은 이러한 죄를 지으면서도 회개하지 않고 오히려 자신들이 겪고 있는 고난에 대하여 하나님을 원망하고 있기에 하나님께서는 잘잘못을 가리기 위해 서로 변론해 보자고 합니다. 하나님과 이스라엘이 변론하면 누구의 잘못인지 밝혀지기 때문입니다.

그러나 변론한 후에 "너희의 죄가 주홍 같을지라도 눈과 같이 희어질 것이요 진홍같이 붉을지라도 양털같이 희게 되리라"(1:18)고 하십니다. 하나님께서는 우리의 죄가 비록 주홍 같고 진홍같이 붉을지라도 그 앞에 나아가 회개하면 우리의 모든 죄를 눈과 같이 양털과 같이 희게 한다는 것입니다. 그러기에 요한도 "만일 우리가 우리 죄를 자백하면 그는 미쁘시고 의로우사 우리 죄를 사하시며 우리를 모든 불의에서 깨끗하게 하실 것"(요일 1:9)이라 하였습니다. 비록 신실하던 성읍 이스라엘이 패역한 성읍이 되었지만, 하나님께로 돌아와 회개하면 본래대로 회복시켜 의의 성읍, 거룩한 고을이라 불리게 한다는 것입니다(사 1:21-27).

그러나 여호와를 끝까지 버린 자는 멸망하게 될 것입니다(1:28-31). 이사야, 미가, 하박국, 스바냐, 요엘 등 많은 예언자가 이스라엘 백성에게 하나님께 돌아오도록 선포했지만, 그들은 끝까지 돌아오지 않았기에 그들의 예언처럼 바벨론에 의해 멸망하게 됩니다. 이사야의 예언처럼 이스라엘은 멸망하고 많은 사람들이 포로로 잡혀가 바벨론에서 살게 됩니다. 이렇게 포로로 살아가고 있는 이스라엘 백성을 위로하며 소망을 주는 것이 제2 이사야(40-66장)에 기록되어 있습니다.

미가

미가서는 이사야서와 마찬가지로 그들의 죄에 대한 책망과 심판과 구원, 그리고 사회정의를 선포합니다. 그가 선포한 내용은 주와 같은 신이 이 세상 어디에도 없다는 것입니다(미 7:18) . 그러므로 이 세상에 그 무엇도 하나님과 비교할 수 있는 것이 없습니다.

이사야와 미가서는 차이점이 있습니다. 귀족 출신(요아스 왕의 손자)인 이사야가 왕족이나 귀족을 쉽게 접할 수 있어 그들의 횡포를 직접 책망했다면, 서민 출신인 미가는 상류층의 악함과 부패를 백성들에게 고발했습니다. 미가는 죄악 가운데 살아가고 있는 우리를 향해 하나님의 마음을 6장 6절부터 8절에 함축적으로 선포하고 있습니다.

> 내가 무엇을 가지고 여호와 앞에 나아가며 높으신 하나님께 경배할까 내가 번제물로 일년 된 송아지를 가지고 그 앞에 나아갈까? _ 미 6:6

일년 된 송아지는 번제물로 쓰기에 가장 적합한 제물입니다. 흠 없고 순전하기 때문입니다. "여호와께서 천천의 숫양이나 만만의 강물 같은 기름을 기뻐하실까" 이 말은 '솔로몬처럼 일천번제를 드려 볼까? 내가 가지고 있는 물질을 넘치도록 많이 드려 볼까? 그러면 하나님께서 기뻐하실까?'라는 의미입니다. "내 허물을 위하여 내 맏아들을, 내 영혼의 죄로 말미암아 내 몸의 열매를 드릴까"(6:7) 이것은 '나의 가장 아끼고 사랑하는 맏아들이나 태의 열매, 곧 나의 가장 귀하고 값진 것으로 하나님께 드리면 받으실까?'라고 생각하는 것입니다.

그러나 하나님은 이런 것들을 원치 않으십니다. 하나님이 원하는 것은 가장 좋은 제물(소나 양)이나 우리가 가진 가장 값지고 귀한 재물이나 보화나 자녀들을 드리는 것이 아닙니다. 모든 일에 하나님과 함께하는 우리의 마음과 그를 향한 사랑입니다. 그러기에 미가는 "사람아 주께서 선한 것이 무엇임을 네게 보이셨나니 여호와께서 네게 구하시는 것은 오직 정의를 행하며 인자를 사랑하며 겸손하게 네 하나님과 함께 행하는 것이 아니냐"(6:8)고 답변합니다.

하나님이 우리에게 원하는 것은 불질이나 형식적인 제사(예배)가 아니라 정의를 행하고 인자(인자함, 자비, 긍휼)를 사랑하며 겸손하게 하나님과 함께 행하고 하나님과 교제하는 삶입니다. 이것이 미가를 통하여 우리에게 주는 하나님의 메시지입니다. 이사야와 미가는 하나님의 심판을 선포하다 므낫세에게 순교당한 것으로 보입니다.

요시야

므낫세의 아들 아몬 왕(15대)은 그의 죄로 인해 통치 2년 만에 신하들에게 암살당하고 그의 아들 요시야가 왕(16대)이 됩니다(왕하 22:1). 요시야의 어머니는 남유다 보스갓 지역 출신으로 '여디다'라는 여인이었습니다. 여디다란 '사랑받는 자'라는 뜻을 가진 이름으로, 요시야의 어머니는 하나님과 사람들에게 많은 사랑을 받은 여인이었던 것 같습니다. 요시야는 사랑을 많이 받은 어머니에게서 태어나 어머니의 사랑과 보살핌을 받았기에, 비록 할아버지 므낫세와 아버지 아몬은 악한 왕이었지만 하나님의 뜻에 합한 자이며 선하고 훌륭한 왕이 될 수 있었던 같습니다. 요시야는 8세에 유다의 16대 왕이 되어 31년간 통치하는데, 16세가 되었을 때부터 하나님을 찾기 시작합니다(대하 34:3).

요시야가 왕이 되고 얼마 후에 스바냐가 나타나 예언자로 활동하기 시작한 것으로 보입니다. 므낫세와 아몬이 통치하던 약 60년 동안은 어떤 예언자도 활동할 수 없었습니다. 그러나 요시야가 왕이 되자 하나님이 숨겨 두었던 스바냐('하나님께서 숨기시다'라는 의미)를 보내 임박한 여호와의 날, 즉 여호와의 심판에 대하여 선포하게 합니다. 아마도 요시야는 스바냐의 예언에 큰 영향을 받은 것 같습니다. 스바냐는 히스기야의 현손((손자의 손자)으로, 왕족의 혈통을 이어받은 예언자입니다. 그러기에 요시야 왕을 쉽게 접할 수 있었을 것입니다. 그는 이스라엘의 죄를 책망하며 임박한 하나님의 심판을 선포합니다. 그러자 요시야는 그의 말에 귀기울이고 하나님을 찾기 시작합니다. 이렇게 스바냐의 예언에 영향을 받은 요시야는 통치한 지 12년, 그의 나이 20세에 종교개혁을 단행합니다(대하 34:3-7).

그의 통치 13년부터는 예레미야가 소명을 받고 하나님의 말씀을 선포하기 시작합니다(렘 1:2). 스바냐와 예레미야의 영향을 받은 요시야 왕은 "여호와 보시기에 정직히 행하였으며 그의 조상 다윗의 모든 길로 행하고 좌로나 우로 치우치지 아니하였습니다"(왕하 22:2). 그의 통치 18년에 성전을 수리하던 중 제사장 힐기야는 율법책을 발견하게 됩니다(22:8). 이것은 그동안 유다에서 하나님의 율법책이 어디에 있었는지 모르고 있었다는 의미입니다. 이것만으로도 백성들이 그동안 어떻게 살아왔는지 단적으로 알 수 있습니다. 힐기야가 발견한 율법책을 서기관 사반에게 갖다 주자, 사반이 요시야 왕에게 가져가 읽어 줍니다.

요시야 왕은 사반이 율법책을 읽어 주자 옷을 찢고 통곡하며 그동안 하나님 말씀대로 살지 못했음을 회개합니다(왕하 22:11). 그리고 온 백성에게 율법책을 낭독해 주고 그들과 언약을 합니다. 요시야는 백성들에게 "마음을 다하고 뜻을 다하여 주 여호와께 순종하고 그의 계명과 법도와 율례를 지켜 이 책에 기록된 언약의 말씀을 이루게 하리라"(23:3)고 선포한 후, 대대적으로 종교개혁을 단행합니다. 남유다뿐 아니라 앗수르에 멸망한 북이스라엘까지 가서 모든 우상과 이를 섬기는 제사장과 산당들을 없애고 모든 이교 행위를 금지시킨 것입니다(23:4-20).

열왕기의 저자는 "요시야와 같이 마음을 다하며 뜻을 다하며 힘을 다하여 모세의 모든 율법을 따라 여호와께로 돌이킨 왕은 요시야 전에도 없었고 후에도 그와 같은 자가 없었더라"(23:25)고 요시야를 소개합니다. 우리는 흔히 다윗을 훌륭한 왕으로 생각합니다. 그러나 다윗은 밧세바 사건으로 인해 그의 행적에 오점을 남겼습니다. 반면 요시야는 어떤 흠도 없는 훌륭한 왕이었음에도 불구하고 제대로 평가받지 못하고 있는 것 같습니다.

요시야가 종교개혁을 한창 진행하고 있을 때 이스라엘 북쪽 지역에서는 신바벨론과 앗수르 간에 전쟁이 벌어지고 있었습니다. 그 전쟁에서 앗수르는 신바벨론에 패하여 수도 니느웨가 점령(BC 612)당합니다. 앗수르의 남은 병력은 갈그미스에 모여서 잃은 나라를 되찾기 위해 신바벨론과 최후의 전쟁을 준비하고 있었습니다. 이때 앗수르가 바벨론에 멸망하고 있다는 소식을 들은 애굽 왕 바로 느고가 앗수르를 돕기 위해 갈그미스로 올라갑니다. 이 소식을 들은 요시야는 이를 막기 위해 므깃도로 올라갑니다.

요시야는 애굽 왕이 앗수르를 돕는 것을 용납할 수 없었습니다. 앗수르는 유다의 가장 큰 적이었기 때문입니다. 앗수르는 기원전 722년에 북이스라엘을 점령했고, 히스기야 시대에 남유다를 점령하려고 했습니다. 게다가 요시야의 종교개혁은 앗수르의 식민지였던 북이스라엘까지 포함하고 있었기에(23:15) 요시야는 앗수르의 멸망을 간절히 원하고 있었습니다. 앗수르가 멸망하면 북이스라엘과 통일 왕국을 이룰 수 있다는 꿈도 가지고 있었을 것입니다. 그런데 애굽 왕이 유다의 적인 앗수르를 돕기 위해 올라간다니 용납할 수 없었을 것입니다. 하지만 안타깝게도 요시야는 므깃도에서 애굽 왕과 대적하다 중상을 입고는 예루살렘으로 돌아와 죽고 맙니다(대하 35:24).

구약 성경을 읽다 보면 안타까운 죽음이 있는데, 그중 하나가 요시야 왕의 죽음입니다. 당시 유다에는 스바냐와 예레미야가 활동하고 있었습니다. 요시야가 이때 죽지 않고 예레미야와 함께 10년, 아니 20년 정도만 더 왕으로서 다스렸다면 예레미야와 그 후에 나타나는 예언자들과 함께 더 아름다운 하나님 나라를 만들 수 있었을 것이라는 아쉬움이 있습니다. 예레미야도 요시야의 죽음이 너무나 안타까웠기에 그의 죽음에 대한 애가를 지어 부르기도 하였습니다(대하 35:25). 요시야가 죽은 후 그의 아들 아하시야가 유다의 17대 왕이 됩니다.

므낫세 이후의 예언자

므낫세가 통치하고 있을 때에는 예언자가 나타나기만 하면 죽였기 때문에 예언자들이 활동할 수 없었다고 앞서 언급한 바 있습니다. 므낫세와 그의 아들 아몬이 죽고 난 후, 아몬의 아들 요시야가 왕이 되었을 때 스바냐를 시작으로 예언자들이 다시 활동하게 됩니다. 이때 유다 예루살렘을 향해 선포한 예언자로 스바냐, 하박국, 요엘, 예레미야가 있습니다. 그리고 유다 출신이지만 유다가 아닌 이방 민족인 니느웨의 멸망에 대하여 선포한 나훔과 에돔의 멸망을 선포한 오바댜가 있습니다.

요시야 왕 이후의 유다 예루살렘의 역사를 이야기하기 전에 먼저 요시야 왕 시대에 선포했던 것으로 추정되는 스바냐를 시작으로 스바냐와 같은 시대에 니느웨의 멸망을 예언한 나훔, 그리고 남유다의 임박한 여호와의 날에 대하여 선포한 하박국, 요엘에 대하여 간략히 살펴보고자 합니다.

스바냐

스바냐는 '여호와께서 숨기신다, 여호와께서 보호하신다'라는 뜻을 가지고 있습니다. 예언자의 이름을 보면 그가 선포하고자 하는 예언이 무엇인지 직감할 수 있습니다. 스바냐는 유다의 가장 악한 왕 므낫세 시대에 태어났지만, 그의 이름처럼 하나님이 그를 숨기고 보호해 주었기에 므낫세가 죽은 후 요시야 왕의 통치 초기부터 활동할 수 있었던 것으로 보입니다. 그는 임박한 여호와의 날을 선포하며, 여호와의 심판 중에도 여호와를 찾고 공의와 겸손을 구하는 자들은 숨김(보호, 구원)을 얻을 것이라고 선포합니다(습 2:3).

스바냐는 요시야 왕이 종교개혁을 하기 전에 활동을 시작한 예언자일 것입니다. 그는 히스기야의 현손으로, 이사야와 미가 이후 60~70년 만에 처음으로 나타난 예언자입니다. 므낫세와 아몬 시대의 유다 예루살렘은 영적으로 타락하였고 무죄한 자들을 죽였습니다. 그들의 사악한 시대가 끝났을 때, 스바냐가 나타나 진노한 하나님의 임박한 심판에 대해 예언한 것입니다. 유다 예루살렘은 하나님의 백성임에도 불구하고 많은 백성들이 바알과 하늘의 별들을 섬기고 있었습니다(습 1:4-5). 또한 하나님을 섬김과 동시에 암몬의 신인 말감을 섬기는 종교적 혼합주의자들과 하나님을 찾지도 구하지도 않는 사람들이 있었습니다(1:6). 스바냐는 하나님께서 이러한 자들을 다 심판하고 멸절할 것이라고 선포합니다.

하나님께서 심판하실 여호와의 날, 즉 심판의 날은 언제 올지 아무도 알 수 없습니다. 오로지 하나님만이 알고 계십니다(마 24:36). 그렇기 때문에 우리는 비록 오늘 여호와의 날이 올지라도 '아멘' 하며 예수님을 영접할 수 있는 자세로 살아가야 합니다. 이렇게 하나님, 즉 예수님께서 오실 날을 기다리며 살아가는 것이 바로 종말론적인 삶을 사는 것입니다. 종말론적인 삶은 "너희 하나님 여호와가 너희 가운데 계시니 그는 구원을 베푸실 전능자시라 그가 너로 말미암아 기쁨을 이기지 못하시며 너를 잠잠히 사랑하시며 즐거이 부르며 기뻐하시리라"(습 3:17)는 선포와 같이 삶의 순간순간을 하나님께서 기뻐하시는 삶을 살아가는 것입니다. 이 말씀이 스바냐를 통하여 우리에게 주는 말씀입니다.

하나님께서는 우리 가운데 계시며 우리로 인하여 기뻐하신다고 말씀합니다. 즐거이 기뻐하고 또 기뻐하신다고 합니다. 이러한 삶을 살아가는 자는 예수님이 언제 재림하실지라도 "주 예수여 오시옵소서"(계 22:20)라며 주님의 재림을 맞이할 준비가 되어 있는 사람인 것입니다. 종말론적 삶이란 예수님께서 언제 재림하는지 알아 그날을 기다리는 것이 아닙니다. 예수님의 재림이 1년이나, 10년이나, 100년이나, 1000년 후에, 아니 오늘 당장일지라도 예수님을 영접할 준비를 하며 살아가는 삶의 자세를 말합니다. 이 책을 읽는 모든 성도들은 이러한 종말론적인 삶을 살기를 바랍니다.

나훔

니느웨에 대하여 선포한 예언서가 두 권 있는데, 요나서와 나훔서입니다. 요나와 나훔은 니느웨의 멸망을 예언하였지만 나훔이 활동하던 시기는 요나가 활동하던 시기보다 약 150년이 지난 후였습니다.

나훔은 니느웨의 심판과 멸망만을 선포하고 있습니다. 나훔의 선포대로 니느웨는 기원전 612년 바벨론에 의해 멸망합니다. 이러한 이유로 나훔은 앗수르가 멸망하기 전인 요시야 왕 통치(BC 639~609) 중반기(BC 612년 이전)에 활동한 것으로 추정됩니다. 나훔이라는 이름은 '위로자'라는 의미를 갖고 있는데, 나훔이 선포한 메시지는 그의 이름과 달리 위로나 소망에 대한 메시지는 하나도 없고 오로지 니느웨의 멸망과 심판에 대한 것만 있습니다.

니느웨는 앗수르의 수도로, 나훔이 예언할 때에는 아직도 앗수르가 최강대국이었기 때문에 주변 국가들은 앗수르의 지배를 받고 있었습니다. 앗수르는 악한 나라로 피지배국에 대한 억압과 학대가 아주 심했습니다. 앗수르의 지배를 받는 민족들은 앗수르가 멸망하기를 간절히 바라고 있었을 것입니다. 그러기에 니느웨가 멸망할 것이라는 나훔의 선포는 주변 국가들에게 큰 위로와 소망의 메시지로 들렸을 것입니다. 마치 우리나라가 일본의 식민지였을 때 일본이 멸망한다는 소식이 한민족에게 큰 위로와 소망을 주었듯이, 나훔이 니느웨(앗수르)의 멸망을 선포하는 것은 앗수르의 피지배 민족이나 유다 백성들에게는 큰 위로가 되었을 것입니다. 나훔의 예언대로 앗수르는 612년 바벨론에 의해 멸망합니다.

하박국

하박국은 '포옹하다, 껴안다'라는 뜻을 가지고 있습니다. 하박국 선지서는 일반 예언서와 다른 부분이 있습니다. 대부분의 예언서는 하나님의 말씀을 선포하는 것이지만, 하박국은 다릅니다.

하박국은 그 자신이 백성들이 겪고 있는 어려움을 잘 알고 있었습니다. 그러기에 하박국은 백성들을 품에 껴안듯 그들을 포용하는 마음으로 그들의 대변자가 되어 하나님께 질문하고, 하나님의 답을 기록하는 형태를 취한 것입니다. 하박국은 당면한 현실적인 문제뿐 아니라 악인의 형통과 의인이 핍박받는 일에 대한 원론적인 고민도 다루고 있습니다.

하박국은 '전지전능한 하나님이 창조하시고 다스리시는 이 세상에 왜 부정과 악이 성행하는가'라는 문제를 가지고 하나님과 직접 대화하고 있습니다. 하박국의 첫 번째 질문은 다음과 같습니다.

> 여호와여 내가 부르짖어도 주께서 듣지 아니하시니 어느 때까지이니이까? 내가 (악인의) 강포로 말미암아 외쳐도 주께서 구원하지 아니하시나이다. 어찌하여 내게 죄악을 보게 하시며 패역을 눈으로 보게 하시나이까? 겁탈과 강포가 내 앞에 있고 변론과 분쟁이 일어났나이다 이러므로 율법이 해이하고 정의가 전혀 시행되지 못하오니 이는 악인이 의인을 에워쌌으므로 정의가 굽게 행하여짐이니이다 _ 합 1:2-4

이에 대한 여호와의 응답은 사납고 성급한 갈대아 사람, 즉 바벨론을 일으켜 이스라엘을 심판하겠다는 것입니다(1:5-11). 그러자 하박국은 깜짝 놀라 하나님께 두 번째 질문을 합니다(1:12-17).

주께서는 눈이 정결하시므로 악을 차마 보지 못하시며 패역을 차마 보지 못하시거늘 어찌하여 거짓된 자들을 방관하시며 악인이 자기보다 의로운 사람을 삼키는데도 잠잠하시나이까? _ 합 1:13

하박국의 두 번째 질문은, 하나님께서는 이스라엘의 악도 차마 보지 못하는데 어찌하여 이방인 바벨론을 통해 그들보다 더 의인인 이스라엘을 삼키게 하시느냐는 것입니다. 하박국이 하나님께 이처럼 따지는 것은 비록 이스라엘이 죄를 짓고 있을지라도 그들은 하나님을 알지 못하는 다른 민족보다 의롭다고 생각하고 있었기 때문입니다. 이에 대한 여호와의 두 번째 응답은

이 묵시는 정한 때가 있나니 그(악인의) 종말이 속히 이르겠고 거짓되지 아니하니라 비록 더딜지라도 기다리라 지체되지 않고 반드시 응하리라 _ 합 2:3

는 것입니다. 이 말씀은 하나님의 역사가 끝난 것이 아니라 아직 진행 중이라는 것입니다. 따라서 하나님의 뜻이 이루어질 때까지 기다리라는 것입니다.

우리는 때때로 지금 겪고 있는 고난 때문에 세상이 끝난 듯 느낄 때가 있습니다. 그러나 우리의 삶은 아직도 진행 중이라는 것을 잊지 말기 바랍니다. 하나님은 하박국에게 "의인은 그의 믿음으로 말미암아 살리라"(2:4)고 말씀합니다. 이 말은 하나님의 말씀이 더디 이루어지는 것 같지만, 하나님의 뜻은 반드시 이루어진다는 것을 믿고 살아가야 한다는 뜻입니다. 그러므로 우리는 어떠한 어려움과 고난이 닥칠지라도 하나님의 뜻이 이루어질 때까지 하나님의 약속을 끝까지 믿고 인

내하며 살아가야 합니다.

　하나님의 뜻이 이루어질 때까지 기다리며 믿음을 지킨 의인이 있는데, 바로 믿음의 조상 아브라함입니다. 창세기 15장에는 하나님이 아브라함에게 약속한 언약이 나옵니다. 아브라함에게는 아들이 없었지만 하나님께서 그에게 하늘의 별을 바라보라 하시며 "네 자손이 이와 같으리라"(창 15:5) 한 약속의 말씀을 믿습니다. 이때는 아브라함이 80~85세 정도로, 이스마엘도 이삭도 낳기 전입니다. 그에게는 자손이 한 명도 없었지만 하나님의 말씀을 믿었던 것입니다. 하나님은 아브라함의 이 믿음을 보고 "이(아브라함의 믿음)를 그의 의로 여기시고"(창 15:6) 그와 언약을 이루어 갑니다. 아브라함에게 약속한 언약은 그로부터 약 650년이 지나 그들이 출애굽할 때(BC 1446) 이루어집니다.

　바울과 히브리서 기자가 "기록된 바 오직 의인은 믿음으로 말미암아 살리라"(롬 1;17, 갈3:11, 히 10:38)고 선포한 것은 하박국에 기록된 이 말씀을 인용한 것입니다. 하나님은 아브라함과 같이 "의인은 그의 믿음으로 말미암아 살리라"(합 2:4)고 하박국에게 선포합니다. 예수님의 은혜로 의인이 된 그리스도인은 믿음으로 살아야 합니다.

　이와 같이 하박국은 우리에게 예수님의 재림이 더디 오는 것 같지만 '예수님을 믿고 의인 된 우리들은 예수님께서 다시 오신다고 선포하신 말씀을 믿고 살아야 함'을 가르치고 있습니다.

요엘

　요엘서에는 육하원칙이 없어 온전히 이해하는 데 어려움이 있습니다. 특히 언제, 누구에게, 왜 썼는지를 알지 못하기에 더 어렵습니다. 요엘은 "여호와는 하나님이시다"라는 뜻입니다. 요엘서 역시 임박한 여호와의 날, 즉 하나님의 심판의 날에 대하여 선포하고 있습니다. 요엘의 강조점은 여호와의 날입니다. "너희는 이것을 들을지어다 …너희 조상의 날에 이런 일이 있었느냐"(욜 1:2)며 여호와의 날에 메뚜기 재앙이 있을 것을 선포합니다.

이는 지금까지 없었던 재앙으로 "팥중이가 남긴 것을 메뚜기가 먹고 메뚜기가 남긴 것을 느치가 먹고 느치가 남긴 것을 황충이 먹었도다"(1:4)라며 큰 재앙이 닥칠 것을 예언하고 있습니다. 이 재앙을 바라보는 시각에 따라 요엘서 해석이 달라집니다. 메뚜기를 진짜 메뚜기로 보느냐, 바벨론이나 앗수르로 보느냐에 따라 해석이 달라지는 것입니다. 어떤 학자는 바벨론 포로 생활에서 돌아왔을 때 실제 그런 일이 일어났을 것으로 보고 예언한 것이라 보고, 어떤 학자는 바벨론 포로로 잡혀가기 전에 예언한 것으로 메뚜기를 바벨론으로 보는 견해도 있습니다.

필자는 이 중에서 메뚜기를 바벨론으로 가정하고 요엘서를 해석합니다. 어떤 내용이 신빙성 있는지는 확실히 모르지만, 그것은 그리 중요하지 않습니다. 메뚜기가 무엇을 상징하는가를 아는 게 중요한 것이 아니라 요엘서가 우리에게 주는 메시지가 더 중요합니다. 요엘서의 핵심도 하나님을 떠나 우상을 섬기며 살아가는 백성들에게 하나님께로 돌아오기를 간절히 바라는 하나님의 마음을 알라는 것입니다. 요엘은 다음과 같이 하나님께로 돌아오라고 선포하고 있습니다.

> 너희는 이제라도 금식하며 울며 애통하고 마음을 다하여 내게로 돌아오라… 너희는 옷을 찢지 말고 마음을 찢고 너희 하나님 여호와께로 돌아올지어다 _ 욜 2:12-13

요엘의 이 선포는 옷을 찢는 행위가 아닌 통회하는 마음으로 회개하고 하나님 앞으로 돌아오라는 것입니다. 그리하면 하나님께서 너희의 하나님 여호와가 될 것이라고 합니다(2:27). 너희들이 회개하고 돌아오면 "내가 내 영을 만민에게 부어 주리니 너희 자녀들이 장래 일을 말할 것이며 너희 늙은이는 꿈을 꾸며 너희 젊은이는 이상을 볼 것"(2:28)이라고 합니다. 이것은 약 2,600년 전의 이스라엘에 선포되었지만, 지금 요엘서를 읽고 있는 우리 자신에게도 선포하는 말씀입니다. 요엘은 지금 요엘서를 읽고 있는 우리들 각자에게 "누구든지 여호와의 이름을 부르는 자는 구원을 얻을 것"(2:32)이라고 선포합니다.

3장에서는 여호와의 날에 하나님께서 유다를 괴롭히던 모든 주변 나라들을 심판하지만, 하나님의 백성인 유다는 하나님께서 친히 그들의 원수를 갚아 주고 그들과 영원히 함께 거하실 것을 약속하는 선포로 막을 내립니다. 3장의 말씀 역시 우리에게 선포하는 것입니다. 우리는 신앙 생활을 하면서 때로는 많은 불이익을 당하고 핍박과 환란을 당합니다. 그러한 환경에서도 그 원수를 우리가 갚는 것이 아니요 우리의 마음을 온전히 하나님께로 향할 때 하나님께서 우리의 모든 것을 갚아 주고 영원히 우리들과 함께하는 축복을 줄 것입니다(3:19-21).

요시야 이후의 왕들

요시야가 죽은 후 유다에는 네 명의 왕이 통치를 하는데, 이 가운데 세 명은 요시야의 아들이었습니다. 이 시대에 가장 많이 활동한 예언자가 예레미야입니다. 예레미야에 대해서는 유다의 마지막 네 명의 왕 정기를 간략하게 설명한 후에 다루고자 합니다.

여호아하스(17대 왕)와 여호야김(18대 왕)

애굽 왕 바로 느고와의 므깃도 전쟁에서 입은 부상으로 인해 요시야가 죽자(BC 609), 그의 아들 여호아하스가 23세에 17대 왕이 됩니다(왕하 23:30-31). 여호아하스는 3개월간 통치하다 애굽 왕 바로 느고에게 잡혀가 애굽에서 죽음을 맞게 됩니다.

여호아하스가 애굽으로 잡혀간 후 그의 이복형제인 여호야김이 애굽 왕 바로 느고에 의해 유다의 18대 왕이 되어 11년 동안 통치합니다(23:34-36). 한편 바벨론의 왕 느부갓네살은 갈그미스에 피신해 있던 앗수르의 잔여 병력을 제압한 후 유다 땅을 침략합니다(BC 605).

느부갓네살의 침략으로 기원전 605년에 예루살렘에 있던 많은 귀족과 왕족들이 바벨론에 포로로 잡혀갑니다(단 1:3). 이것이 바벨론 1차 포로 사건입니다. 이때 다니엘과 그의 세 친구도 포로로 잡혀갑니다(단 1:1-6). 느부갓네살 왕이 예루살렘을 점령하자, 이때부터 유다의 왕 여호야김은 바벨론을 섬깁니다. 그러나 3년 후 바벨론을 배반합니다(왕하 24:1). 그러자 느부갓네살은 예루살렘으로 다시 쳐들어와 여호야김을 죽이고(BC 598) 그의 아들 여호야긴을 왕으로 세웁니다(24:6).

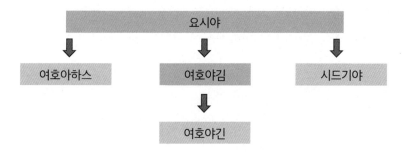

요시야 이후의 유다 왕

```
                    요시야
        │              │              │
        ↓              ↓              ↓
   여호아하스        여호야김        시드기야
                       │
                       ↓
                    여호야긴
```

여호야긴(19대 왕)

여호야긴은 어린 나이(18세 : 왕하, 8세 : 대하)에 유다의 19대 왕이 되지만, 불과 3개월 만에 바벨론 왕에게 항복하게 됩니다(BC 597). 바벨론 왕은 여호야긴과 그의 심복들과 가족을 포로로 잡아가는데(왕하 34:12), 이것이 바벨론 2차 포로 사건입니다.

이때 에스겔도 바벨론의 포로가 되어 잡혀갑니다(겔 1:1). 느브갓네살에게 항복한 후 바벨론에 포로로 잡혀간 여호야긴만이 예레미야가 예언한 대로(예레미야는 바벨론에게 항복하면 살 수 있다고 예언하였음) 목숨을 부지하게 되고, 고레스 칙령으로 바벨론에서 예루살렘으로 귀환할 때 그의 후손인 세스바살과 스룹바벨이 총독이 되어 예루살렘으로 1차 귀환하게 됩니다(스 1:1).

유다의 마지막 왕 시드기야

바벨론의 왕 느부갓네살은 여호야긴을 포로로 잡아가고 여호야긴의 숙부이자 요시야의 다른 아들인 시드기야를 유다의 20대 왕으로 세웁니다. 유다의 마지막 왕 시드기야는 21세에 왕이 되어 11년을 통치했으나 악한 왕이었습니다(왕하 24:19). 그 역시 바벨론을 9년 동안 섬기다가 배반합니다. 이에 느부갓네살 왕은 크게 진노하여 예루살렘을 포위합니다(BC 588년 11월). 오랫동안 포위당한 예루살렘 성은 양식이 떨어져 백성들은 기근에 시달리게 됩니다.

굶주림으로 인해 사기가 떨어진 유다 예루살렘은 결국 포위된 지 1년 6개월 만에 멸망하게 됩니다(BC 586년 4월). 시드기야는 밤중에 몰래 도망치다 여리고에서 바벨론 군사들에게 잡혀 느부갓네살 왕 앞으로 끌려갑니다. 그는 바벨론을 배반한 죄로 아들들과 신하들이 자신의 눈앞에서 죽어 가는 모습을 목격해야 했습니다. 뿐만 아니라 자신의 두 눈도 뽑히고 놋사슬에 결박된 채 죽임을 당합니다(왕하 25:2-7).

결국 남유다는 하나님의 율법과 법규를 지키지 아니하였기에 멸망하고, 그 아름다운 예루살렘 성전은 기원전 586년 5월 7일 바벨론에 의해 붕괴되고 완전히 불타 없어지고 맙니다(25:8-9). 이때도 많은 사람들이 포로가 되어 바벨론으로 잡혀가는데, 이들이 바벨론 3차 포로들입니다(25:10-21).

이와 같이 다윗의 왕국이었던 유다도 역사의 뒤안길로 사라지게 됩니다. 요시야 왕 이후 뚜렷한 지도자 없이 혼란했던 이 시기에 가장 활발하게 활동했던 예언자가 예레미야입니다.

예레미야

예레미야는 요시야 왕 13년에 소명을 받아 유다가 멸망한 이후까지 활동한 예언자였습니다(렘 1:2). 하나님이 그에게 소명을 주실 때 "내가 너를 모태에 짓기 전에 너를 알았고…"라고 말씀하셨듯이, 예레미야가 모태에 있기 전부터 하나님의 종으로 아시고 계획했던 것입니다. 그리고 "너를 여러 나라의 예언자로 세웠노라"(1:5)고 합니다. 예레미야는 이스라엘 민족만이 아닌 여러 민족을 위한 예언자로 불렀다는 것입니다. 하나님의 부름을 받을 때 예레미야는 "나는 아이라 말할 줄을 알지 못하나이다"(1:6)라고 고백하지만, 하나님은 "너는 아이라 말하지 말고 내가 너를 누구에게 보내든지 너는 가며 내가 네게 무엇을 명령하든지 너는 말할지니라"(1:7)고 명령합니다. 이것이 하나님의 종들의 삶입니다.

하나님께서 보내시는 곳에서 하나님이 선포하고자 하는 말씀만을 선포하는 자가 선지자요 예언자요 성도들의 삶이 되어야 합니다. 세상에는 똑같은 하나님의 말씀을 선포하지만 참 예언자가 있고 거짓 예언자가 있습니다. 이들의 차이는 무엇일까요? 하나님께서 선포하라는 말씀만 선포하는 것이 참 예언자입니다. 이에 반해 하나님의 말씀을 선포할지라도 자신이 하고자 하는 말을 하거나 자신의 뜻이 이루어지기를 원하는 사람들은 거짓 예언자입니다. 거짓 예언자는 자신이 하고 싶은 말을 마치 하나님의 말씀인 양 포장하고 자기의 유익을 위해 듣기 좋은 말만을 선포하는 자입니다. 예레미야가 선포한 내용 중 백성들이 듣기 좋은 내용은 거의 없습니다. 그는 오직 유다의 죄로 인해 다가올 유다의 파멸과 멸망에 대해 선포합니다.

자기 민족의 멸망과 파멸만을 선포하다 보니 예레미야는 너무 힘들었습니다. 그래서 하나님께 다음과 같이 한탄합니다.

> 내가 말할 때마다 외치며 파멸과 멸망을 선포하므로 여호와의 말씀으로 말미암아 내가 종일토록 치욕과 모욕거리가 됨이니이다 _ 렘 20:7

예레미야는 뭇백성으로부터 치욕과 모욕을 받았으며, 돌 던짐과 뭇매도 맞았을 것입니다. 이러한 수모를 겪으면서도 요시야 왕 13년부터 하나님의 심판을 예언했지만, 백성들은 듣지 않았습니다.

그러자 하나님은 생명의 길과 사망의 길을 보여 주겠다고 말씀하십니다(21:8). 하나님을 떠나 우상을 섬기고 있는 유대인들에게 생명의 길은 곧 바벨론에 항복하는 것이라고 선포합니다. 예레미야는 유다 백성들이 70년 동안 바벨론 왕을 섬길 것이라고 예언하며(25:11), "바벨론 왕을 섬기라 그리하면 살리라"(27:17)고 선포합니다. 그리고 "70년이 차면 내가 너희를 돌보고… 너희를 이곳으로 돌아오게 하리라"(29:10)고 예언합니다. 비록 그들이 바벨론에서 70년간 포로 생활을 하지만, 그것은 "평안이요 재앙이 아니니라 너희에게 미래와 희망을 주는 것"(29:11)이라고 선포하는 것입니다.

하지만 백성들은 이해할 수 없었습니다. 포로 생활이 재앙이 아니라 평안과 미래와 희망이라는 말은 하나님의 생각과 그들의 생각이 다름을 보여줍니다. 백성들은 바벨론의 포로 생활을 하나님이 내리는 재앙으로 여겼지만, 하나님의 계획은 평안과 미래와 희망이었습니다. 이러한 하나님의 말씀은 바벨론에서 무엇인가 이들의 미래를 위해 계획하신 일들이 있다는 뜻입니다.

바벨론 포로 기간은 자녀를 위한 아버지의 계획이 재앙이나 저주가 아니고 축복이듯, 하나님께서 계획하신 것을 이루기 위한 축복의 기간입니다. 필자는 이 기간을 바벨론으로 하나님의 백성을 유학 보낸 기간이라고 봅니다. 바벨론에서의 70년간의 포로 생활은 마치 유학 생활 같은 것입니다. 무엇인가 새로운 것을 배우기 위해 유학을 가듯이 하나님은 바벨론의 포로 생활을 통해 세상에 존재하는 우상은 하나님 앞에서 아무것도 아니고, 오직 여호와만이 하나님임을 가르치기 위한 기간이었던 것입니다.

그렇기에 하나님께서는 이스라엘 백성을 바벨론에서 "그들을 돌아보아 좋게 하여 다시 이 땅으로 인도"(25:6)할 것이라 했습니다. 그들을 돌아보아 좋게 한다는 것은 무엇인가 배우게 될 것이라는 의미입니다. 그들이 무엇을 배우게 되었는지에 대해서는 바벨론에서 활동한 에스겔과 다니엘서에서 다루고자 합니다.

남유다에서도 많은 예언자가 악한 길, 악한 행위를 떠나서 하나님께 돌아오라고 외쳤어도 백성들은 듣지도 귀를 기울이지도 않았습니다(슥 1:4). 그 결과 예루살렘도 예레미야의 예언처럼 바벨론에 멸망하고 맙니다(렘 39:2, 52:13). 그리고 많은 사람들이 포로가 되어 바벨론에 끌려가고, 유다 땅에 남아 있는 백성들을 통치하기 위해 그달리야(또는 그다랴)를 총독으로 세웁니다(왕하 25:22, 렘 40:7).

이때 왕족 출신의 이스마엘이 나타나 총독인 그달리야와 그를 따르던 사람들과 바벨론 사람들을 죽입니다. 그러자 바벨론의 보복이 두려운 백성들은 새로운 지도자를 세우고 애굽으로 도망가려 합니다(왕하 25:26). 이때 예레미야가 애굽으로 가면 칼과 기근과 전염병으로 죽을 것인즉 예루살렘에 머물라는 하나님의 뜻을 전합니다(렘 42:7-19). 예루살렘에 남아 있는 것이 살 길이고, 애굽으로 가는 길은 사망의 길이라는 것입니다.

그러나 백성들은 예레미야의 말을 듣지 않고 애굽으로 내려갑니다(렘 43:7). 예레미야가 애굽까지 따라가며 만류하지만 백성들은 그의 말을 전혀 듣지 않습니다. 예레미야는 할 수 없이 예루살렘으로 돌아옵니다.

예레미야 애가

예레미야가 애굽에서 예루살렘으로 돌아와 보니 거룩한 성 예루살렘이 너무도 황폐해 있었습니다. 그 참혹한 광경을 보고 가슴이 찢어지는 심정으로 지은 노래가 바로 '예레미야 애가'입니다.

> 슬프다 이 성이여 전에는 사람들이 많더니 이제는 어찌 그리 적막하게 앉았는고 전에는 열국 중에 크던 자가 이제는 과부같이 되었고 전에는 열방 중에 공주였던 자가 이제는 강제 노동을 하는 자가 되었도다 _ 애 1:1

심지어 먹을 것이 없어 귀부인들이 자녀의 살을 먹기까지 하였습니다(애 4:10).

예레미야 애가를 보면 레위기 26장과 신명기 28장에 기록된 복과 저주의 말씀이 그대로 예루살렘에서 이루어진 것을 보게 됩니다. 하나님 말씀에 순종하면 복을 받지만 불순종하면 열병과 전염병이 생길 것이고, 그래도 회개하지 않으면 거기에 벌을 7배 더할 것이고, 그래도 회개하지 않으면 거기에 또 7배를 더하고 또 7배를 더하고 또 7배를 더할 것이라고 하였습니다. 이렇게 회개하지 않으면 하나님께 징벌을 받아 "너희가 아들의 살을 먹을 것이요 딸의 살을 먹을 것"(레 26:29)

이라 한 것입니다.

하나님께서는 하나님의 백성이 회개하고 돌아오도록 이사야, 미가, 스바냐, 하박국, 요엘, 예레미야 등 많은 예언자를 보냈습니다. 그러나 이들이 회개하지 않고 계속 죄를 지으며 살아갔기에 레위기에 있는 말씀처럼 하나님의 심판을 받게 되었던 것입니다. 그 아름답던 예루살렘이 이제는 "자비로운 부녀들이 자기들의 손으로 자기들의 자녀들을 삶아 먹었다"(애 4:10)고 할 정도로 참혹한 성읍이 된 것입니다. 하나님의 백성이 회개하고 하나님께 돌아오지 않을 때 하나님이 얼마나 큰 분노와 진노를 내리는지 알 수 있습니다. 이 모든 저주는 하나님의 백성이 하나님을 떠나 돌아오지 않을 때 받게 되는 것입니다.

하나님은 우리가 행복하게 살아가기를 원합니다. 행복하게 살아가는 길은 하나님의 말씀에 순종하며 살아가는 것입니다. 반대로 하나님의 말씀에 순종하지 않으면 저주를 받게 됩니다. 그러므로 하나님의 복과 저주는 우리 자신에게 달려 있습니다. 하나님 말씀대로 순종하면 복을 받고 불순종하면 벌을 받게 됩니다(레 26장, 신 28장).

오바댜

예언서에는 이스라엘이 아닌 다른 나라에 대하여 하나님의 심판을 선포한 예언자가 셋 있습니다. 그중 두 명은 이미 언급한 요나와 나훔이고, 다른 한 명은 오바댜입니다. 오바댜는 남유다의 예언자이지만 야곱의 쌍둥이 형제 에서의 나라 에돔에 대한 심판을 예언합니다.

오바댜는 '여호와의 종' 또는 '여호와를 섬기는 사람'이라는 뜻을 가지고 있습니다. 그는 남유다 출신의 예언자였지만 여호와의 뜻에 따라 에돔의 멸망을 선포합니다. 에돔은 에서의 자손으로, 에서와 야곱은 이삭의 쌍둥이로 형제 나라입니다. 그러나 에돔은 유다가 형제 나라임에도 불구하고 유다 예루살렘이 멸망할 때 유다를 돕지 않고 오히려 예루살렘을 치러 온 적을 도왔습니다(옵 1:10-14).

이렇게 적과 함께 예루살렘에 포악을 저지르며 예루살렘의 멸망을 기뻐하는 에돔을 하나님께서 벌하여 멸망시킬 것이고, 예루살렘은 비록 멸망하였지만 하나님께서 다시 회복시키신다는 에돔의 멸망과 유다 예루살렘의 회복을 예언한 사람이 오바댜입니다.

지금까지 남유다의 역사와 당시에 선포된 예언서들을 살펴보았다면, 다음 장에서는 바벨론 포로기에 있었던 일과 바벨론 포로 생활을 마치고 예루살렘으로 귀환한 이후의 역사와 예언서들을 살펴보기로 하겠습니다.

5장

바벨론 포로기와
포로기 이후의
역사

2장부터 4장까지는 출애굽한 이스라엘이 가나안 땅을 정복하는 것부터 그 땅에서 살아가는 역사를 살펴보았습니다. 가나안 땅을 정복한 이스라엘은 사사들이 통치하던 사사기를 거치지만 백성들의 요구로 왕이 통치하는 왕정기로 바뀝니다.

　　이스라엘의 초대 왕 사울을 시작으로 다윗과 솔로몬 시대에는 비록 열두 지파에 의한 지방자치제가 실시되었지만 왕이 통치하던 통일 왕국이었습니다. 그러나 솔로몬의 아들 르호보암 시대에 남북으로 나뉘면서 분열 왕국이 시작됩니다. 초대 왕이었던 여로보암 1세 때부터 하나님을 떠나 우상을 만들어 섬기던 북이스라엘은 결국 기원전 722년 앗수르에게 멸망합니다. 유다는 북이스라엘이 멸망하는 것을 보고도 북이스라엘보다 더 우상을 섬기다가 결국 바벨론에게 기원전 586년에 멸망합니다. 유다가 멸망할 때 많은 지도자와 유능한 백성들이 바벨론에 포로로 잡혀갔습니다.

　　이번 장에서는 바벨론에 포로로 잡혀가 살던 백성들에게 어떠한 일이 있었으며, 무엇을 배우게 되었는지 에스겔과 다니엘을 통해 바벨론 포로기의 역사와 바벨론에서 포로 생활을 마치고 예루살렘으로 귀환한 이후의 역사, 그리고 포로기 이후의 예언서들을 살펴보겠습니다.

바벨론 포로기

야곱의 자손 이스라엘은 솔로몬의 아들 르호보암 왕 때 남북으로 갈라져 분열 왕국이 되었습니다. 남북으로 갈라진 이스라엘은 엘리야, 엘리사, 이사야, 예레미야 등 많은 예언자가 나타나 하나님을 떠나지 말고 하나님만을 섬기며 살아가도록 신신당부합니다. 그랬음에도 불구하고 이스라엘 백성은 하나님을 떠나 우상을 섬기다가 결국 북이스라엘과 남유다는 멸망하게 됩니다.

하나님은 "바벨론에서 칠십 년이 차면 내가 너희를 돌보고 … 너희를 이곳으로 돌아오게 하리라"(렘 29:10)며 "너희를 향한 나의 생각을 내가 아나니 평안이요 재앙이 아니니라 너희에게 미래와 희망을 주는 것이니라"(29:11)고 선언합니다. 이 말씀은 하나님께서 유다를 바벨론 포로로 보내는 분명한 목적이 있다는 뜻입니다. 앞서 필자는 70년간의 바벨론 포로 시대를 바벨론 유학 시대라고 말한 바 있습니다.

그렇다면 바벨론에 포로로 잡혀간 유다인들이 바벨론 유학 생활 동안 무엇을 배웠을까요? 성경에 바벨론 포로기를 기록한 역사서는 따로 없습니다. 다만 이때 바벨론에서 활동하던 예언자 에스겔과 다니엘이 쓴 예언서를 통해 그들이 무엇을 배웠는지 간접적으로 알 수 있습니다.

일반적으로 예언서는 역사가 흘러가는 가운데 당시 하나님이 주신 말씀을 선포한 내용입니다. 그러기에 대부분의 예언서는 이스라엘의 역사 속에서 설명됩니다. 그러나 바벨론에서의 역사서가 따로 없기에 에스겔과 다니엘 예언서는 바벨론 포로기의 역사를 다룬 역사서라고 볼 수도 있습니다. 바벨론의 포로 생활을 유학 생활로 보는 것과 두 권의 책을 예언서인 동시에 역사서로 보는 것은 필자의 개인적 소견입니다. 필자의 독특한 해석임을 미리 밝힙니다.

에스겔

에스겔은 예레미야와 같은 시대를 살았던 사람입니다. 예레미야가 이스라엘이 멸망하기 전부터 예루살렘에서 예언을 하였다면, 에스겔은 바벨론에 포로로 잡혀온 이스라엘 백성들에게 예루살렘과 주변에 있는 이방 족속들에 대하여 앞으로 일어날 일들에 대하여 예언합니다. 이렇게 예레미야와 에스겔은 같은 시대에 한 사람은 예루살렘에서, 다른 한 사람은 바벨론에서 예언을 합니다.

예레미야는 바벨론으로 잡혀가는 것만이 살 길이라고 선포하는데, 그 이유는 바벨론에서 하나님의 좋은 백성이 되어 살아가는 길을 확실하게 가르칠 것이기 때문입니다.

한편 에스겔은 예레미야의 예언대로 바벨론에 포로로 잡혀온 이스라엘 백성들에게 '하나님만이 여호와인 줄을 알게' 교육하며 선포합니다. 에스겔서의 주제는 '하나님만이 여호와인 줄을 알게 하기 위함'입니다. 에스겔은 이 말씀을 약 65번이나 강조하며 하나님 여호와의 위대함을 가르치고 있습니다. 하나님께서 말씀하신 심판에 대한 예언의 성취를 통해 이러한 일을 행하는 분이 바로 이스라엘이 섬기고 있는 하나님 여호와라는 것입니다.

에스겔은 처음 세 장에 걸쳐 소명받는 장면이 나오는데, 그 어떤 예언자보다 더 웅장하고 장엄하게 기록되어 있습니다. 에스겔이 소명을 받았을 때의 나이는 30세였습니다(겔 1:1). 이스라엘 백성은 뻔뻔하고 고집스럽고 패역한 사람들이었습니다. 하나님께서는 이렇게 패역한 이스라엘 백성에게 에스겔을 보내 그들이 '듣든지 아니 듣든지' 하나님의 말씀을 선포하여 하나님의 예언자가 있음을 알게 합니다(겔 3:11).

에스겔이 선포할 내용은 위로나 권면이나 소망이 아닌 예루살렘에 임할 애가와 애곡과 재앙이었습니다(겔 2:10). 하나님은 에스겔을 패역한 이스라엘 백성에게 보낼 때 그들로부터 보호해 주기 위하여 그의 이마를 금강석같이 단단하게 해주었습니다(3:9). 에스겔이 이스라엘 백성에게 애가와 애곡과 재앙에 대하여 선포할 때 화가 난 백성들이 공격을 할지도 모르기 때문에 단단히 무장시킨 것입니다. 에스겔 3장 22절부터 24장 27절까지 에스겔이 유다에 대한 책망과 임할 심판에 대하여 예언하는 장면이 나옵니다.

참 예언자는 비록 선포할 내용이 애가와 애곡과 재앙일지라도 하나님의 말씀을 더하거나 빼지 않고 그대로 선포합니다. 참예언자 에스겔은 백성들이 듣든지 아니 듣든지 하나님의 말씀을 가감하지 않고 그대로 선포함으로써 이스라엘 백성에게 하나님만이 여호와임을 알게 합니다.

에스겔 8장을 보면 이스라엘 장로들이 에스겔을 찾아오는 내용이 나옵니다. 장로들은 자신들이 이스라엘의 백성이요 하나님의 거룩한 백성인데 어떻게 하나님을 알지도 못하는 이방 나라에 포로로 잡혀와 살아야 하는가를 따져 묻습니다. 당시 장로들은 오늘날의 국회의원이나 장관쯤 되는 인물들입니다. 에스겔은 장로들에 비해 지식과 경험과 연륜이 부족하고 나이도 어렸기에 잘 답변할 수 없었습니다. 그러기에 하나님께서는 이스라엘이 하나님의 백성임에도 왜 바벨론에서 포로가 되어 살아야 하는지 답변할 수 있도록 에스겔의 영을 예루살렘으로 옮겨 그곳에서 벌어지고 있는 가증한 실태를 보여줍니다(8:3). 거룩한 성, 예루살렘 곳곳에서 하나님의 제사장들과 백성들이 우상을 섬기고 있는 모습을 가감없이 보여준 것입니다(겔 8-11장).

하나님은 거룩한 예루살렘 성전에 온갖 우상이 가득 차 있었기에 그곳에 계실 수가 없었습니다. 거룩한 하나님은 죄가 있는 곳에는 계실 수 없기에 하나님의 영광이 예루살렘 성전을 떠나게 된 것입니다 (10:18). 하나님은 성령의 인도로 에스겔에게 예루살렘에서 벌어지고 있는 모든 사악한 일을 보여준 후, 그를 장로들이 있는 바벨론으로 다시 가게 합니다(11:24). 이제 에스겔은 어떤 권위를 가진 장로가 질문할지라도 대답할 수 있게 됩니다(11:25).

에스겔서 8장에서 11장까지는 이러한 과정을 보여주고, 12장부터 24장까지는 이스라엘의 죄를 책망하고 심판을 예언하며 하나님만이 여호와임을 알게 합니다. 그리고 25장부터 32장까지는 이스라엘 주변 국가들에 임할 심판 내용입니다. 이스라엘이 멸망한 이유는 주변 국가들의 영향을 받아 우상을 섬기고 있기 때문입니다. 그래서 하나님께서는 에스겔에게 주변 국가들의 죄를 책망하며 그들에게 임할 심판을 선포하게 합니다. 그리고 이 모든 일을 행하는 분은 바로 여호와 하나님임을 알게 하고, 하나님만이 여호와임을 가르칩니다.

에스겔이 바벨론에서 예루살렘과 주변 나라들의 죄를 책망하며 그들에게 임할 심판에 대하여 예언하고 있을 때 예루살렘이 함락되었다는 소식이 들려옵니다(33:21). 에스겔은 그 소식을 듣고 이스라엘에 대한 소망과 회복에 대한 메시지를 전합니다. 예언자들이 예언한 대로 예루살렘에 하나님의 심판이 임했기에 이제 그들에게 위로와 회복에 대한 메시지를 선포해야 했습니다. 예루살렘의 멸망과 성전 파괴 소식을 듣고 좌절하고 있는 백성들에게 가장 큰 위로와 회복의 메시지는 하나님께서 거하시는 성전의 회복일 것입니다.

그에 따라 하나님은 40장부터 48장까지 새롭게 건설될 에스겔 성전에 대한 설계도를 보여줍니다. 성전은 하나님이 계시는 곳이기에 그들에게 새로운 성전을 보여주는 것은 하나님이 그들과 함께한다는 것을 의미합니다. 이것은 어떠한 위로와 회복의 메시지보다 더 큰 위로가 되었을 것입니다.

그러나 안타깝게도 에스겔에게 보여준 성전은 실제 존재하지 않았습니다. 그 이유에 대해서는 학자들마다 다른 견해를 피력하고 있기에 해석하기가 쉽지 않습니다. 그런데 43장에서 그 힌트를 얻을 수 있습니다. 하나님께서 성전은 "내 보좌의 처소, 내 발을 두는 곳, 내가 이스라엘 족속 가운데에 영원히 있을 곳"(43:7)이라 말씀하십니다. 이렇게 성전은 하나님이 계시는 곳이기에 죄가 없어야 합니다. 하나님께서는 에스겔에게 "만일 그들이 자기들이 행한 모든 일을 부끄러워하거든 너는 이 성전의 제도와 구조와 그 출입하는 곳과 그 모든 형상"(43:11)을 보이라고 합니다.

여기에서 자기들이 행한 모든 일을 부끄러워한다는 것은 그들이 지은 죄를 온전히 회개하고 하나님께 돌아오는 것을 말합니다. 그러나 이스라엘 민족이 죄를 온전히 부끄러워(회개)하지 아니하였기에 에스겔 성전은 지어지지 못한 것으로 봅니다. 에스겔은 "그날 그후로는 그 성읍의 이름을 여호와 삼마라 하리라"(48:35)고 선포하며 예언을 마칩니다. "여호와 삼마"란 '여호와께서 거기 계시다'라는 뜻입니다. 바벨론에 포로로 끌려온 이스라엘 백성에게 하나님이 함께한다는 것보다 더 큰 위로는 없었을 것입니다. 하나님이 계시던 예루살렘 성전은 기원전 586년 바벨론에 의해 완전히 불에 타버렸습니다. 성전이 불에 타서 완전히 소멸되었기에 여호와께서 함께하신다는 여호와 삼마는 그들에게 가장 큰 위로가 되었던 것입니다.

그러나 여호와 삼마, 즉 하나님이 계시는 성읍은 요한계시록 21장에 가서야 이루어지는 것으로 보입니다. 새 예루살렘은 "여호와 삼마", 하나님이 거하시는 곳입니다. 하나님이 계시는 성전은 건물이 아니라 하나님이 계신 곳입니다. "주 하나님 곧 전능하신 이와 및 어린 양이 그 성전"(계 21:22) 이기 때문입니다. 또한 "그 성은 해나 달의 비침이 쓸 데없으니 이는 하나님의 영광이 비치고 어린 양이 그 등불"(계 21:23)이 되기 때문입니다. 그곳에는 예배가 있습니다. 예배는 하나님과 교제하는 것입니다. 하나님의 임재 가운데 들어가는 것입니다. 하나님과 직접 만나서 교제하는 것, 그것이 바로 예배입니다. 이제는 하나님이 주님 안에, 주님이 내 안에, 내가 주님 안에 있기에(요 14:20) 하나님을 믿고 따르는 한 분 한 분이 하나님께서 거하시는 거룩한 성전이 되는 것입니다. 그러기에 바울은 "우리는 살아 계신 하나님의 성전이라"(고후 6:16)고 선포한 것입니다.

이와 같이 바벨론 유학 생활 동안 에스겔서를 통해 배운 것은 '하나님만이 여호와'이심을 알게 되는 것입니다. 또한 "자기들이 행한 모든 일을 부끄러워하고"(겔 43:11) 하나님께 온전히 회개하여 우리 모두가 주님이 거하는 '여호와 삼마'가 되어야 함을 배우게 된 것입니다. 그렇기에 그 기간이 평안이요, 재앙이 아니고 미래와 희망을 주는 기간이었던 것입니다.

다니엘

바벨론 포로기에 활동한 예언자는 에스겔과 다니엘이었습니다. 에스겔이 예언자로서 바벨론에 포로로 잡혀온 이스라엘 백성에게 하나님의 심판과 구원의 말씀을 선포하여 '하나님만이 여호와'이심을 알게 하였다면, 다니엘은 선교사로서 그의 삶을 통해 이방 나라인 바벨론에서 바벨론 왕족들과 귀족들에게 하나님을 알게 하고 찬양하도록 하였습니다. 다니엘은 진정으로 위대한 선교사였습니다. 다니엘은 그가 만난 모든 이방 왕에게 하나님을 알고 찬양하도록 만들었습니다. 그는 느부갓네살 왕(단 1-4장), 벨사살 왕(5장), 다리오 왕(6장), 고레스 왕(6장)까지 하나님을 찬양하도록 한 사람입니다.

다니엘은 1차 포로 시기(BC 605년경)에 바벨론으로 잡혀왔습니다(1:1). 느부갓네살 왕이 이스라엘 포로 중에서 왕족과 귀족 몇 사람을 발탁하여 바벨론 왕궁의 학문과 언어를 가르치려 할 때 다니엘도 발탁된 것으로 보아 아마 다니엘은 왕족이나 귀족 출신이었을 것입니다. 성경을 보면 하나님은 한 인물을 세우기 위하여 많은 투자를 합니다. 먼저 모세를 세우기 위해 80년 동안 훈련을 시켰습니다. 왕 같은 지도자로 만들기 위해 바로의 궁전에서 40년 동안 훈련시켰고, 미디안 광야에서 자아를 죽이는 훈련을 40년 동안 시키는 등, 하나님 중심의 지도자로 세우는 데 80년이 걸렸습니다. 그리고 나서 40년 동안 모세를 사용합니다.

다니엘 역시 하나님이 사용하고자 미리 훈련시키고 준비시킨 것을 볼 수 있습니다(1:3-20). 다니엘이 포로로 잡혀갔을 때의 나이가 15~25세였을 것으로 추정됩니다. 다니엘은 바벨론이 멸망하고 고레스의 예루살렘 귀환 명령이 선포될 때까지 살아 있었으며, 그 후에도

5년가량을 더 산 것으로 보입니다. 고레스가 바벨론을 정복할 때 다니엘의 나이는 적어도 90세가량 되었을 것입니다. 당시 다니엘은 바벨론의 세 번째 통치자(5:29)였습니다. 그는 바벨론 왕국에서도 많은 존경을 받았던 인물입니다. 고레스가 바벨론을 점령할 때 다니엘의 모습은 아마도 백발에 얼굴에서는 광채가 났을 것입니다. 고레스가 바벨론을 점령한 후 바벨론 왕 벨사살은 죽임을 당하지만(5:30), 다니엘은 총리가 됩니다(6:1-3).

다니엘은 언제나 하나님과 동행하며 예레미야의 예언대로 예루살렘으로의 귀환이 이루어지기를 기도했던 인물입니다. 고레스가 바벨론을 점령했을 때 나이 많고 경륜도 많으며, 또한 많은 백성으로부터 존경을 받는 다니엘의 모습을 보고 그를 존경하는 마음이 들었을 것입니다. 당시 바벨론에는 노인을 우대하는 관습이 있었습니다. 특히, 백발이 무성한 노인들은 더욱 우대했을 것입니다. 이러한 이유로 메대 페르시아의 다리오는 다니엘을 세 명의 총리 중 한 명으로 세운 것으로 보입니다(6:2).

다니엘은 이사야와 예레미야 등 예언자들이 선포한 하나님의 말씀을 잘 이해하고 있었고, 또한 그 모든 예언이 성취될 것을 확실하게 믿었습니다. 그렇기에 이사야가 고레스에 대하여 아래와 같이 선포한 예언을 그에게 설명하였을 것입니다.

> 고레스에 대하여는 이르기를 내 목자라 그가 나의 모든 기쁨을 성취하리라 _ 사 44:28

> 여호와께서 그의 기름 부음을 받은 고레스에게 이같이 말씀하시되 내가 그의 오른손을 붙들고 그 앞에 열국을 항복하게 하며 내가 왕들의

허리를 풀어 그 앞에 문들을 열고 성문들이 닫히지 못하게 하리라

_ 사 45:1

고레스에 대하여 위와 같이 예언한 제2 이사야서의 저자와 기록 연대에 대해서는 학자마다 해석이 다릅니다. 그러나 필자는 이사야서의 저자를 단일 저자로 보며, 고레스에 대하여 예언한 시기를 고레스가 왕이 되기 약 150년 전으로 봅니다.

다니엘은 바벨론에서 70년이 차면 예루살렘으로 돌아오게 하리라(렘 29:10)는 예레미야의 예언도 고레스에게 설명하였을 것입니다. 또한 모든 예언의 말씀을 고레스에게 설명해 주며 고레스가 천하를 다스리는 왕이 된 것은 하나님이 이미 계획하신 것이고, 하나님의 일을 성취하기 위해서라는 것을 설명하였을 것입니다. 그렇기에 필자는 하나님을 알지 못하던 고레스가 이스라엘 백성에게 예루살렘으로 귀환하여 "예루살렘에 성전을 건축하라"(대하 36:23)는 조서를 내린 것으로 봅니다.

다니엘서 1장에서 6장까지는 바벨론 왕 느부갓네살과 벨사살 그리고 바벨론의 멸망과 다리오 왕의 통치 시기에 있었던 역사적 사실들이 기록되어 있습니다. 이를 통해 이방 왕들이 하나님을 찬양하며 그를 섬기도록 조서를 내림으로써 하나님의 위대함을 만백성에게 알렸다는 사실을 알 수 있습니다. 그리고 7장에서 12장까지는 하나님께서 다니엘에게 꿈으로 보여준 환상과 그 해석이 기록되어 있습니다. 이것이 다니엘서의 전체 구조입니다.

특히 다니엘서를 통하여 바벨론 유학 생활에서 배운 것은 사람이 만든 우상은 아무것도 아니라는 것입니다. 바벨론 왕이 세운 높이 약

30미터에 너비도 약 3미터나 되는 어마어마한 금으로 만든 신상(단 3:1) 도 하나님 앞에서는 아무것도 아님을 배우게 된 것입니다. 이스라엘의 역사를 보면 바벨론에서 귀환한 이후 그들이 우상을 섬기는 일로 책 망받는 일은 거의 찾아볼 수 없습니다. 이와 같이 하나님께서 이스라 엘을 바벨론 포로로 보내신 계획은 재앙이 아니라 미래와 희망이었습 니다. 바벨론 포로기를 통해 이스라엘은 하나님만이 여호와이시고 하 나님만이 신이심을 배우게 된 것입니다.

시가서

에스겔과 다니엘을 설명한 후 바로 포로기 이후의 역사서인 에스라 를 다루어야 하지만, 시가서를 먼저 설명하려 합니다.

구약 성경은 크게 역사서, 예언서, 시가서로 구분합니다. 구약의 역 사서는 창조의 기사부터 하나님 나라 백성의 역사를 기록한 것이고, 예언서는 역사 가운데 하나님의 말씀에 불순종한 사람들에게 죄책과 심판과 위로와 소망의 메시지를 선포하며 하나님께로 돌아오라고 선 포한 것입니다. 불순종은 법을 지키지 않는 것과 같습니다. 운전을 할 때 제한속도를 지키지 않으면 옆에 앉아 있는 사람이 천천히 가라고 합니다. 그 이유는 불법을 행하고 있기 때문입니다. 그런데도 법을 지 키지 않으면 경찰에게 범칙금 스티커를 받든지 사고가 날 확률이 높 아집니다. 이와 같이 예언자들이 하나님께 불법을 행하는 자들에게 하 나님의 법을 지키며 살아가라고 외치는 것이 예언서입니다. 그들의 외 침은 하나님의 말씀을 기억하고 하나님께로 돌아와 그의 말씀에 순종하며 살라는 것입니다.

시가서는 하나님의 말씀대로 순종하며 살아간 사람들의 신앙 고백이나 간증 같은 것입니다. 시가서는 말씀에 순종하며 살았던 하나님의 백성들의 신앙 고백이지만, 그들에게 늘 맑은 날만 있었던 것은 아닙니다. 때로는 궂은 날도 있었습니다. 그것은 법을 지키며 운전하더라도 차가 고장나거나 다른 운전자의 잘못으로 인해 교통사고가 발생하여 어려움을 겪게 되는 경우와 같습니다. 이러한 문제로 어려움을 겪는 것은 교통 법규를 지키지 않아 사고를 내거나 범칙금 스티커를 받는 것과는 전혀 다른 문제입니다.

이와 같이 의인도 어려움을 당할 수 있습니다. 하나님의 말씀에 순종하며 살아가는 사람의 어려움은 이런 것입니다. 시가서는 이처럼 하나님의 말씀에 순종하며 살아가던 사람들이 겪는 모든 희로애락의 문제들을 하나님께 아뢰는 신앙 고백 같은 것입니다. 시가서에는 욥기, 시편, 잠언, 전도서, 아가서 다섯 권의 책이 있습니다. 먼저 시편과 잠언을 간략히 살펴보고 욥기, 전도서, 아가서를 살펴보겠습니다.

시편

150편의 시로 구성된 시편은 하나님의 말씀대로 살았던 사람들의 감사, 찬양, 기도, 예언, 역사, 간증, 간구, 탄원, 탄식, 저주 등 하나님의 백성이 살아가며 느끼는 희로애락의 모든 감정을 시로 표현한 책입니다.

따라서 시편을 읽을 때는 저자가 느끼는 하나님에 대한 모든 감정을 시적으로 읽고 이해해야 합니다. 시를 해석하면 산문이 되고 맙니다. 산문은 일상적인 용어이지만, 시는 일상 언어의 한계를 넘어 말로 쉽게 표현할 수 없는 것들을 표현합니다. 시는 시 자체로 읽어야 가치가 있습니다. 그런 맥락에서 시편은 일일이 설명하지 않을 것입니다. 일일이 설명하고 해석하는 것은 이 책을 쓰는 목적과도 맞지 않고, 시를 해석하면 산문이 되어 시의 고유한 매력이 사라지기 때문입니다.

시편은 곡조가 붙은 시이기에 찬양을 부르듯 읽고 이해해야 합니다. 한 가지 중요한 것은 시편을 올바로 이해하기 위해서는 역사서와 예언서를 잘 이해해야 합니다. 그렇지 못할 경우 시대적 배경이나 시편의 기자가 드러내고자 하는 의도를 제대로 이해하지 못해 결국 요절주의나 '내가 복음(자기 마음대로 해석하는 것)'을 만들 수 있기에 조심해야 합니다.

잠언

잠언은 솔로몬이 쓴 것으로 알려져 있습니다. 그는 3,000개의 잠언을 말하였고 1,005편의 노래를 지었습니다(왕상 4:32). 잠언은 솔로몬의 지혜가 가장 충만했던 중년 시절에 쓴 것으로 보입니다. 잠언은 우리에게 뱀같이 지혜롭고 비둘기같이 순결하게 살아가라고 준 교훈과 훈계의 말씀입니다. 잠언은 어떻게 살아가는 것이 지혜롭고 명철하고 의롭고 행복하게 사는 것인지 알려 주고 있습니다.

사람들은 많은 교육을 받습니다. 교육을 받는 목적은 새로운 지식을 터득하여 세상을 지혜롭게 살아가기 위해서입니다. 잠언은 "하나님을 경외하는 것이 지식의 근본이요"(잠 1:7), "하나님을 경외하는 것이 지혜의 근본"(잠 10:9)이라고 밝히고 있습니다. 세상을 살아가는 데 필요한 지식과 지혜의 근본이 하나님을 경외하는 것이라는 이야기입니다.

세상에서 가장 큰 지혜는 죽을 자를 살리는 지혜일 것입니다. 성경에는 죽은 자를 살리는 지혜가 있습니다. "말씀이 육신이 되어"(요 1:14) 오신 예수님께서는 "내가 길이요 진리요 생명이니 나로 말미암지 않고는 아버지께로 올 자가 없느니라"(요 14:6)고 하셨습니다. 예수님께서는 길과 진리와 생명이 되시기에 "나를 믿는 자는 죽어도 살겠고 무릇 살아서 믿는 자는 영원히 죽지 아니하리니 이것을 네가 믿느냐"(요 11:25-26)고 묻습니다. 우리가 세상을 아름답고 복되게 살아가기 위해 가장 필요한 지혜와 지식은 길과 진리와 생명이 되시는 예수님을 믿고 성경을 통해 여호와를 경외하는 것을 배워 하나님과 주님과 동행하는 삶을 살아가는 것입니다.

이와 같이 말씀을 통해 여호와를 경외하며 살아갈 때 "그는 시냇가에 심은 나무가 철을 따라 열매를 맺으며 그 잎사귀가 마르지 아니함 같으니 그가 하는 모든 일이 다 형통"(시 1:1)하게 됩니다. 잠언은 믿지 않는 사람들이 읽어도 이해할 수 있는 내용입니다. 믿지 않는 사람에게 성경 읽기를 권할 때 제일 먼저 잠언부터 읽도록 권하면 좋을 것입니다.

욥기

욥기의 주제는 '의인도 고난을 받을 수 있다'는 것입니다. 욥기가 없었다면 의인이 받는 고난에 대하여 설명하기가 불가능했을 것입니다. 하나님께서는 욥기를 통해 의인도 하나님의 의도에 따라 고난을 받을 수 있음을 알려 줍니다. 악인에게 임하는 고난과 심판은 멸망을 위함이지만, 의인이 받는 고난은 정금 같은 하나님의 백성을 만들기 위함임을 욥기를 통해 알 수 있습니다.

성경은 하나님의 이야기요, 사탄의 이야기요, 사람의 이야기입니다. 그렇듯이 욥기에도 등장인물이 있는데 하나님, 사탄 그리고 사람들(욥, 엘리바스, 빌닷, 소발, 엘리후)입니다.

욥기는 "우스 땅에 욥이라 불리는 사람이 있었는데 그 사람은 온전하고 정직하여 하나님을 경외하며 악에서 떠난 자더라"(욥 1:1)며 의인 욥의 소개로 시작합니다. 그에게는 아들 일곱과 딸이 셋 있고, 많은 종과 가축을 소유한 부자였습니다. 욥의 고난은 하나님의 천상회의에 참여한 사탄에게 "네가 어디서 왔느냐?"라는 하나님의 질문으로 시작합니다. 그 질문에 사탄은 "땅을 두루 돌아 여기저기 다녀왔나이다"(욥 1:7)라고 대답합니다. 사탄이 땅을 두루 돌아다니는 이유에 대하여 베드로는 "대적 마귀는 우는 사자같이 두루 다니며 삼킬 자를 찾나니"(고전 5:8)라고 표현합니다. 사탄은 삼킬 자를 찾기 위해 땅을 두루 돌아 여기저기 다녀왔던 것입니다.

사탄이 이렇게 대답하자 하나님이 "네가 내 종 욥을 주의하여 보았느냐 그와 같이 온전하고 정직하여 하나님을 경외하며 악에서 떠난 자는 세상에 없느니라"(1:8)고 합니다. 욥은 하나님도 인정한 세상에서 가장 의로운 자였던 것입니다. 그러자 사탄은 욥이 의롭게 살아가는 것은 하나님이 그의 모든 소유물에 넘치도록 축복해 주었기 때문이며 "이제 주의 손으로 그의 소유물을 치소서 그리하시면 틀림없이 주를 향하여 욕을 할 것"(11)이라고 합니다. 그때 하나님은 사탄에게 "내가 그의 소유물을 다 네 손에 맡기노라 다만 그의 몸에는 네 손을 대지 말라"(12)며 사탄이 욥을 시험하도록 허락합니다.

이로 인하여 욥은 아들 일곱과 딸 셋을 포함하여 모든 소유물을 한 순간에 잃게 됩니다. 그럼에도 이 모든 일에 욥은 범죄하지 아니하고 하나님을 향하여 원망하지도 않습니다(1:22).

그 후 두 번째 천상회의가 열릴 때 사탄도 참석합니다. 천상회의에 참석한 사탄에게 하나님은 다시 한 번 "네가 어디서 왔느냐"(2:2)고 묻습니다. 그는 이전과 같이 "땅을 두루 돌아 여기저기 다녀왔나이다"라고 대답합니다. 하나님은 사탄에게 다시 욥을 주의하여 보았느냐, 물으며 "네가 나를 충동하여 까닭 없이 그를 치게 하였어도 그가 여전히 자기의 온전함을 굳게 지켰느니라"(2:3)고 사탄을 책망합니다. 사탄도 하나님께 지지 않고 "가죽으로 가죽을 바꾸오니 사람이 그의 모든 소유물로 자기의 생명을 바꾸올지라"(2:4)고 합니다. 사탄은 사람의 생명을 위해 소유물을 포기하는 것은 욥뿐만 아니라 누구나 할 수 있는 일이라고 반박하며 "이제 그의 주의 손을 펴서 그의 뼈와 살을 치소서 그리하시면 틀림없이 주를 향하여 욕하지 않겠나이까"(2:5)라고 항변합니다.

그러자 하나님은 사탄의 두 번째 시험도 허락하며 "다만 그의 생명은 해하지 말지니라"(2:6)고 합니다. 여기에서 말하는 생명은 '이성'으로 볼 수 있습니다. 욥의 생명을 해하지 말라는 것은 곧 그의 이성을 잃게 하지 말라는 의미입니다. 사람들은 이성을 잃으면 죄를 지을 수 있으므로, 사탄이 욥을 시험할 때 그가 올바른 이성을 가지고 시험에 임하도록 그의 '생명(이성)'을 해하지 말도록 명령한 것입니다. 사탄이 욥의 이성을 잃게 한 후 하나님을 떠나게 되는 것은 의인에 대한 올바른 시험이 될 수 없기 때문입니다. 어찌 보면 욥이 받는 고난은 마치 하나님의 자존심과 사탄의 싸움으로 보이기도 합니다.

사탄의 요구에 '하나님께서는 왜 욥에게 이런 시험을 허락하셨을까?' 생각해 봅니다. 그것은 시험을 통해 정금 같은 믿음을 소유하게 하기 위함이었습니다. 하나님이 사탄에게 욥에 대한 시험을 허락한 이유는 욥이 이러한 시험을 당해도 실족하지 않고 넉넉히 승리할 것을 알고 있었기 때문입니다. 하나님은 절대로 감당하지 못할 시험은 허락하지 않습니다(고전 10:13). 우리가 이제까지 받은 고난과 시험도 각자가 감당할 수 있는 것이었기에 오늘도 하나님과 동행하며 살아가고 있는 것입니다. 하나님의 허락 하에 사탄은 욥의 뼈와 살을 쳐 그의 발바닥에서 정수리까지 종기가 나게 합니다(욥 2:7).

사탄의 시험으로 큰 어려움을 겪고 있다는 소식을 듣고 다른 지역에 살고 있던 욥의 친구 셋이 욥을 찾아옵니다. 세 친구는 고통받는 욥의 처절한 모습을 보고 한마디 위로의 말도 하지 못하고 그의 얼굴만을 바라보고 있습니다(2:13). 친구들이 일주일 동안 아무 말도 하지 못하자, 욥이 말문을 엽니다. 대화가 무르익어 가자, 욥이 자기가 태어날 때 죽지 않고 왜 살아서 이렇게 고난을 받고 있는지 모르겠다며 자신의 생일을 저주합니다(3:1). 욥이 자신의 생일을 저주하는 것은 하나님을 원망하는 것이 아니요 자신이 겪고 있는 고난에 대한 호소입니다.

욥의 친구들이 심방 온 목적은 고난받고 있는 욥을 위로하고 용기를 주기 위해서였습니다. 욥이 자신의 생일을 저주하며 자신이 받고 있는 고난에 대하여 호소하자, 욥의 친구들은 위로하는 척하더니 그에게 하나님께 지은 은밀한 죄가 있으면 회개하라며 욥을 공격하기 시작합니다. 욥기 3장부터 31장까지는 욥이 겪고 있는 고난에 대한 친구들의 죄책에 대하여 욥은 절대로 죄를 지은 적이 없다고 부정하며, 그들 사이에 3라운드에 걸쳐 영적 혈투가 벌어지는 장면이 나옵니다. 32장부터 37장까지는 영적 혈투기의 심판을 보고 있던 엘리후가 양쪽 모두에게 잘못이 있다고 욥과 세 친구를 책망하는 내용이 나옵니다.

이렇게 욥기는 3장부터 37장까지 욥과 심방 온 친구들 간에 주고받는 이야기가 펼쳐집니다. 하나님은 사람들이 말을 많이 하면 아무 말씀도 하시지 않습니다. 그러나 모든 말이 끝났을 때 하나님께서는 자기의 의를 내세우는 욥에게 "무지한 말로 생각을 어둡게 하는 자가 누구냐? 너는 대장부처럼 허리를 묶고 내가 네게 묻는 것을 대답할지니라. 내가 땅의 기초를 놓을 때에 네가 어디 있었느냐?"(욥 38:2-4)며 38장에서 41장까지 "하나님께서 창조하신 모든 것들의 신비한 자연 현상을 네가 아느냐?"고 묻습니다.

욥은 이러한 하나님의 음성을 듣고 한마디 대답도 못 하고 하나님께 회개합니다. 욥은 고난이 있기 전에는 하나님이 자기 앞을 지나가도 하나님을 보지도 깨닫지도 못하였습니다(9:11). 그러나 고난을 받은 후에는 "내가 주께 대하여 귀로 듣기만 하였사오나 이제는 눈으로 주를 뵈옵나이다"(42:5)라고 고백합니다.

이와 같이 욥은 고난 전에는 주님을 귀로 듣기만 하고 하나님이 그의 앞을 지나가도 보지도 깨닫지도 못하였지만(욥 9:11), 고난 뒤에는 하나님을 눈으로 볼 수 있게 됩니다. 의인이라 불리던 욥이 고난을 당하게 된 것은 고난을 통하여 하나님께서 깨달음을 주시려는 계획이 있었던 것입니다. 만약 욥기가 없었다면 의인이 받는 고난에 대하여 도저히 설명할 수 없었을 것입니다. 욥의 고난은 우리에게 의인도 하나님의 의도에 따라 고난을 받을 수 있다는 커다란 교훈을 줍니다. 욥은 고난을 통해 하나님 앞에서는 누구도 의를 내세울 수 없다는 것을 깨닫게 됩니다.

욥기를 읽으면서 '욥의 친구들이 하는 말이 무엇이 잘못되었나?'라고 말하는 사람들이 많을 것입니다. 그들의 이야기를 들으면 하나님의 말씀에서 벗어난 것이 하나도 없기 때문입니다. 우리는 욥기를 읽으면서 욥의 친구들이 하는 말이 모두 옳은 이야기라는 것을 알 수 있습니다. 그러나 하나님은 이들을 책망하면서 "너희가 나를 가리켜 말한 것이 내 종 욥의 말같이 옳지 못함이라"(42:7-8)고 합니다. 그 이유는 무엇일까요?

우리는 가끔 하나님의 말씀을 인용하여 내가 하고 싶은 말을 할 때가 있습니다. 하나님의 말씀이라도 하나님의 뜻이 이루어지기 위해서가 아닌 나의 뜻을 이루기 위하여 인용한다면 그것은 옳지 않고, 또 거짓말이 될 수 있습니다. 우리의 삶은 무엇을 하든지 주의 영광을 위한 것이어야 합니다. 욥의 친구들은 이와 같이 자기들이 하고 싶은 말을 하나님의 말씀을 빙자해 했기에 이들의 죄를 책망한 것입니다.

욥기를 통하여 얻는 또 다른 교훈은 심방할 때 우리의 자세를 다시한 번 되돌아보게 한다는 것입니다. 우리가 할 수 있는 것은 다만 이웃을 사랑하는 것입니다. 어떠한 책망이나 권유도 사랑이 아닌 것은 모두 잘못된 것입니다. 여러분은 지금 어떤 시험(Test)이나 시련(Trial)이나 유혹(Temptation)의 시험을 받고 있습니까? 욥처럼 모든 시험을 이기고 승리하여 하나님의 큰 은혜를 경험하기를 바랍니다. 모든 시험에는 시련(Trial), 즉 고통이 따릅니다. 그러나 하나님은 우리에게 감당할 수 있는 시험만을 허락하십니다.

> 사람이 감당할 시험밖에는 너희가 당한 것이 없나니, 오직 하나님은 미쁘사, 너희가 감당하지 못할 시험 당함을 허락하지 아니하시고, 시험 당할 즈음에 또한 피할 길을 내사, 너희로 능히 감당하게 하시느니라
> _ 고전 10:13

하나님은 시련의 시험을 통해 정금 같은 믿음의 소유자가 되기를 원하고, 사탄은 유혹의 시험을 통해 하나님을 욕하고 떠나기를 원합니다. 욥을 통한 하나님의 마음은 시험과 시련을 통해 우리를 정금같이 하려는 것입니다. 이와 같이 하나님께서도 우리를 시험하십니다. 하나님께서 욥에게 사탄의 시험을 허락한 것은 욥이 능히 감당할 수 있었기 때문입니다.

그러므로 우리에게 시험이나 시련이 닥칠 때 하나님의 의도와 뜻이 무엇인지 기도하며 알아가는 것이 중요합니다. 시험 가운데서도 하나님은 우리 곁에 항상 함께하고 계심을 인식하고 욥처럼 최후의 승리자가 되기를 바랍니다. 혹 지금 어떤 시련 가운데 있다면 그 시련(시험)을 통해 귀로 듣기만 하던 하나님을 눈으로 보게 되는 은혜가 있기를 바랍니다.

전도서

잠언을 솔로몬이 중년 시절에 쓴 것이라면 전도서는 노년에 쓴 것으로 보입니다. 그는 이스라엘의 왕으로서 세상의 모든 희로애락을 겪은 왕입니다. 솔로몬처럼 부귀영화를 누린 사람도 없을 것입니다. 한동안 하나님을 등진 채 후궁 700명과 첩 300명을 두고 온갖 향락과 쾌락을 누렸던 왕입니다(왕상 11:3). 그야말로 세상의 온갖 부귀영화를 누리고 인생의 결론처럼 쓴 책이 바로 전도서입니다.

누군가 경험하지 않은 것을 말한다면 거짓이라고 할 수 있습니다. 그러나 솔로몬은 이 모든 것을 경험하고 자신의 인생론 같은 전도서를 썼기에 그의 말은 힘있고 진정성이 있습니다. 전도서가 있기에 우리는 솔로몬처럼 헛된 일에 시간을 낭비할 필요가 없습니다.

전도서의 논지는 세상에서 추구하는 모든 것이 헛되다는 것입니다. 전도자가 이르되 "헛되고 헛되며 헛되고 헛되니 모든 것이 헛되도다" (전 1:2). 지혜와 지식도 헛되고, 즐거움도 헛되고, 해 아래 수고하는 모든 것, 먹고 마시는 것, 재물, 부요, 존귀 이 모든 것들이 헛되다는 것입니다(1-11장). 세상에서 추구하는 모든 것들이 헛되니 청년들아 너희는 곤고한 날이 이르기 전에 창조주 하나님을 기억하라고 교훈합니다(12:1).

전도서는 12장 14절까지 있는데, 12장 12절까지 읽고 12장 13절을 읽지 않으면 전도서에서 주고자 하는 교훈을 받을 수 없고 곧 허무주의에 빠지게 될 것입니다 전도서의 핵심은 "일의 결국을 다 들었으니 하나님을 경외하고 그의 명령들을 지키라 이것이 모든 사람의 본분이니라"(12:13)는 것입니다. 이것은 전도서 1장부터 12장까지 세상에서 추구하는 모든 것이 헛되다는 것을 다 들었으니 헛되고 헛된 것들을 좇아 살지 말고 하나님을 경외하고 그의 명령을 지키라는 것입니다.

이것이 모든 사람의 본분이라고 합니다. 우리가 하나님을 경외하려고 하면 하나님이 어떤 분인지 말씀을 통해 알아야 합니다. 그래서 날마다 말씀을 묵상하며 그 말씀을 입에서 떠나지 않게 하는 것이 중요합니다. 하나님을 경외하고 그의 명령을 지키십시요! 이것이 모든 사람의 본분입니다.

아가서

아가서는 솔로몬의 젊은 시절 사랑 이야기를 적은 책입니다. 아가라는 말은 '노래 중의 노래', 즉 노래 중에서 가장 아름답고 뛰어난 최고의 노래라는 뜻입니다. 노래 중에서 가장 아름다운 노래의 주제는 무엇일까요? 사랑입니다! 아가서는 남녀간의 아름다운 사랑 이야기를 다루고 있습니다. 아가서는 남녀간의 사랑 이야기를 하고 있음에도 이해하기 쉽지 않습니다. 그 이유가 무엇일까요?

그것은 누가 이야기를 하고 있는지 알지 못하기 때문입니다. 아가서를 잘 이해하기 위해서는 마치 오페라를 보듯, 또는 서정시를 읽듯 아가서를 읽어야 합니다. 오페라에는 남녀 주인공과 많은 출연자가 등장합니다. 그들에게는 각각 자기만의 대사와 역할이 있습니다. 남자 주인공은 남자 주인공으로서의 역할이 있고 여자 주인공은 여자 주인공으로서의 역할과 대사가 있습니다.

만약 오페라에서 남녀 주인공이 대사를 바꿔서 연기한다면 어떠한 결과가 올까 잠시 생각해 봅시다. 오페라에서 남녀 주인공이 그들 각자의 대사를 노래해야 하듯 아가서를 읽을 때에도 그 대사가 여자 주인공의 대사인지 남자 주인공의 대사인지, 아니면 다른 출연진의 대사인지를 알고 읽어야 합니다. 우리가 아가서를 잘 이해하지 못하는 이유는 이와 같이 말하고 있는 사람이 누구인지 정확히 알지 못하기 때문입니다.

아마도 아가서에 나오는 사랑은 이루어지지 않은 사랑인 것 같습니다. 술람미 여인과 연애할 때 솔로몬에게는 "왕비가 육십 명이요 후궁이 칠십 명"(아 6:8)이었다고 합니다. 솔로몬에게는 후궁 칠백 명과 첩이 삼백 명 있었는데(왕상 11:3), 아마도 솔로몬이 술람미 여인처럼 완전한 여인을 만났다면 천여 명의 후궁과 첩을 두지 않았을 것입니다. 아가서가 더 아름다운 것은 그 사랑이 이루어지지 않았기 때문일 것입니다. 로미오와 줄리엣처럼 이루어지지 않은 사랑이 이루어진 사랑보다 모든 사람에게 훨씬 아름답게 기억되듯, 아가서의 사랑 이야기도 이루어지지 않았기에 더 아름답게 보이는 것 같습니다.

아가서는 단지 남녀간의 사랑 이야기가 아닙니다. 남녀간의 온전한 사랑을 통해 우리가 하나님을 어떻게 사랑하고 살아가야 하는지 교훈을 줍니다.

아가서는 "내게 입맞추기를 원하니 네 사랑이 포도주보다 나음이로구나"(1:2) 하는 여인의 사랑 고백으로 시작합니다. 이 고백은 신랑 되신 예수님에 대한 우리의 고백이 되어야 합니다. 이제부터 아가서를 읽을 때 아가서의 여자 주인공은 예수님의 신부가 되는 독자가 되어야 하고, 남자 주인공은 예수님이 되는 것입니다. 예수님의 입맞춤은 세상 그 어느 것보다 달콤하고 귀할 것입니다. 이러한 우리의 사랑 고백에 예수님은 "내 사랑아 너는 어여쁘고 어여쁘다 네 눈이 비둘기 같구나"(1:15)라고 말씀합니다. 눈이 비둘기 같다는 것은 아주 매력적이라는 뜻입니다. 신부인 성도들이 예수님을 사랑하며 살아가는 모습이 너무나 어여쁘고 어여쁘며 아주 매력적이라는 주님의 사랑 고백인 것입니다.

그리고 주님께서는 이렇게 고백합니다. "사랑아 네가 어찌 그리 아름다운지, 어찌 그리 화창한지 (나를) 즐겁게 하는구나"(7:6). 주님을 사랑하는 우리의 마음이 술람미 여인같이 아름답고 주님의 마음을 즐겁게 하며 살아가야 합니다. 이러한 삶이 주님을 사랑하며 살아가는 것입니다. 이렇게 아름다운 삶의 모습과 주님을 향한 사랑 고백을 보고 예수님은 "네 입은 좋은 포도주 같을 것이니라"(7:9)고 합니다. 주님을 향한 우리의 사랑 고백이 얼마나 달콤한지 세상의 어느 것과도 비교할 수 없는, 가장 아름답고 달콤한 포도주 같다고 고백하는 것입니다.

주님을 향한 성도들의 고백은 "이 포도주는 내 사랑하는 자(주님)를 위하여 미끄럽게 흘러내려서 자는 자의 입을 움직이게 하느니라"(7:9)가 되어야 합니다. 이러한 신부(성도)의 고백은 사랑하는 자(주님)를 향한 말할 수 없이 절절한 사랑 고백입니다. 이러한 사랑 고백이 우리가 하나님께 드리는 사랑의 고백이 되어야 합니다. 아가서에서 말하는 사랑이란 상대방을 아끼고, 존중하고, 희생하고 기쁨과 즐거운 마음으로 영원히 함께 있고 싶은 마음을 말합니다. 이러한 마음이 바로 그리스도인들이 주님을 향해 가져야 할 참된 사랑입니다.

포로 귀환 시대

예레미야는 70년이 차면 바벨론의 포로 생활이 끝나고 예루살렘으로 다시 돌아올 것이라고 예언했습니다(렘 29:10). 바벨론에 포로로 잡혀와 살고 있던 다니엘은 예레미야의 예언을 잘 알고 있었습니다. 그는 예레미야의 예언이 이루어질 것을 믿었기에 자신을 모함하여 왕 외의 어떤 신이나 사람에게 무엇을 구하면 사자굴에 던져 넣기로 한 것을 알고도 숨어서 기도하지 않고 창문을 활짝 열고 예루살렘을 향하여 하나님의 뜻이 이루어지기를 하루에 세 번씩 기도했습니다(단 6:10).

다니엘이 기도한 대로 "이에 …칠십 년을 지냈으니 여호와께서 예레미야의 입으로 하신 말씀이 이루어졌더라"(대하 36:21)며 예레미야의 예언이 고레스를 통하여 이루어졌음을 밝힙니다(스 1:1-4). 고레스는 하나님의 이름을 알지도 못했지만 하나님께서는 고레스가 바벨론을 점령하기 150여 년 전에 "고레스에 대하여는 이르기를 내 목자라 그가 나의 모든 기쁨을 성취하리라"(사 44:28)며 하나님의 종으로 하나님의 일을 성취하도록 할 것을 이사야가 예언하였습니다. 이 모든 예언이 이루어진 것을 성경(역대하, 에스라)은 보여줍니다.

이러한 예언과 성취는 사람으로서는 도저히 상상할 수도 이해할 수도 없는 일입니다. 그러나 창조주 하나님은 모든 일을 하실 수 있습니다. 그러기에 이사야를 통하여 약 150년 후에 페르시아 제국을 이끌어 갈 고레스에 대하여 하나님이 어떻게 사용하실 것인지를 선포하게 한 것입니다. 어떤 학자들은 이사야서 40장부터 66장까지는 다른 예언자가 나중에 써서 그 부분에 삽입하였다고 주장합니다. 그러나 필자는 이 부분도 이사야가 쓴 것이라는 주장에 동의합니다. 하나님은 아브라함에게 하늘의 별과 같이 바다의 모래와 같이 큰 민족을 이루게 하고 400년 동안 이방의 객이 되지만 나올 때는 큰 재물을 가지고 나오게 될 것이라 약속합니다(창 15:5-14). 아브라함과 맺은 하나님의 약속은 650여 년이 지난 후 모세에 의해 그대로 이루어졌습니다.

하나님은 150년 후의 일이나 650년 후의 일이나, 아니 1천 년, 1만 년 후의 역사도 모두 알고 있는 전지전능한 분입니다. 하나님은 "알파와 오메가요 처음과 마지막이요 시작과 마침"(계 22:13)이기 때문입니다. 이사야가 선포한 이사야 40장부터 66장까지가 150여 년 후에 일어날 것을 예언하였기에 이 부분의 저자가 바뀌어야 한다면 성경에서 이해되지 않는 부분을 모두 다시 써야 하는 일이 벌어질 것입니다.

역대기

독자 중에 역대기는 이스라엘 멸망 이전의 역사인데 '왜 포로기 이후에 설명하는가?'라는 의문을 가진 분이 있을 것입니다. 역대기를 포로기 이후에 설명하는 것은 바벨론 포로 귀환 이후에 쓰였기 때문입니다.

성경을 읽은 분은 알겠지만 많은 분이 성경을 통독하기로 작심하고 창세기부터 읽어 내려갑니다. 그러나 계속해서 성경을 읽지 못하는 장애 요소가 너무도 많이 나옵니다. 어떻게 해서든지 성경 일독을 하려고 작심하고 열왕기까지 읽었지만 역대상을 읽기 시작하는 순간 '으악!' 하고 놀라는 분이 많을 것입니다. 필자 역시 마찬가지였으니까요. 역대상을 한 장, 두 장 계속 읽어 내려가도 9장까지 계속해서 이름만 나오기 때문입니다. 많은 이름이 나오지만 그중 우리가 알고 있는 이름은 아담, 노아, 아브라함, 이삭 등 극히 몇 사람밖에 없습니다. 그렇기에 역대상을 읽는 것은 누구에게나 정말로 지루한 일입니다.

그런데 여러분이 만일 이스라엘 민족이라도 역대상이 이렇게 지루하고 재미가 없을까요? 만약 그 족보가 여러분의 족보이고 여러분이 왕족이라는 사실을 보여주는 족보일지라도 지루할까요? 아마도 그것이 여러분이 어느 왕족에 속한 자임을 알려 주는 책이라면 이 세상의 어느 책보다 가치 있고 귀중한 책이 되지 않을까요?

이스라엘 백성에게 역대상은 바로 이런 의미가 있는 책입니다. 역대상을 통해 이스라엘 백성은 자신들이 하나님에 의하여 창조되었으며, 그에게 속한 백성이고, 또한 아브라함의 자손이라는 정체성을 확실히 깨닫습니다. 여러분이 성경을 읽을 때 역대상에 나오는 족보의 인물들만 제대로 이해할 수 있다면 나머지 구약을 읽을 필요가 없을 만큼 그 족보에 모든 것이 실려 있다고 해도 과언이 아닙니다. 그만큼 족보는 중요한 것입니다.

역대기는 역사서이긴 하지만 순수 역사서가 아닌, 저자가 편집한 역사서입니다. 저자가 편집한 역대기는 역사를 왜곡하기 위한 것이 아닙니다. 역대기의 저자는 일반적으로 에스라로 알려져 있습니다. 에스라는 바벨론에서 돌아온 이스라엘 백성을 위해 새롭게 세울 나라는 어떠한 나라가 되어야 할 것인지 고민하였을 것입니다. 이전에 하나님께 불순종하여 멸망한 남북 이스라엘 같지 않고 어떻게 하면 하나님을 잘 섬기며 살아갈 수 있나를 고민하며, 저자가 꿈꾸고 있는 모범적인 나라를 찾기 위해 족보를 통해 아담부터 이스라엘의 역사를 되돌아본 것입니다.

에스라는 역사를 아담부터 자세히 살펴본 후 다윗 왕조의 역사가 제일 모범이 되고 귀감이 된다는 생각을 합니다. 그래서 다윗 왕조를 중심으로 있었던 일을 약간 편집하여 기록함으로써 포로에서 돌아와 새로운 나라에 대한 꿈을 가지고 있는 이스라엘 백성에게 하나님께서 가장 아름답게 돌보던 시절을 기억하게 합니다. 그리고 하나님께서 함께하시는 새로운 나라에 대한 소망과 희망을 주려고 하였습니다.

역대기는 이러한 목적을 가지고 쓴 역사서이기에 저자의 목적에 따라 사무엘이나 열왕기의 기록과 다른 점이 있습니다. 역대기는 모범적인 나라를 본보기로 하여 새로운 나라를 건설하는 데 목적이 있기에 역사서에 기록된 내용 중에서 빠진 것도 있고 더 강조하는 것도 있습니다. 저자의 의도와 맞지 않은 것은 생략했고, 강조하고자 하는 부분은 더 많은 내용을 첨부했습니다.

이와 같이 역대기는 저자의 의도에 따라 기록된 역사서이기에 사무엘상에서는 약 23장에 걸쳐 사울의 통치에 대하여 기록했지만, 역대상에서는 9장과 10장에서 아주 간단히 소개하고 맙니다. 이스라엘의 초대 왕인 사울에 대해 역대상에서 이렇게 간략하게 소개한 것은 저자가 볼 때 사울은 실패한 왕이기 때문입니다.

그 후부터 역대하까지는 다윗과 그의 후손들의 이야기를 전하면서 다윗 왕국을 특히 강조하고 있습니다. 그 이유는 다윗이 비록 밧세바 사건으로 하나님께 죄를 지었지만, 하나님의 마음에 맞는 자로서 하나님의 뜻을 온전히 따르며 살았던 왕이기 때문입니다(행 13:22). 사무엘하에서는 밧세바 사건으로 다윗이 하나님께 죄 지은 것을 그대로 기록하고 있지만, 역대기에는 그 사건이 기록되어 있지 않습니다. 그 이유는 바벨론에서 귀환한 이스라엘 백성에게 다윗은 가장 본이 되는 왕이어야 하기에 그의 수치가 되는 밧세바 사건을 기록하지 않은 것입니다.

역대기는 특히 성전과 제사장직을 강조하고 있는데, 그것은 앞으로 세울 나라는 하나님 중심의 나라가 되어야 하기에 하나님을 예배하는 성전과 제사장에 대하여 강조한 것입니다. 에스라는 이러한 목적을 가지고 역대기를 기록했습니다. 다윗 왕조와 성전과 제사장에 대하여 강조하고, 역대하 36장에서는 다윗 왕조의 유다마저 멸망하는 사건을 기록합니다. 유다 멸망의 기사는 비록 다윗의 자손이라 할지라도 하나님을 떠나면 멸망한다는 것을 보여준 것입니다. 에스라는 유다 멸망의 원인을 기록하며 바벨론 포로에서 귀환한 자들에게 다시는 하나님을 떠나지 말고 오직 하나님만을 섬기며 살아가도록 권유합니다.

유다 멸망 기사 바로 뒤에는 하나님께서 예레미야에게 말씀하신 "바벨론에서 칠십 년이 차면 내가 너희를 돌보고… 너희를 이곳으로 돌아오게 하리라(렘 29:10)"는 예언의 말씀이 고레스 왕의 칙령으로 성취되었음을 기록하고 있습니다. 바벨론에서 예루살렘으로 돌아올 때 이스라엘 백성이 한 일은 아무것도 없습니다. 다만 하나님의 은혜로 돌아오게 된 것입니다.

이 사건을 통하여 이스라엘 백성은 이 세상의 모든 통치가 하나님에게 속한다는 것을 배우게 되었고, 독자인 우리도 이 세상의 모든 것을 통치하는 분은 하나님임을 알게 되는 것입니다.

역대하 36장 22절과 23절에 선포된 고레스의 예루살렘 귀환에 대한 명령은 에스라 1장 1절부터 거의 그대로 중복 기록되어 있습니다.

바사의 고레스 왕 원년에 여호와께서 예레미야의 입으로 하신 말씀을 이루시려고 여호와께서 바사의 고레스 왕의 마음을 감동시키매 그가 온 나라에 공포도 하고 조서도 내려 이르되 바사 왕 고레스가 이같이 말하노니 하늘의 신 여호와께서 세상 만국을 내게 주셨고 나에게 명령하여 유다 예루살렘에 성전을 건축하라 하셨나니 너희 중에 그의 백성 된 자는 다 올라갈지어다 너희 하나님 여호와께서 함께하시기를 원하노라 하였더라 _ 대하 36:22-23

바사 왕 고레스 원년에 여호와께서 예레미야의 입으로 하신 말씀을 이루게 하시려고 바사 왕 고레스의 마음을 감동시키시매 그가 온 나라에 공포도 하고 조서도 내려 이르되 바사 왕 고레스는 말하노니 하늘의 하나님 여호와께서 세상 모든 나라를 내게 주셨고 나에게 명령하사 유다 예루살렘에 성전을 건축하라 하셨나니 이스라엘의 하나님은 참 신이라 너희 중에 그의 백성 된 자는 다 유다 예루살렘으로 올라가서 이스라엘의 하나님 여호와의 성전을 건축하라 그는 예루살렘에 계신 하나님이시라 _ 스 1:1-3

이처럼 역대하를 읽고 바로 에스라서를 읽으면 바벨론 포로기 이전의 역사와 바벨론 포로기에 이어 포로 귀환 이후의 역사가 하나로 연결되는 것을 알 수 있습니다.

에스라 1-4장

바벨론을 점령한 페르시아 왕 고레스는 "그의 백성 된 자는 다 유다 예루살렘으로 올라가서 이스라엘의 하나님 여호와의 성전을 건축하라"(스 1:3)고 조서를 내립니다. 고레스의 칙령(조서)이 선포된 후 스룹바벨이 유다의 총독이 되어 약 5만 명을 이끌고 예루살렘에 도착하여 단을 쌓고 번제를 드린 후 다시 모여 성전을 건축하기 위해 기초를 놓기 시작합니다(1:5-3:13). 그러나 주변에 살고 있던 이방 민족들의 방해로 성전 건축을 중단하게 됩니다(4장). 약 16년 동안 성전 건축이 중단되었을 때 학개와 스가랴가 등장합니다(5:1). 학개는 스가랴보다 약 2개월 먼저 예언 활동을 시작하였습니다.

학개

학개에는 '축제, 절기'라는 뜻이 있습니다. 축제와 절기를 지내기 위해서는 무엇보다도 성전이 있어야 했습니다. 이스라엘 백성은 이방인의 방해로 성전을 지을 수 없게 되자, 어떤 노력도 하지 않고 오직 "여호와의 전을 건축할 시기가 이르지 아니하였다"(학 1:2)는 비관적인 생각을 하고 있었습니다. 우리는 가끔 주님의 일을 하다 그 일이 뜻대로 되지 않으면 '아직 때가 아닌가 봐!' 하며 포기할 때가 있습니다.

이와 같이 예루살렘에 귀환한 이스라엘 백성도 아직 하나님의 때가 되지 않았다는 부정적인 생각을 가지고 성전 건축을 거의 포기하고 있었습니다. 예루살렘에 귀환한 첫 번째 목적은 여호와의 성전을 건축하기 위해서입니다. 그럼에도 이들은 성전을 건축하지 않고 살아갔기에 예배를 드릴 수 없었고, 오랫동안 예배를 드리지 못했기에 영적 무기력 상태에 빠져 있었습니다.

이즈음 하나님께서 학개를 보내 백성을 독려하며 성전 건축을 다시 시작하도록 동기 부여를 합니다. 학개는 16년 동안이나 성전 건축을 중단하고 있는 백성들에게 "자기의 행위를 살피고 성전을 건축하라"(1:7-8)고 독려합니다. 자기의 행위를 살피라 함은 포로에서 돌아온 그들이 자기 삶의 터전과 집들은 잘 가꾸면서 오직 하나님의 성전은 아직 때가 되지 않았다는 이유로 건축하고 있지 않은 것을 책망하는 말입니다. 학개가 성전 건축을 강조하는 이유는 그의 이름처럼 성전에서 번제와 제사를 드리며 하나님의 절기와 축제를 드리기 위해서였습니다.

하나님께 번제를 드리고 축제를 한다는 것은 곧 하나님께 예배하는 것을 말합니다. 성전 건축이 중요한 것은 성전이 있어야 하나님께 제사(예배)를 드릴 수 있기 때문입니다. 학개가 다리오 왕 2년 6월 1일 성전 건축을 독려하자, 백성들은 그해 6월 24일부터 성전을 다시 건축하기 시작합니다. 학개는 불과 4개월 정도 예언을 하고 역사에서 사라집니다. 어떠한 인물이 성경에서 더 이상 나오지 않는다는 것은 그의 사역이 끝났음을 의미합니다. 학개의 사역은 거기까지였던 것입니다. 학개의 뒤를 이어 다른 예언자가 나타나는데, 바로 스가랴입니다.

스가랴

스가랴는 학개보다 2개월가량 지난 다리오 왕 제2년 여덟째 달에 "여호와가 너희의 조상들에게 심히 진노하였느니라 그러므로 너는 그들에게 말하기를 만군의 여호와께서 이처럼 이르시되 너희는 내게로 돌아오라… 그리하면 내가 너희에게로 돌아가리라"(슥 1:2-3)는 하나님의 말씀을 받으며 예언 활동을 시작합니다. 스가랴가 활동한 때는 학개의 권유로 막 성전 건축을 다시 시작한 직후입니다.

스가랴는 젊은 시절(약 30세)에 부름을 받은, 영감이 풍부한 제사장 출신 예언자였습니다. 하나님은 스가랴에게 여덟 번의 환상을 보여주며 성전 건축의 중요성을 이야기합니다(1:7-6:8). 성전이 없으면 하나님께 제사(예배)를 드릴 수 없다는 것입니다. 이처럼 성전 건축은 예배와 직결되어 있습니다. 그러기에 스가랴는 성전 건축을 다시 시작한 백성들에게 도중에 중단하지 말고 끝까지 완성하도록 독려한 것입니다.

스가랴는 또한 메시아(예수님)가 예루살렘에 입성하실 때 무엇을 타고 오는지에 대하여 다음과 같이 구체적으로 예언합니다.

> 시온의 딸아 크게 기뻐할지어다 예루살렘의 딸아 즐거이 부를지어다 보라 네 왕이 네게 임하시나니 그는 공의로우시며 구원을 베푸시며 겸손하여서 나귀를 타시나니 나귀의 작은 것 곧 나귀 새끼니라 _ 슥 9:9

예수님은 스가랴의 예언대로 나귀 새끼를 타고 예루살렘에 입성했다고 복음서들은 전합니다. 이것은 메시야의 예루살렘 입성에 대한 스가랴의 예언이 구체적으로 성취되었음을 말해 줍니다.

스가랴는 젊은 예언자였기에 하나님이 환상을 보여주어도 그것이 무엇을 의미하는지 잘 몰랐습니다. 그래서 "내 주여 이들이 무엇이니이까?"(1:9)라고 그 뜻을 묻고, 하나님은 그에게 대답해 주기를 반복합니다. 스가랴서는 참 읽기 어려운 책입니다. 어찌 보면 다니엘서보다 더 어렵습니다. 만약 스가랴가 하나님이 보여준 환상을 이해하고 하나님께 묻지 않았다면 독자들이 스가랴서를 이해하기 불가능했을 것입니다. 스가랴가 하나님이 보여준 환상에 대해 하나님께 질문한 덕분에 우리는 조금 더 이해할 수 있게 되었습니다.

에스라 5-6장: 성전 재건

학개와 스가랴의 독려에 힘입어 스룹바벨을 중심으로 백성들은 성전을 다시 건축하기 시작합니다(스 5:2). 그리고 불과 4년 만에 성전을 완공합니다. 즉, 다리오 2년에 시작해 다리오 왕 6년에 성전이 재건됩니다(6:15). 그때가 아마도 기원전 516년경일 것입니다. 예루살렘 성전이 불타 없어진 때가 기원전 586년이고, 기원전 516년에 성전이 다시 완공되었으니 만 70년 만에 바벨론에 의해 무너졌던 성전을 다시 재건한 것입니다.

에스라 5장과 6장에서 성전 재건에 대한 기사가 끝나고, 에스라 6장과 7장 사이에는 약 60년간의 공백이 있습니다. 이 기간에 어떤 일들이 발생했는지 에스더에 기록되어 있습니다. 당시 예루살렘에 돌아온 이스라엘 백성은 이제 성전에서 제사(예배)를 드리며 살고 있었지만, 아직도 페르시아가 통치하는 지역에서 살고 있던 이스라엘 백성이 있었습니다. 이처럼 에스더서는 예루살렘으로 돌아가지 않고 페르시아 왕이 통치하는 수산 궁과 다른 성읍에 살고 있는 유대인에게 일어났던 사건을 기록하고 있습니다.

에스더

에스더 1장과 2장은 에스더가 어떻게 왕후가 되었는지 설명하고 있습니다. 에스더가 왕후가 되었을 때 남편인 아하수에로 왕을 죽이려는 음모가 발생합니다. 에스더의 사촌 오빠인 모르드개가 이 사실을 알고 에스더에게 전합니다. 이를 조사한 결과 음모가 사실로 드러나

지만, 모르드개에게 아무런 포상도 하지 않고 궁중 일기에 그 사실만을 기록합니다(에 2:23).

아하수에로 왕에게는 아주 충성스런 신복臣僕이 있었는데, 바로 아각 사람 함므다의 아들 하만입니다. 아각은 사울이 아말렉을 진멸할 때 사로잡은 아말렉의 왕이었습니다(삼상 15:8). 아각은 사울에게 포로로 잡혔지만 사무엘에게 죽임을 당했습니다(삼상 15:33). 하만은 아말렉 족속으로 아각 왕의 후손이었습니다.

아말렉은 출애굽할 때부터 이스라엘과 철천지 원수였습니다(출 17:8-16). 아하수에로 왕의 총애를 받고 있던 하만은 총리가 되는데, 그가 궁궐을 출입할 때 많은 사람이 그의 권위에 머리를 조아리며 경의를 표했습니다. 그러나 단 한 사람, 유다 족속인 모르드개는 하만이 아말렉 족속인 것을 알고 있었기에 그에게 머리를 조아리지도 경의를 표하지도 않았습니다.

대궐 문에 함께 있던 왕의 신하들이 모르드개에게 "너는 어찌하여 왕의 명령을 거역하느냐"(에 3:3)며 하만에게 절하도록 권합니다. 그러나 모르드개는 그들의 말을 따르지 않고 오히려 자신이 유다인임을 밝힙니다. 그러자 동료들이 그 사실을 하만에게 보고합니다. 하만은 노발대발하며 모르드개를 죽일 계획을 세웁니다. 나아가 모르드개만 죽이는 것으로 만족하지 않고 이 기회에 바벨론 통치 하에 있는 모든 유다 백성을 죽이려는 계획을 세웁니다(에 3:6). 하만은 자기 선조인 아각 왕이 사무엘에게 어떻게 죽었는지 잘 알고 있었을 것입니다(삼상 15:33).

하만은 드디어 제비를 뽑아 선택한 날, 즉 열두째 달 십삼일에 유다인을 모두 죽이려고 합니다. 그리고 아하수에로 왕의 재가를 얻어 왕이 통치하는 모든 성읍에서 유다인을 진멸하라고 전국 각지에 조서를 보냅니다(에 3:7-15).

이 사실을 알게 된 모르드개는 왕후 에스더에게 사람을 보내 우리 민족이 다 죽게 되었으니 왕에게 이 사실을 알리고 막아 달라고 부탁합니다(4:8). 페르시아의 법은 왕이 부르지 않으면 그 누구도 왕 앞에 나아갈 수 없었습니다. 왕의 부름이 없는데 왕 앞에 나아가는 자는 그가 누구일지라도 왕이 규를 내리지 아니하면 죽게 되어 있습니다(4:11). 이때 왕후 에스더는 30일 이상 왕의 얼굴을 한 번도 본 적이 없었습니다. 에스더는 이 일로 고민에 빠집니다. 모르드개가 에스더에게 다시 사람을 보내 "네가 왕후이면서 너만 살고자 하느냐 만일 이 일을 네가 하지 않으면 다른 사람이 이 일을 할 것이며 너와 네 집은 멸망할 것"이라고 협박합니다(4:14).

에스더는 그 이야기를 듣고 왕 앞으로 나아가기 위해 3일 동안 금식하며 기도하기로 작정합니다. 그리고 유다 사람은 물론 자기 수하에 있는 사람들도 모두 금식하도록 합니다. 그러고 나서 3일 후에 "죽으면 죽으리라"는 각오를 하고(4:16) 가장 아름답게 꾸민 후 왕 앞으로 나아갑니다(5:1). 에스더가 왕궁 뜰을 거닐고 있을 때 왕이 발견하고 안으로 들어오라고 합니다(5:2).

그때 왕은 이미 에스더가 죽을 각오를 하고 왔음을 알고 있었습니다. 왕은 왕후에게 안색이 좋지 않은데 무슨 고민거리가 있느냐고 묻습니다. 그러면서 "나라의 절반이라도 그대에게 주겠노라"(5:3)며 무슨 소원이든 들어 주겠다고 말합니다. 그러나 현명한 에스더는 왕에게 고민을 바로 말하지 않고 오늘 저녁 왕을 위하여 잔치를 베풀 것이니 총리인 하만과 함께 참석해 달라고 부탁합니다(5:4).

왕은 왕후가 베푼 잔치에 하만과 함께 참석합니다. 잔치가 끝날

무렵, 왕이 다시 에스더에게 소원을 말하라고 합니다. 그러나 에스더는 이때에도 소원을 말하지 않고 왕에게 내일도 잔치를 베풀 것이니 하만과 함께 한 번 더 잔치에 와달라고 간곡히 부탁합니다. 그러면 그때 자기의 소원을 말하겠다고 합니다(5:8). 에스더의 요청을 수락한 왕은 집무실로 돌아가고, 하만은 기분 좋게 퇴궐을 합니다.

하만은 퇴궐할 때 모르드개가 자신에게 예를 표하지 않고 서 있는 모습을 보는 순간, 왕후의 초대로 왕과 단 둘이 식사를 하며 즐겼던 즐거움이 모두 사라지고 맙니다(5:9). 집으로 돌아온 하만은 그날 있었던 일을 친구들과 아내에게 자랑하고 다음날 왕후의 잔치에 가기 전에 먼저 모르드개를 죽이기로 결심합니다(5:10-14).

하나님의 대역전 드라마

한편 아하수에로 왕은 에스더가 베푼 잔치에 참석하고 침실에서 잠을 청하는데 잠이 오지 않았습니다. 그래서 신하를 불러 역대일기를 읽도록 합니다. 신하는 역대일기 중 아하수에로 왕을 암살하려던 음모가 있었을 때 모르드개가 고발하였다는 내용을 읽었습니다(6:2). 그때 왕이 "이 일에 대하여 무슨 존귀한 관직을 모르드개에게 베풀었느냐"(6:3)고 묻습니다. 그러자 신하는 모르드개에게 아무 관직도 베풀지 않았다고 대답합니다.

그 사실을 알게 된 왕은 다음날 아침 일찍 "누가 뜰에 있느냐?"며 신하를 부릅니다. 그때 하만이 모르드개를 죽이는 문제에 대하여 왕의 윤허를 받으려고 뜰 앞에 와 있었습니다(6:4). 왕은 하만을 들어오게 한 후 "왕이 존귀하게 하기를 원하는 사람에게 어떻게 하여야 하느냐"고 묻습니다(6:6).

하만은 왕이 존귀하게 할 사람은 이 나라에서 오직 자기밖에 없다고 생각하고 왕에게 다음과 같이 이야기합니다.

왕께서 입으시는 왕복과 왕께서 타시는 말과 머리에 쓰시는 왕관을 가져다가 그 왕복과 말을 왕의 신하 중 가장 존귀한 자의 손에 맡겨서 왕이 존귀하게 하시기를 원하시는 사람에게 옷을 입히고 말을 태워서 성 중 거리로 다니며 그 앞에서 반포하여 이르기를 왕이 존귀하게 하기를 원하시는 사람에게는 이같이 할 것이라 하게 하소서 _ 에 6:8-9

하만의 이야기를 다 들은 왕은 하만에게 다음과 같이 명령합니다.

너는 네 말대로 속히 왕복과 말을 가져다가 대궐 문에 앉은 유다 사람 모르드개에게 행하되 무릇 네가 말한 것에서 조금도 빠짐이 없이 하라! _ 에 6:10

하만은 자기가 아닌 모르드개에게 그대로 행하라는 왕의 명령을 듣고 깜짝 놀랍니다. 하지만 왕의 명령이기에 왕복을 모르드개에게 입히고 말에 태우고 다니며 "왕이 존귀하게 하시기를 원하시는 사람에게는 이같이 할 것이라"고 백성들에게 반포합니다(6:11). 총리인 하만은 자신이 죽이려던 모르드개의 마부가 되어 그렇게 외치고 다닌 것입니다.

이러한 수모를 겪고 집으로 돌아온 하만은 자기가 당한 일을 친구들과 아내에게 말합니다. 그때 왕의 내시들이 하만의 집에 와서 하만을 데리고 에스더가 베푼 두 번째 잔치에 참석하게 합니다(6:14). 잔치가 한참 무르익었을 때 왕이 다시 에스더에게 묻습니다.

왕후 에스더여 그대의 고민이 무엇이뇨? 나라의 절반이라도 나누어서 그대에게 주겠노라 _ 에 7:2

이때 왕후 에스더가 왕에게 다음과 같이 아룁니다.

왕이여 내가 만일 왕의 목전에서 은혜를 입었으며 왕이 좋게 여기시면 내 소청대로 내 생명을 내게 주시고 내 요구대로 내 민족을 내게 주소서 나와 내 민족이 팔려서 죽임과 도륙함과 진멸함을 당하게 되었나이다 _ 에 7:3-4

에스더의 이야기를 들은 왕은 깜짝 놀랍니다. 에스더의 요청은 누군가 왕후를 죽이려는 의도가 있으니 도와달라는 것이었기 때문입니다. 그 이야기를 들은 왕은 너무도 어처구니가 없었습니다. 왕후를 죽이려고 하는 것은 모반을 일으키는 일과 같기 때문입니다.

이 말을 들은 아하수에로 왕이 "감히 이런 일을 심중에 품은 자가 누구며 그가 어디 있느냐?"고 묻자, 왕후 에스더는 하만을 가리키며 "대적과 원수는 바로 하만이니이다!"라고 외칩니다(7:5-6). 이 이야기를 들은 왕은 자기가 가장 신임하던 하만이 바로 왕후를 죽이려던 사람이라는 것을 알고 너무 큰 충격을 받아 마음을 진정시키기 위해 잠시 밖으로 나갑니다. 그때 하만이 에스더의 발 앞에 엎드려 살려 달라고 애원합니다. 밖에 나갔다 돌아온 왕이 이 장면을 목격하고 노발대발하며 신하에게 하만을 처리하라고 합니다. 왕이 보기에 하만이 왕후를 겁탈하려는 듯 보였기 때문입니다. 하만은 결국 모르드개를 매달아 죽이려고 준비해 놓았던 장대 꼭대기에 자신이 매달려 죽게 됩니다.

이후 에스더는 모르드개가 자신의 사촌 오빠임을 밝힙니다. 그러자 왕은 모르드개를 하만을 대신해 총리로 세웁니다(8:1-2). 이렇게 해서 모르드개는 이스라엘 역사에서 요셉과 다니엘에 이어 이방 나라에서 세 번째로 총리가 됩니다. 그리고 하만과 함께 유다 백성을 죽이려는 계획에 참여한 사람들은 모르도개에 의해 오히려 아달월 십사일에 모두 죽게 됩니다. 이 사건은 몰살당할 뻔했던 유다 민족을 살리고 오히려 적을 모두 죽게 한, 하나님이 행한 대역전 드라마입니다. 이 날을 기념하여 드리는 절기가 이스라엘의 부림절입니다(9:28).

이와 같이 에스더서는 예루살렘에 돌아오지 않고 페르시아의 왕이 통치하는 성읍들에 남아 있던 유다인에게 발생한, 에스라 6장과 7장 사이에 있었던 역사를 기록하고 있습니다. 그런데 에스라는 에스라서 6장까지는 등장하지 않고 7장에 와서야 등장합니다.

에스라 7장

에스라는 율법학자이자 제사장이었습니다(스 7:12). 에스라의 소명은 하나님의 율법을 가르치는 것이었습니다. 에스라가 이러한 소명을 받은 후 에스라에 의해 2차 포로 귀환이 이루어집니다(8장). 1차 포로 귀환자가 약 5만 명이었다면 2차 포로 귀환은 약 1,500명, 가족까지 합하면 약 3,000명 되었을 것으로 추정됩니다.

에스라가 바벨론에서 예루살렘으로 돌아와 보니 1차 귀환자들이 이방 여인들과 결혼하여 살고 있었습니다(9:1-2). 바벨론에 살고 있는 이스라엘 백성은 아마도 포로 생활 70년 동안 나름대로 그곳에서 자리 잡았을 것입니다. 1차 귀환 당시 약 5만 명의 남자들은 예루살렘에 하나님의 성전을 짓기 위해 돌아왔지만, 많은 아내들은 자녀 교육 문제

등 여러 가지 이유를 들어 돌아오기를 거부하였을 것입니다. 그러다 보니 여자가 부족하여 남자들은 주변에 있는 여인들과 결혼할 수밖에 없었던 것입니다. 또한 예루살렘에 자리 잡고 살던 이방인과 정략결혼을 통해 자신의 입지를 높이려는 마음도 있었을 것입니다. 평범한 백성뿐 아니라 지도자들까지도 이방 여인과 결혼하여 살고 있었습니다.

그런 모습을 본 에스라는 몹시 속이 상했습니다. 모세는 신명기에서 너희는 "그들과 혼인하지도 말지니 네 딸을 그들의 아들에게 주지 말 것이요 그들의 딸도 네 며느리로 삼지 말 것"(신 7:3)을 신신당부하였는데, 이들은 하나님의 말씀을 또 거역한 것입니다.

성경과 율법에 능통한 에스라였기에 이 같은 행위는 결코 용납할 수 없는 죄였습니다. 에스라는 속옷과 겉옷을 찢고 머리털과 수염을 뜯으며 고민하지 않을 수 없었습니다(스 9:3). 이렇게 고민하며 기도하고 있을 때 지도자 몇 명이 와서 당신이 우리 지도자이니 당신이 결정하는 대로 우리가 따르겠노라 말합니다. 그 말을 들은 에스라는 모든 이방 아내와 아이들을 친정으로 쫓아 보내도록 하며 정화 작업을 합니다(10:1-4). 이방 여인을 아내로 맞은 사람들의 명단은 에스라 10장 18절부터 기록되어 있습니다.

이때 많은 이방 여인들이 하루아침에 친정으로 쫓겨났는데, 그들의 친정 식구나 같은 종족이 가만히 보고만 있을 수 없었을 것입니다. 무언가 원수를 갚고자 하는 마음이 생기지 않았을까요? 그러나 성경에는 어떠한 보복이 있었다는 이야기는 없습니다. 다만 이들에게 어떠한 보복을 했는지 희미하게 엿볼 수 있는 근거를 느헤미야에서 발견할 수 있습니다.

느헤미야

에스라가 이방 여인들을 친정으로 돌려보낸 뒤 13년이 지났을 때 느헤미야의 형제 중 한 명인 하나니가 예루살렘에 기거하다 느헤미야가 살고 있는 수산성을 방문합니다. 느헤미야는 그의 형제 하나니에게 자기 민족이 예루살렘에서 잘 지내고 있는지 묻습니다. 느헤미야의 질문에 하나니는 예루살렘에 "남아 있는 자들이 그 지방 거리에서 큰 환란을 당하고 능욕을 받으며 예루살렘 성은 허물어지고 성문들은 불탔다"(느 1:3)고 보고합니다. 이때 예루살렘에 살고 있는 사람들이 누구로부터 큰 환란과 능욕을 당하고 있었을까요?

당시는 페르시아 제국이 통치하고 있던 시절이기에 외침外侵은 없었을 것입니다. 예루살렘을 침략하고 큰 환란과 능욕을 가한 사람들은 아마도 에스라가 쫓아 보냈던 이방 여인들의 친인척과 그들의 민족이었을 것입니다. 1차 귀환자들에 의해 성전은 건축되었지만 예루살렘 성과 성문은 바벨론에 의해 무너져 있는 그대로였습니다. 예루살렘 성과 그 성문을 고치지 못하고 있었기에 주변 민족들의 공격에 예루살렘에 살고 있는 유대인들은 속수무책으로 당했을 것입니다.

이 이야기를 들은 느헤미야는 만약 불타고 무너진 성과 성문이 보수되었더라면 이방 민족으로부터 이렇게 큰 환란과 능욕을 받지 않을 수도 있을 것이라고 생각하여 금식하며 하나님께 기도하기 시작합니다. 그때 아닥사스다 왕이 느헤미야의 고민을 듣고 그를 유다 총독으로 임명합니다. 총독이 된 느헤미야는 왕으로부터 예루살렘으로 가서 성벽을 재건하도록 허락을 받습니다.

당시 느헤미야는 왕의 술 관원이었습니다(1:11). 술 관원이란 왕이 술을 마시기 전에 독이 들었는지 먼저 시음을 하는 관직으로, 경호실장 같은 역할을 했습니다. 또한 저녁에 왕과 함께 술을 마시며 술친구도 하고 나랏일을 함께 의논도 하는 비서실장 같은 역할을 하는 매우 중요한 관직이었습니다. 느헤미야는 이러한 중책에 미련을 갖지 않고 세상의 모든 권력을 내려놓고 자신의 백성들을 위해 예루살렘 성과 성문을 보수하기 위해 떠납니다. 자신의 민족인 이스라엘 백성이 안전하게 살아갈 수 있도록 하기 위해서였습니다.

느헤미야는 예루살렘에 도착한 지 불과 52일 만에 무너진 성벽을 재건하는 놀라운 리더십을 발휘합니다(3:1-6:15). 그의 영적 리더십은 리더십을 연구하는 학자들이 빠지지 않고 연구하는 것으로 알려져 있습니다. 성벽을 재건할 때 주변의 이방인들의 방해 공작이 많았지만 느헤미야는 모든 일을 지혜롭게 처리합니다(4장). 예루살렘 성벽 재건은 성벽을 무너뜨리고 다시 세운 것이 아니라 무너진 곳을 수리하는 형식이었습니다. 느헤미야는 이스라엘의 각 자손들에게 구역을 정해 주었고, 모든 자손은 맡겨진 구역을 동시에 작업하여 52일 만에 성벽을 재건한 것입니다(6:15).

성벽을 재건한 후 일곱째 달에 느헤미야는 에스라에게 백성들에게 성경을 읽어 주라고 말합니다(8:1-3). 성경에는 성경을 읽는 장면이 네 번 나옵니다. 첫 번째는 모세가 모압에서 출애굽 2세대에게 레위기를 설명한 것이고(신명기), 두 번째는 여호수아가 그리심 산에서 하나님의 말씀을 선포한 것이며, 세 번째는 요시야 때이고, 마지막으로 에스라 때입니다. 성경을 7년마다 한 번씩 읽으라고 말씀(신 31:10)하는데, 성경에는 약 900년 동안 성경을 낭독하는 장면이 네 번밖에 나오지 않습니다. 그렇기 때문에 이스라엘 백성이 하나님 말씀에 무지했을 것입니다. 성경 말씀을 모르기 때문에 하나님의 말씀에 순종하며 살아갈 수 없었을 것입니다.

에스라가 성경을 낭독할 때 백성들은 그것이 무슨 의미인지도 잘 몰랐던 것 같습니다. 그러나 에스라 곁에 있던 제사장들이 그 뜻을 풀어 주자, 하나님의 말씀을 깨달은 백성들은 통곡하며 회개를 합니다(8:4-12). 그리고 초막절을 지키라는 말씀을 발견하고 초막절도 지킵니다. 초막절은 7월 15일부터 7일 동안 초막을 짓고 그곳에 살면서 하나님께서 이스라엘을 애굽에서 어떻게 인도해 주셨는지 다시 한 번 기억하며 하나님께 감사하는 시간을 가지는 절기입니다. 이들은 7일 동안 초막절을 지키며 매일 하나님의 말씀을 선포합니다(8:13-18).

세월이 흘러 느헤미야도 죽고 에스라도 죽게 됩니다. 그들이 죽은 후 이스라엘 백성은 또 하나님께 불순종하며 죄를 짓기 시작합니다. 이들의 죄로 인하여 이스라엘 백성들의 삶은 어려움의 연속이었습니다. 이럴 때 한 예언자가 나타나는데, 그가 바로 말라기입니다.

말라기

말라기는 '여호와의 사자'라는 뜻을 가진 구약의 마지막 예언자입니다. 필자는 말라기의 주제를 '하나님의 사랑'이라 정의합니다. 이스라엘은 시내산에서 모세의 율법을 받았지만(BC 1446), 율법을 지키지 않고 불순종하다가 바벨론에 멸망하였습니다(BC 586). 많은 사람이 바벨론으로 끌려가 그곳에서 포로 생활을 하다가 하나님의 은혜로 바사(페르시아) 왕 고레스의 칙령(BC 539년경)에 따라 예루살렘으로 돌아옵니다. 하나님은 바벨론에서 돌아온 이스라엘 백성을 위해 수룹바벨, 여호수아, 에스라, 느헤미야 등을 통해 성전과 성벽을 재건하게 하고 하나님의 백성이 계명과 율례와 규례를 지키며 살아가기를 원했지만,

백성들은 틈만 있으면 죄를 지었습니다.

이들은 느헤미야와 에스라가 죽자 더욱 죄에 빠져 살기 시작합니다. 그럼에도 하나님은 그들을 사랑하셨습니다. 이스라엘 백성이 바벨론에서 예루살렘으로 돌아올 때에는 부흥에 대한 큰 기대를 가지고 왔을 것입니다. 그렇지만 그들의 현실은 너무 고달팠습니다. 온갖 핍박과 능욕을 받았기에 그들은 '하나님이 정말 계신가? 진정 하나님이 계시다면 어떻게 이러한 어려움을 받게 할까? 하나님이 정말로 우리들을 사랑하고 계신 걸까? 하나님께서 맺으신 언약은 지금도 유효한 것일까?'라는 등 하나님에 대한 의심이 생겼을 것입니다. 하나님께서는 이러한 그들의 생각을 아시고 말라기를 통하여 백성과 사랑에 관한 논쟁을 합니다.

말라기는 "여호와께서 말라기를 통하여 이스라엘에게 말씀하신 경고라"(말 1:1) 하며 시작합니다. 경고에는 하나님이 이스라엘을 사랑한다는 뜻이 숨겨져 있습니다. 자녀들에게 경고하는 것은 사랑하기 때문입니다. 경고는 사랑하는 자를 죽이거나 심판하기 위해서가 아니라 사랑하는 자를 살리기 위한 것입니다.

말라기는 "내가(하나님) 너희를 사랑하였노라"(1:2)고 선포합니다. 그러나 백성들은 현실이 너무나 힘들고 어려움의 연속이기에 "주께서 어떻게 우리를 사랑하셨나이까"(1:2) 하며 하나님의 사랑을 부정합니다. 이스라엘 백성은 예루살렘에 돌아와서 성전을 건설하고 그곳에서 예배를 드리면 모든 일에 형통의 복을 받을 줄 알았습니다. 그러나 이방인보다도 못한 삶을 살게 되자, 하나님은 존재하지도 않고 자신들을 사랑하지도 않는다고 생각한 것입니다. 하나님의 사랑을 부정하는 백성들의 외침에 대하여 하나님께서는 그들과 다섯 번에 걸쳐 논쟁을 합니다.

백성들의 주장은 자신들의 삶이 이렇게 힘든 것을 보니 하나님이 우리를 사랑하지 않는 것 같다는 것이었고, 하나님의 주장은 너희가 힘든 것은 너희 죄 때문이지 내가 너희를 사랑하지 않아서가 아니라는 것입니다. 그러면서 그들이 어떠한 죄를 짓고 있는지 하나하나 지적합니다. 먼저 제사장들이 지은 죄(1:6-2:9)를 시작으로, 거짓과 가증한 일을 행하는 죄(2:10-16), 하나님의 공의에 대한 논쟁(2:17-3:5), 하나님의 것(십일조)을 도둑질한 죄(3:6-12), 완악한 말로 하나님을 대적하는 죄(3:13-4:3)를 말합니다.

이렇게 백성과 제사장들의 죄를 지적함으로써 하나님께서 사랑하지 않는 것이 아니라 백성들이 하나님의 말씀을 거스르고 악을 행하였기 때문에 벌을 받는 것이라고 설명하는 것입니다. 이것은 우리의 자녀가 잘못하였을 때 그들의 잘못을 바로잡기 위하여 벌을 내리는 것과 같습니다. 하나님은 우리를 사랑하기 때문에 바른 길로 가게 하기 위하여 벌을 내리고 채찍을 치는 것입니다.

말라기의 결론은 "모세가 명령한 법 곧 율례와 법도를 지키라"(4:4)는 것입니다. 그렇다면 율례와 법도를 지킨다는 것은 무엇일까요? 하나님이 주신 십계명은 바로 하나님을 사랑하고 네 이웃을 사랑하라는 것입니다. 레위기와 신명기의 내용도 요약하면 하나님을 사랑하고 네 이웃을 사랑하라는 것입니다. 예수님도 하나님을 사랑하고 네 이웃을 네 자신같이 사랑하라 하셨습니다(마 12:29-31). 우리는 이 말씀을 지켜야 합니다. 이것이 율례와 법도를 지키는 것입니다. 말라기는 "보라 여호와의 크고 두려운 날이 이르기 전에 내가 예언자 엘리야를 너희에게 보내리니 그가 아버지의 마음을 자녀에게로 돌이키게 하고 자녀들의 마음을 그들의 아버지에게로 돌이키게 하리라"(말 4:5-6) 하였는데, 예수님은 오리라 한 엘리야가 바로 세례요한이라고 하셨습니다(마 11:14).

세례요한이 "회개하라 천국이 가까이 왔느니라"(마 4:17)고 선포할 때 많은 백성이 세례를 받으며 회개합니다. 요한의 회개 선포는 백성들의 마음을 아버지께로 돌아오게 하였고, 예수님이 세례를 받을 때 "이는 내 사랑하는 아들이요 내 기뻐하는 자라"(마 3:17) 하시며 아버지의 마음을 아들에게 돌이키게 합니다.

말라기는 구약의 결론

말라기는 구약의 결론 같은 책입니다. 하나님의 궁극적인 목적은 멸망이 아니라 구원입니다. 말라기를 통하여 우리는 하나님의 사랑을 배울 수 있습니다. 하나님께로 돌아오기를 끝까지 기다리는 하나님의 사랑이 여기 담겨 있습니다. 하나님께서는 우리를 사랑하시며, 지금도 우리가 하나님께 돌아오기만을 기다리고 계십니다.

구약의 전체적인 흐름은 하나님을 떠나 죄를 짓고 살아가고 있는 하나님의 자녀들에게 하나님께서 '내가 너희를 사랑한다'고 하시며 하나님의 백성이 '하나님께 돌아오도록' 하나님이 하실 수 있는 모든 일을 다 하신 것을 보여줍니다. 그러나 백성들은 하나님의 사랑을 알지도 깨닫지도 못하고 자신들에게 발생하는 작은 일에도 하나님을 원망하며 '주께서 어떻게 우리를 사랑하셨느냐'고 항의합니다.

하나님은 우리들을 사랑하십니다. 그 사랑 안에는 모든 것이 있습니다. 사랑의 근원은 바로 하나님이십니다. 하나님은 사랑이시기 때문입니다. 우리들은 하나님의 모양과 형상대로 창조되었습니다. 그렇기에 우리에게도 하나님의 사랑이 모두 있습니다. 그 사랑은 아버지로서 자식을 사랑하는 성부의 사랑이요, 예수님께서 친구로 삼아 주시는 성자의 사랑이요, 어머니께서 우리를 사랑하시는 모정 같은 성령의 사랑입니다. 구약에서는 이렇게 말씀으로만 사랑한다고 했을 때 하나님의 백성이 그 사랑을 알지도 깨닫지도 못하고 '주께서 어떻게 우리를 사랑하셨나이까!' 하며 하나님께 따졌던 것입니다. 이 일로 하나님의 마음은 너무 많이 아프셨습니다. 그러기에 말라기 이후 약 400~450년 동안 아무 말씀도 하지 않고 침묵하신 것입니다.

이처럼 말라기 이후 구약과 신약 사이에는 400~450년의 공백이 있습니다. 이 기간을 신구약 중간사라고 부릅니다. 이 기간에는 하나님께서 말씀도 하지 않고, 예언자도 보내지 않고 침묵하신 것을 볼 수 있습니다.

그렇다면 하나님께서 이 기간에 아무것도 하지 않으셨을까요? 아닙니다! 하나님의 역사는 절대로 한 순간도 단절될 수 없습니다. 그렇다면 이 기간에 하나님은 무엇을 하셨을까요? 하나님은 이 기간에 하나님의 사랑을 친히 보여주시기 위한 준비를 하고 있었습니다.

하나님께서 보여주시려는 사랑은 바로 친히 육신이 되어 이 땅에 오셔서 사랑하는 자들을 살리기 위해 십자가에서 대신 죽으시는 것이었습니다. 바로 십자가의 사랑입니다. 구약에서는 보이지 않던 하나님이 눈으로 보이는 하나님으로 우리에게 오셔서 십자가에서 죽으심으로써 친히 사랑의 본을 보여주신 분이 바로 예수님입니다. 어떤 왕이나 대통령이 어떤 나라나 지역을 방문하기 위해서는 경호원들이 먼저 가서 왕이나 대통령이 안전하게 방문할 수 있도록 준비를 합니다.

이와 같이 만왕의 왕이신 예수님께서 이 땅에 오시기 위해서는 준비해야 할 것이 많이 있었습니다. 필자는 성경을 연구하는 학자로서 신구약 중간사를 통해 이 기간에 하나님이 무엇을 준비하셨는지 다음 장에서 간략히 살펴보도록 하겠습니다.

6장

신구약
중간사

신구약 중간사, 또는 중세사란 신약과 구약 사이의 400~450년 정도의 기간에 있었던 역사를 말합니다. 당시에는 피타고라스와 아리스토텔레스 등 많은 철학자가 활동하였으며, 『일리아드』, 『오딧세이』, 『이솝우화』 등 많은 문학 작품이 나왔습니다. 이렇게 중세사 시기에는 철학과 문학이 발전하던 시대였지만, 성경에는 하나님의 말씀도 어떠한 예언자의 외침도 없이 침묵하고 있습니다. 그러나 하나님께서는 무언가 끊임없이 일을 하고 계셨습니다.

이번 장에서는 중세사 시대에 하나님께서 어떠한 일을 하고 계셨는지 하나님 나라의 관점에서 신구약 중간사를 살펴보려고 합니다.

제국 시대

신구약 중간사는 기원전 5~6세기의 고대 근동 지역의 현황을 살펴보는 것으로 시작합니다. 당시 근동 지역에는 리디아, 메대, 바벨론, 이집트 그리고 메대의 속국이었던 아주 작은 나라 페르시아가 있었습니다. 메대는 아스티아게스 왕이 통치하고 있었고, 메대의 속국이었던 페르시아는 캄비세스가 통치하고 있었습니다.

메대 왕 아스티아게스는 잔인한 독재자였는데, 그에게는 만다네라는 공주가 있었습니다. 어느 날 왕은 꿈에 딸 만다네가 어마어마한 양의 오줌을 누어 메대와 온 아시아가 잠기는 꿈을 꿉니다. 잠에서 깬 왕은 꿈이 하도 이상해서 자문관인 마고스에게 해몽하도록 합니다. 마고스는 왕이 꾼 꿈은 공주가 낳을 아이가 메대와 온 아시아를 통치하게 되는 꿈이라 해몽해 줍니다.

BC 6세기 근동 지역

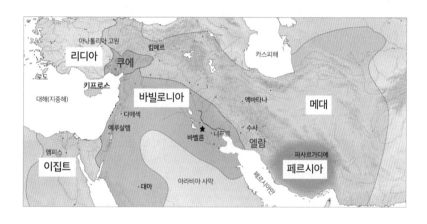

아스티아게스는 왕자가 아닌 공주의 몸에서 태어난 아이가 왕이 되어 메대와 아시아를 다스리는 것을 원치 않았습니다. 공주에게서 태어난 아이는 자기의 혈통이 아닌 사돈의 혈통이기 때문입니다. 그래서 공주로부터 메대를 다스릴 왕이 태어나는 것을 막기 위해 만다네를 페르시아를 통치하고 있는 캄비세스에게 시집을 보냅니다. 캄비세스는 메대 속국의 시골 같은 작은 지역의 군주였기에 그로부터는 메대와 온 아시아를 통치할 인물이 태어나지 않을 것이라 생각했기 때문입니다.

만다네를 시집 보낸 얼마 뒤, 왕은 딸의 생식기에서 포도나무가 한 그루 자라더니 온 아시아를 뒤덮는 꿈을 꾸게 됩니다. 왕은 마고스를 다시 불러 두 번째 꿈을 해몽하도록 합니다. 마고스는 '만다네가 이미 세상을 통치할 아이를 임신한 것'이라고 해몽합니다. 그 소식을 들은 왕은 만다네에게 신하를 보내 메대로 돌아와 왕궁에서 아이를 낳도록 권합니다. 아이가 태어나면 죽이기 위해서였습니다. 이러한 사실을 모르는 만다네 공주는 아버지의 권유에 따라 친정인 메대의 왕궁으로 와 아기를 낳습니다. 공주가 아기를 낳자, 왕은 자신이 가장 믿는 하르파고스 총리에게 그 아이를 주며 아무도 모르게 죽이라고 명령한 후 딸에게는 아이가 태어나자마자 죽었다고 말합니다.

하르파고스 총리는 아주 지혜로운 사람이었습니다. 그는 왕에게 아이를 죽이라는 명령을 받았지만 차마 자기 손으로 죽일 수 없었습니다. 그 아이를 죽이면 자신에게 어떠한 일이 벌어질지 누구보다도 잘 알고 있었기 때문입니다. 고민하던 하르파고스 총리는 며칠 후 왕의 소를 치는 하인을 불러 공주가 낳은 아이를 주며 그 아이를 죽이라는 왕의 명령을 전하고 결과를 보고하도록 합니다.

하인은 총리의 명령을 받고 집으로 돌아오며 너무나 두려웠습니다. 왕의 소를 치는 하인이 어떻게 공주의 아이를 죽일 수 있겠습니까? 하인이 집으로 돌아오자 아내가 맞이합니다. 아내는 남편의 얼굴에 수심이 가득한 것을 보고 그 이유를 묻습니다. 그러자 하인은 아내에게 이제까지 있었던 일을 이야기합니다.

사실 남편이 하르파고스 총리의 부름을 받고 갔을 때 그녀는 임신 말기였습니다. 그러나 남편이 없는 사이 아기를 낳았는데 태어나자마자 죽어 슬픔에 잠겨 있었습니다. 아내는 남편에게 그 사실을 이야기하고 죽은 자기 아이와 공주가 낳은 아이를 바꾸자고 설득합니다. 그러면 죽은 아이는 왕자로서 장례를 성대하게 치를 수 있고, 공주의 아이는 죽지 않고 자신들의 아이로 양육할 수 있으니 이보다 좋은 일이 어디 있느냐는 것입니다. 이렇게 해서 공주의 아들은 구사일생으로 살아나 하인의 아들로 자랍니다.

아이가 열 살쯤 되었을 때 동네에서 전쟁놀이를 하게 되었습니다. 그런데 동네 아이들이 이 아이를 왕으로 뽑았습니다. 그중에는 메대 장관의 아들도 있었습니다. 아이가 왕이 되어 놀 때면 동네의 다른 아이들은 왕의 말을 잘 듣고 순종하였지만, 메대 장관의 아들은 듣지 않았습니다. 하인의 아들이 왕이 되어 자신에게 명령하는 것에 자존심이 상한 것입니다. 그러자 왕으로 뽑힌 아이는 자신의 말을 듣지 않는 장관의 아들을 다른 아이들이 보는 앞에서 혹독하게 책망하며 수모를 주었습니다. 심지어 매로 다스리기까지 했습니다. 장관의 아들은 너무나 속상해서 아버지에게 자신이 당한 일을 모조리 말합니다. 그 이야기를 들은 메대 장관은 화가 나서 견딜 수가 없었습니다. 그렇다고 하인의 아들을 꾸짖을 수는 없었습니다. 그 아이는 왕에게 속한 자였기 때문입니다.

그러나 자신의 아들이 계속해서 하인의 아들에게 수모를 당하자, 하루는 왕을 찾아가 모든 사실을 아뢰며 그 아이에게 엄한 벌을 주도록 청원합니다. 장관을 총애하고 있던 왕은 그 아이를 엄히 꾸짖기 위해 당장 궁궐로 데려오라고 명령합니다. 아이가 궁궐에 도착하자 왕은 "어찌하여 네가 감히 내 장관의 아들을 때리고 엄하게 벌을 내렸느냐"고 꾸짖습니다. 왕의 책망에도 아이는 조금도 두려워하지 않고 왕에게 이렇게 대답합니다.

왕이시여, 아이들이 노는 이 일에 대하여는 왕께서 저에게 가타부타 말씀하실 일이 아니라고 생각합니다. 내가 이 아이를 혼내고 벌을 내린 것은 동네에서 아이들이 내가 왕이 되는 것을 합당하게 여겨 내가 왕이 되어 다스리는데 모든 아이들은 왕인 나의 말을 듣는데 오직 저 아이는 내 말을 듣지 않아 내가 왕으로서 엄히 그를 다스린 것입니다. 이 일 때문에 제가 벌을 받아야 한다면 도망치지도 숨지도 않고 달게 받겠습니다.

아이의 답변에 왕은 깜짝 놀랍니다. 그리고 아이를 자세히 보니 손짓, 몸짓, 말투 등이 자기와 너무나 똑같은 것을 알게 됩니다. 그래서 소 치는 하인을 불러 이 아이에 대하여 이실직고하도록 합니다. 하인은 처음에는 부정하였으나 왕의 계속되는 심문에 지금까지 있었던 모든 일을 사실대로 고합니다.

그 이야기를 듣고 왕은 하르파고스 총리를 부릅니다. 하르파고스가 궁궐에 들어서자 왕이 그때 일을 묻습니다. 총리는 소 치는 하인이 옆에 있는 것을 보고 사실대로 말합니다. 총리는 공주가 낳은 아이가 죽은 증거를 하인이 가져와 장례까지 성대히 치러 주었기에 공주의 아이가 살아 있을 것이라고는 꿈에도 생각지 못하고 있었습니다.

왕은 그 이야기를 듣고 오히려 하르파고스 총리에게 잘했다고 칭찬합니다. 그리고 죽은 줄 알았던 외손주가 살아났으니 이를 기념하기 위해 저녁에 잔치를 베풀 테니 총리도 아들과 함께 잔치에 참여하라고 합니다. 총리에게는 열세 살쯤 된 아들이 있었습니다. 왕은 총리에게 그의 아들을 궁으로 미리 보내 자신의 외손자와 함께 시간을 보내라고 합니다. 집으로 돌아온 하르파고스 총리는 모든 일이 순조롭게 마무리되었음을 감사하며 아들을 궁궐로 먼저 보내고 자신도 시간이 되어 왕이 베푸는 잔치에 갑니다.

막상 잔치에 참석해 보니 그 잔치는 오직 왕과 자기만을 위한 것이었습니다. 왕 앞에는 삶은 고기가 수북이 놓여 있었고, 자기 상 앞에도 맛있는 요리가 뚜껑이 덮인 채 있었습니다. 왕의 제안에 따라 뚜껑으로 덮여 있던 음식을 잘 먹고 난 후, 왕은 하르파고스를 위해 또 다른 음식을 가져오도록 합니다. 총리는 두 번째 가져온 요리의 뚜껑을 열고는 깜짝 놀랍니다. 그곳에 자기 아들의 머리와 손이 들어 있는 것이었습니다. 그러나 하르파고스는 지혜로운 총리였습니다. 이때 왕에게 자신의 분노를 표출했다면 아마 그 자리에서 죽었을 것입니다. 총리는 자신의 아들이 죽어 자신의 상에 올라왔지만 자신의 감정을 숨기고 왕에게 왕의 뜻은 무엇이든 받아들이겠다고 충성을 맹세합니다.

하르파고스가 집으로 돌아간 뒤, 왕은 마고스들을 불러 이 아이를 어떻게 하면 좋을지 의견을 말하도록 합니다. 그때 마고스들은 "이 아이는 이미 왕이 한 번 되었기에 두 번은 왕이 될 수 없을 것이다"라고 말합니다. 그 이야기를 들은 왕은 외손자를 죽이지 않습니다.

아이는 하나님의 계획 가운데 기적적으로 친부모에게 돌아가게 됩니다. 자신이 하인의 아들이 아니라 페르시아의 군주와 메대의 공주 사이에 태어난 아들임을 알게 된 것입니다. 그리고 20세가 되었을 때 아버지의 뒤를 이어 페르시아의 왕이 됩니다. 이 아이가 바로 구약 성경 역대하, 에스라, 이사야, 다니엘에 나오는 페르시아 제국의 왕 '고레스'입니다(대하 36:22-23, 스 1:1-2). 이스라엘 백성을 바벨론에서 예루살렘으로 돌아오게 하고 성전을 재건하도록 조서를 내린 왕입니다.

메대의 속국이었던 페르시아는 고레스가 통치하면서 메대의 총리였던 하르파고스의 도움을 받아 자기 외할아버지의 나라인 메대를 시작으로 리디아, 바벨론을 점령하여 페르시아 제국이 됩니다. 고레스가 죽은 후 그의 아들 캄비세스 2세는 이집트까지 점령하며 맹위를 떨칩니다.

최전성기 페르시아 제국

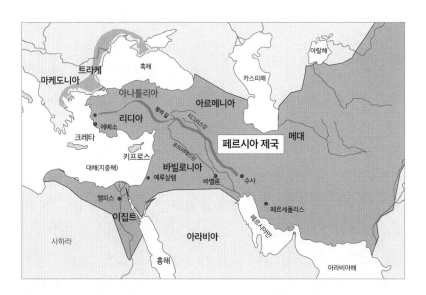

비록 고레스(BC 559~530)가 통일 왕국을 이루고 그의 아들 시대에는 이집트까지 점령하지만, 페르시아 제국은 불과 200년 만에 마게도냐 왕이었던 알렉산더 대왕(BC 356~323)에게 멸망하여 헬라 제국이 시작됩니다.

헬라 제국

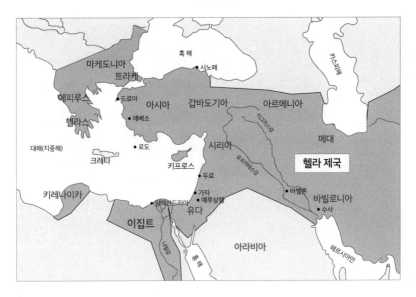

헬라 제국은 알렉산더 대왕이 죽자 후계자들에 의해 나라가 넷으로 나뉩니다. 그러던 중 이들 사이에 정권 다툼이 일어나 이집트를 중심으로 남쪽을 통치하던 프톨레미 왕조와 북쪽 지역을 통치하던 셀류코스 왕조가 150여 년 동안 전쟁을 치르게 됩니다(단 11장 참조).

이렇게 남방 왕과 북방 왕이 전쟁을 치르고 있을 때 기원전 200년 경부터 서방에서 한 나라가 성장하기 시작하는데, 그 나라가 바로 로마입니다. 로마가 지중해를 중심으로 하여 주변 나라들을 통일하여 대로마 제국이 탄생하게 됩니다. 로마 제국은 페르시아 제국이나 헬라 제국이 다스리던 그리스와 고대 근동 지역뿐 아니라 스페인을 포함한 유럽 지역과 애굽을 포함한 북아프리카 지역을 통치한 대제국이었습니다.

로마 제국

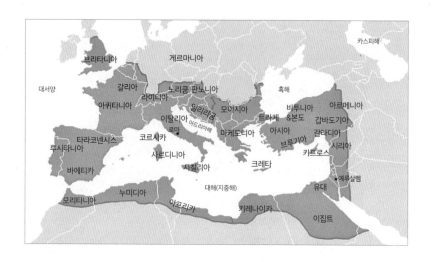

말씀이 육신이 되어 우리 가운데 거하신 하나님의 아들 예수 그리스도가 태어날 때 유다는 로마 제국의 속국이었고, 근동 아시아와 북 아프리카 그리고 유럽의 많은 지역이 로마 제국의 통치를 받고 있었습니다. 필자는 성경을 연구하고 가르치는 학자이기에 세계사를 바라볼 때도 하나님 나라의 관점에서 바라봅니다. 이러한 제국 시대에 하나님의 나라를 위해 무엇인가 계획하고 준비하신 일이 있습니다. 다름 아닌 하나님의 사랑을 우리에게 보여주시는 것입니다. 그러기 위해서는 하나님께서 친히 우리와 똑같은 육신이 되어 이 땅에 오셔야만 했습니다.

그러나 그전에 준비해야 할 것들이 있었습니다. 과연 신구약 중간사, 즉 중세사 시대에 무엇을 준비하고 계셨는지 살펴보기로 합니다. 하나님은 중세사의 제국 시대를 거치면서 과연 무엇을 준비하고 계셨을까요?

제국 시대에 준비한 일

　중세 시대의 제국 탄생은 예수님이 이 땅에 오시는 것과 아주 밀접한 관계가 있습니다. 예수님이 성육신하여 우리 가운데 거하시기 위해 철저히 준비한 기간이기 때문입니다. 이때 여러 군소 강대국이 통치하던 시대에서 한 제국이 통치하는 시대로 바뀌었습니다. 이렇게 여러 나라가 통일됨에 따라 예수님과 그의 제자들이 복음을 전하는 데 매우 중요한 인프라가 준비됩니다.

　첫째, 한 나라가 다스리는 제국을 만들었습니다. 이미 중세사를 통해 살펴본 대로 이 기간에 많은 중소 나라들이 통일되어 제국이 되었기에 여행할 때 여권이나 비자가 따로 필요없었습니다. 한 나라가 되었기에 여행이 자유로워진 것입니다. 예수님은 이 땅에 오셔서 3년간 사역을 하고 십자가에 죽으셨으며 3일 만에 부활합니다. 그리고 약 40일 동안 제자들에게 보이시고 지상에 머물다가 승천합니다(행 1:9). 예수님의 제자들은 산 증인으로서 예수님이 행하신 모든 사역과 구원에 관한 복음을 땅끝까지 전해야 했습니다. 이때 많은 군소 국가가 각 나라를 통치하고 있었다면 그 나라들을 여행할 때마다 비자를 받느라 많은 시간을 기다리고 소비해야 했기에 그렇게 빠른 시간 동안 복음을 로마에까지 전하지 못했을 것입니다.

　효과적인 선교를 위해서는 예수님께 복음을 직접 들은 제자들과 사도들이 복음을 직접 전해야 했습니다. 만일 제국이 아니었다면 여행할 때마다 비자를 받아야 했기에 당시 땅끝이라 생각한 로마에까지 복음을 전하려면 많은 어려움이 있었을 것입니다. 그러나 하나님께서는 이 모든 일을 아시고 여러 군소 국가를 한 나라로 통일시켜 제국을 탄생시킴으로써 예수님과 제자들이 복음을 전하는 데 아무 어려움이 없도록 미리 준비하신 것입니다.

둘째, 언어를 통일했습니다. 선교사들이 선교를 하러 가기 위해 넘어야 하는 가장 힘든 관문 중 하나가 언어입니다. 특히 필자와 같이 언어에 은사가 없는 이공계 출신이 새로운 언어를 배우는 것은 매우 힘든 일입니다. 하나님께서는 이러한 문제를 해결하기 위해 헬라 제국 시대에 언어를 헬라어로 통일시킵니다. 헬라 제국의 알렉산더 대왕은 자신이 정복한 모든 나라에서 정치와 문화를 통일시키려 했습니다. 그가 정치는 통일시키지 못했지만 세계 언어를 헬라어로 통일시켜서 예수님의 제자들이 복음을 전할 때 언어를 새로 배우지 않아도 되게 언어 장벽을 제거해 준 것입니다.

셋째, 문명화된 도시가 준비되었습니다. 에스더의 남편 아하수에로 왕은 127개의 성읍을 통치했습니다(에 1:1). 이 성읍들은 자그마한 고을이 아니고 큰 성읍이었습니다. 이렇게 큰 성읍이 생기고 헬레니즘이 발달하면서 도시에서는 많은 운동 경기가 벌어집니다. 경기에 참석하기 위해 많은 시골 청년이 도시로 오면서 도시에 많은 사람이 밀집해 살게 됩니다.

물고기를 잡기 위해서는 물고기가 많은 곳에 가서 낚시를 해야 합니다. 마찬가지로 복음을 효과적으로 전하기 위해서는 많은 사람이 살고 있는 곳에서 복음을 전해야 합니다. 바울도 사람들이 많이 살고 있는 곳으로 가서 복음을 전하였기에 더 효과적으로 전할 수 있었습니다. 이와 같이 하나님께서는 복음을 많은 사람에게 신속하게 전할 수 있도록 문명화된 대도시를 준비한 것입니다.

넷째, 많은 도로를 건설하게 하였습니다. 제국을 통치하기 위해서는 도시와 도시를 잇는 도로가 건설되어야 했습니다. 이때 건설된 도로가 지금도 곳곳에 남아 있습니다. 로마 시대에 포장된 도로가 5만 마일(약 8만km)이고, 비포장 도로가 25만 마일(약 40만km)이었습니다. 제국을 효과적으로 통치하기 위해 정복한 각 성읍과 도시에 도로가 연결되지 않은 곳이 없었습니다. 그래서 "모든 길은 로마로 통한다"는 말이 생긴 것입니다. 사도들은 바로 그 길을 따라 자유롭게 복음을 전할 수 있었습니다. 베드로도 바울도, 그리고 흩어진 모든 제자가 그 길을 따라 다니면서 복음을 전한 것입니다.

다섯째, 대로마 제국이 통치하면서 치안이 확보됩니다. 그리하여 사도들은 안전하게 돌아다니며 복음을 전할 수 있었습니다. 만약 당시 제국이 탄생하지 않고 군소 나라들이 할거하고 있었다면, 들끓는 강도와 도적들 때문에 사도들은 여행 중에 목숨을 잃을 수도 있었을 것입니다. 그렇다고 이때 강도와 도적이 전혀 없었다는 것은 아닙니다. 지금도 아무리 치안이 좋아도 강도와 도적이 있듯이, 그때도 강도와 도적들이 있었습니다. 바울이 복음을 전하다 강도 떼를 만난 적도 자주 있습니다. 하지만 로마 제국의 통치 하에 있었기 때문에 큰 탈 없이 아시아와 그리스, 그리고 로마에까지 복음을 전할 수 있었을 것입니다. 이렇게 하나님께서는 복음 전파를 위한 준비를 철저히 해놓았습니다.

여섯째, 디아스포라 유대인들이 회당을 준비합니다. 이스라엘은 주변 국가들로부터 여러 차례 침입을 당합니다. 특히 앗수르와 바벨론이 침입했을 때는 많은 사람이 다른 나라나 지방으로 이주합니다. 바벨론에 멸망당한 후 포로로 잡혀간 사람들은 바벨론과 그들의 통치 하에 있는 성읍들에 흩어져 살았습니다. 뿐만 아니라 바벨론에서의 포로 생활을 끝내고 예루살렘으로 돌아온 뒤에도 남쪽을 통치하던 프톨레미

왕조와 북쪽 지역을 통치하던 셀류코스 왕조 사이에 벌어진 약 150년 간의 전쟁으로 인하여 많은 고통을 당합니다.

이와 같은 역사적 사건들로 인해 많은 이스라엘 백성이 고향을 떠나 로마가 통치하던 다른 지방으로 흩어져 살았지만(행 2:8-11), 가는 곳마다 회당을 짓고 예배를 드렸습니다. 성인 남자 열 명이 모이면 회당을 지을 정도였습니다. 그러기에 큰 도시에는 가는 곳마다 회당이 있었습니다. 예수님은 복음을 어디에서 전했을까요? 회당을 찾아가서 전하였습니다. 바울도 가는 곳마다 먼저 회당을 찾아가 복음을 전했습니다. 이렇게 하나님께서는 복음 전파를 위해 철저히 준비하셨습니다.

일곱째, 히브리어 성경이 헬라어로 번역되었습니다. 이전에는 히브리로 쓰인 성경밖에 없었는데, 이 기간에 헬라어로 성경이 번역된 것입니다. 당시 헬라어는 공용어였습니다. 그래서 헬라어로 번역된 성경을 가지고 누구에게나 복음을 쉽게 전할 수 있었습니다.

이 밖에도 많은 것들이 준비되었지만, 그중에서 일곱 가지만 정리해 보았습니다. 사실 필자는 요한 사도를 참 좋아합니다. 요한의 책을 읽으면 요한이 '일곱'이란 숫자를 아주 좋아한다는 것을 알 수 있습니다. 요한복음에는 '일곱 표적'과 '일곱 기독론'이 나오고, 요한계시록을 보면 일곱 교회를 시작으로 '일곱'이란 숫자가 여러 번 나옵니다. 같은 맥락에서 필자도 일곱 가지만 선택한 것입니다. 중세 시대에 지금까지 언급한 일곱 가지가 하나님이 육신이 되어 이 땅에 오시기 위해 준비된 것이라 말할 수 있습니다.

예수님이 육신이 되어 우리 가운데 거하시지만 이 땅에 영원히 계실 수 없었습니다. 예수님은 자신에게 주어진 소명, 즉 인류의 구원을 위해 이 땅에 오셨기에 그 목적을 이루신 후에는 다시 하늘로 올라가

셔야 했습니다. 그렇기에 예수님께서 승천하신 후에 제자들이 복음을 효율적으로 전할 수 있도록 신구약 중간사 동안에 이러한 준비를 한 것입니다.

물론 신구약 중간 시대에 일어났던 세계사에 대한 해석이 역사학자들과 다를 수 있습니다. 필자는 성경만을 연구하여 가르치는 학자이기에 역사학자들과는 다르게 하나님 나라의 관점에서 세계사를 보고 해석한 것입니다. 우리는 하나님을 믿는 사람들이기에 세계사를 공부할 때에도 하나님 나라의 관점에서 보고 연구할 필요가 있습니다.

때가 차매

예수님께서 이 땅에 오실 준비가 다 되었을 때, 성경은 예수님께서 이 땅에 오실 때가 찼다고 했습니다. 때가 차매 하나님께서 그 아들을 보내셔서 여자에게 나게 하셨다는 것입니다(갈 4:4). 그분이 바로 '하나님이시며 말씀이 육신이 되어 오신 예수 그리스도'입니다(요 1:1-14).

예수 그리스도가 이 땅에 오심으로 인하여 이제는 신약 시대, 교회 시대, 성령 시대가 펼쳐집니다.

다음 장에서는 "때가 차매 하나님이 그 아들을 보내사 여자에게 나게 하신"(갈 4:4) 예수 그리스도께서 이 땅에 오시어 가르치고 선포하며 행한 일들이 무엇인지 살펴보도록 하겠습니다.

7 장

공관복음

예수님이 이 땅에 오셔서 행한 일들을 설명하기 전에 먼저 신구약 성경에 나타난 하나님의 마음을 정리해 보겠습니다. 구약 성경은 하나님이 그의 백성을 일방적으로 사랑하고 있음을 보여줍니다.

그러나 하나님이 "내가 너희를 사랑하였노라" 할 때 그의 백성들은 "주께서 어떻게 우리를 사랑하셨나이까" 하며 하나님의 사랑을 알지도 깨닫지도 못하고 오히려 하나님께 대항합니다(말 1:2). 하나님은 말씀으로 이 세상을 창조하시고, 하나님의 백성에게 많은 율례와 규례를 주시면서 하나님만을 섬기고 사랑하며 살아가도록 명령하셨지만, 단한 번도 그 얼굴을 보여준 적이 없습니다. 하나님의 얼굴을 보면 죄인인 우리는 죽기 때문입니다(출 33:20). 하나님은 죄가 없으신 분이고 우리는 죄인이기 때문에 하나님의 얼굴을 보는 순간 우리 죄인들은 죽을 수밖에 없습니다. 같은 이유로 하나님과 동행하던 모세에게도 등만 보이셨습니다(출 33:23).

하나님께서 모습은 보여주지 않고 말씀으로만 '내가 너희를 사랑한다' 하시니까 이스라엘 백성은 하나님 말씀을 믿지 않고 '주께서 어떻게 우리들을 사랑하셨나이까?' 하며 항의합니다. 그들의 항의에 하나님께서는 마음이 너무 아프셔서 그 사랑을 친히 보여주려고 계획합니다. 그리고 계획대로 하나님이신 예수님께서 육신이 되어 이 땅에 오십니다.

예수님이 이 땅에 오시면서 신약 시대가 펼쳐집니다. 예수님이 이 땅에 오신 목적은 하나님을 보여주시고(요 14:9), 그의 사랑을 친히 보여주기 위함입니다. 하나님이 우리를 얼마나 사랑하시는지 친히 보여주는 기사가 바로 복음서에 기록되어 있습니다. 우리를 십자가에 못박혀 죽기까지 사랑하시며 사랑의 본을 보여주신 것입니다. 이것이 신약과 구약의 차이점입니다. 구약에서는 사랑을 말씀으로 하셨다면, 신약에서는 그 사랑을 친히 보여준 것입니다.

성육신의 의미

예수님께서 이 땅에 오신 것 자체가 하나님의 큰 사랑을 보여준 것입니다. 예수님의 성육신은 마치 홍수에 자녀가 떠내려갈 때 수영할 줄도 모르는 부모가 자녀를 구하기 위해 강물에 뛰어드는 것과 같습니다. 부모가 수영할 줄도 모르면서 강물로 뛰어드는 것은 자기보다 귀한 자녀의 생명을 구하기 위해서입니다.

예수님의 성육신과 죽으심도 이와 같습니다. 부모가 물에 빠져 죽어 가는 자녀를 살리기 위해 강물에 뛰어드는 것처럼, 예수님은 죄에 빠져 죽어 가는 우리를 구원하기 위해 육신이 되어 이 땅에 오신 것입니다. 그리고 강물에 빠진 자녀를 구하고 죽은 부모처럼 예수님은 우리를 살리기 위해 십자가에서 죽으신 것입니다.

이와 같이 예수님의 성육신과 십자가에서의 죽으심 그 자체가 자녀된 우리들을 향한 하나님의 무한한 사랑입니다. 필자는 간혹 하나님께서는 예수님(하나님 자신)보다 우리를 더 사랑하신다고 말합니다. 그렇기에 우리들을 위해 독생자 예수님을 기꺼이 십자가에 내주실 수 있었던 것입니다.

그러나 우리 관점에서는 예수님이 훨씬 더 귀합니다. 그 이유는 우리들이 우리의 죄로 인하여 죽어야 하는데, 그분의 사랑으로 인하여 구원을 받아 영생을 누릴 수 있게 되었기 때문입니다. 하나님께서 우리들을 이처럼 사랑하심은 우리가 하나님께서 창조하신 하나님의 자녀(아들과 딸)이기 때문입니다(창 1:26-28).

이와 같이 신약 시대의 하나님은 우리를 사랑한다고 말씀으로만 하시는 것이 아니라 그 사랑을 친히 보여주십니다. 하나님께서 보여주신 사랑은 십자가의 사랑입니다. 이것이 예수님께서 이 땅에 오신 목적입니다.

왜 복음서는 네 권인가?

신약 성경에는 마태, 마가, 누가, 요한이라는 네 권의 복음서가 나옵니다. 만일 복음서가 예수님의 생애와 예수님의 천국 복음을 전하는 것이 목적이라면 한 권만 있으면 되는데 왜 굳이 네 권으로 되어 있을까요? 복음서를 읽다 보면 그 내용이나 예수님이 행한 사역이 일치하지 않는 것을 여러 곳에서 발견할 수 있습니다.

그렇다면 어느 복음서가 맞고, 복음서의 내용이 다른 이유는 무엇일까요? 네 개의 다른 복음이 있다는 말일까요? 아닙니다! 만약 복음이 넷이라면 그것은 말이 되지 않습니다. 복음은 하나의 복음만이 있을 뿐입니다. 그렇다면 복음이란 무엇이며, 복음서가 왜 네 권인지 이제부터 살펴보기로 하겠습니다.

먼저 복음이란 무엇일까요? 누군가 복음이 무엇인지 설명해 달라고 하면 여러분은 무엇이라고 설명할까요? 한마디로 복음이란 '좋은 소식Good News'입니다. 그렇다면 성경에서 말하는 복음, 즉 좋은 소식이란 무엇일까요? 그것은 사형수가 죄를 용서받아 감옥에서 석방된다는 소식과 같습니다. 사형수에게 이보다 더 좋은 소식은 없을 것입니다. 성경에서 말하는 복음은 이처럼 죄로 인하여 죽을 수밖에 없었지만 예수님이 이 땅에 오셔서 우리의 죄를 위해 죽으셔서 이제 의인이 되어 영원히 살게 되었다는 것입니다. 이것이 복음서에서 들려주는 '복음'입니다.

그렇다면 복음서는 왜 네 권일까요? 복음서는 예수님의 전기나 순수 역사서가 아닙니다. 당시 복음을 듣고 믿는 많은 사람이 궁금해하는 것이 있었습니다. 그들이 믿고 있는 "예수 그리스도가 과연 누구인가?" 하는 것이었습니다. 복음서가 씌어질 당시의 그리스도인들은 예수님을 믿는다는 이유로 많은 고난과 핍박을 받고 있었습니다. 그들이 고난과 핍박을 받지 않는 방법은 예수님을 거부하거나 배역하는 것이었습니다. 당시 많은 그리스도인은 예수님을 믿으면서 고난과 핍박을 받을 것인가, 아니면 예수님을 거부하고 배역하여 편안하게 살 것인가를 고민하였습니다.

그들의 마음속에는 '자신들이 믿고 있고, 제자들이 전하는 예수는 과연 누구인가?', '자신들이 믿고 있는 예수님이 정말로 자신들이 고난과 핍박을 감내할 만큼 가치가 있는 존재인가?'라는 의문이 있었습니다. 네 권의 복음서는 그들의 믿음에 대한 고민과 예수님에 대한 질문에 대하여 궁금증을 해결해 주기 위한 것입니다. 네 명의 복음서 저자는 각자 자신의 공동체가 처해 있는 환경과 문화 속에 살아가고 있는 사람들에게 가장 알기 쉽게 '예수는 하나님의 아들이며, 메시아이고, 우리를 구원해 주기 위해 이 땅에 오신 구원자'임을 증거하고 있는 것입니다. 만약 어느 한 권의 복음서만이 성경에 기록되었다면 성경 시대를 벗어나 다른 시대와 문화 속에 살아가는 사람들에게 예수님에 대하여 정확하게 설명할 수 없었을 것입니다.

그러나 네 권의 복음서가 있기에 성경 시대뿐 아니라 현재는 물론 미래에 살아갈 모든 사람이 그들의 문화와 환경을 초월하여 '예수님은 하나님의 아들이요 우리를 구원해 주기 위해 오신 그리스도(메시아)'임을 입체적으로 보고 배울 수 있으며, 또한 믿고 따를 수 있게 된 것입니다. 네 복음서의 저자는 각각 자신이 속해 있는 문화와 환경 속에서 예수님이 하나님의 아들임을 증명하며 써 내려간 것입니다. 그러기에 복음서마다 각기 다른 특징이 있는 것입니다.

하지만 복음의 핵심은 '예수님은 우리를 구원하기 위해 이 땅에 오신 하나님의 아들'이며, 그가 우리를 위해 죽으심으로써 우리는 '의인'이 되었으며, 또한 '영생'을 누리게 되었다는 것입니다. 마태는 유대인 그리스도인에게, 마가는 로마에 있는 이방인 그리스도인에게, 누가는 헬라인 그리스도인에게, 그리고 요한은 당시 고난과 핍박을 받고 있는 모든 그리스도인을 대상으로 전하고 있습니다. 복음서마다 그들이 처한 문화와 상황이 다르기에 그들이 가장 잘 이해할 수 있는 방법으로 예수 그리스도가 메시아(그리스도)이고, 하나님의 아들이며, 신으로서 우리를 구원하기 위해 오신 분임을 증명하며 강조하고 있는 것입니다.

네 복음서의 핵심은 예수님은 하나님의 아들, 즉 신이기에 그들이 어떠한 고난과 환란에 처해 있을지라도 그를 믿고 희생할 가치가 있다는 것입니다. 우리들은 자신이 믿고 있는 신을 위해서는 모든 것을 바칠 수 있습니다. 예수님은 우리를 구원하기 위해 오신 하나님의 아들이며 신입니다. 그러므로 그를 믿는 것으로 인해 받는 어떠한 고난과 환란도 넉넉히 이겨 나가도록 말씀하고 있습니다. 네 권의 복음서는 비록 예수님을 믿음으로 인하여 죽임을 당할지라도 두려워하지 말라고 합니다. 예수님은 영생을 주는 분이기에 그를 떠나거나 배역하지 말고 끝까지 인내하며 믿음을 지키도록 권면하고 있습니다.

이와 같이 예수 그리스도는 하나님의 아들로서 우리를 구원하기 위해 말씀이 육신이 되어 이 땅에 오신 분이라는 것을 시대와 문화를 뛰어넘어 21세기를 살아가는 여러분도 그를 믿고 따르도록 상황화하여 증거하고 있습니다. 이것이 네 권의 복음서가 존재하는 이유입니다.

마태복음

마태복음은 유대인 그리스도인들을 대상으로 쓴 책입니다. 구약의 역사를 보면 유대인은 외부 세력(앗수르, 바벨론, 페르시아, 헬라, 로마)으로부터 많은 고난과 핍박을 당했습니다. 그런 상황에서 유대인이 한결같이 기다리던 메시아가 있었습니다. 이사야, 미가, 예레미야, 스가랴 등 많은 예언자가 메시야가 올 것이라고 예언했습니다. 마태복음은 그 어느 복음서보다 구약에서 예언한 메시아에 대하여 많이 인용하고 있습니다.

마태는 구약의 메시아에 대한 예언들을 인용하여 그가 전하고 있는 예수님은 하나님의 아들이시고, 당시 유대인이 간절히 기다리던 바로 그 메시아라고 강조합니다. 그는 "때가 차매 하나님이 그 아들을 보내사 여자에게 나게 하신"(갈 4:4) 예수 그리스도가 하나님의 아들이며 구약에서 약속한 바로 그 메시아임을 유대인에게 선포하고 있는 것입니다. '그리스도'란 '기름 부음을 받은 자'라는 뜻으로, 히브리어로는 '메시아'를 말합니다.

이와 같이 마태복음은 예수 그리스도가 구약에서 예언한 메시아라고 강조하고 있습니다. 일반적으로 마태복음은 마가복음보다 나중에 쓴 것으로 알려져 있습니다. 그럼에도 마태복음이 신약 성경 제일 앞에 나온 이유가 있습니다. 구약과 신약을 연결하는 다리 역할을 하고 있기 때문입니다. 그래서 필자는 마태복음에 '다리복음'이라고 별명을 붙여 주었습니다. 마태복음은 '선지자로 하신 말씀을 이루려 하심이다', '기록된 바'와 같은 표현을 많이 쓰고 있는데(약 60회), 이것은 구약에서 '선지자로 말씀하신 것과 기록된 것'이 예수님이 메시아로 오심으로써 모든 예언이 이루어졌음을 선포하는 것입니다.

필자는 시청각 교육을 위해 강의할 때 여러 종류의 사진을 사용합니다. 어느 주일 아침 성경 공부 시간에 배우 김수현의 사진을 썼더니 한 집사님이 찾아와 "목사님, 이제는 김수현의 시대가 아니라 송중기 시대예요"라고 합니다. 알고 보니 송중기는 <태양의 후예>라는 드라마의 남자 주인공으로서 최고의 인기를 누리고 있었습니다. 그래서 필자는 16회로 구성된 그 드라마를 불과 며칠 동안 다 보았습니다. <태양의 후예>를 보면서 이 드라마가 마태복음을 설명하는 데 너무나 좋은 예임을 발견하게 되었습니다.

드라마를 보면 처음 1회와 2회는 대부분 주인공을 소개하며 시청자들이 관심을 가지도록 합니다. 주인공이 누구이며, 다른 출연진은 누구인지, 드라마에서 그 주인공이 무엇을 하는 사람인지, 그리고 드라마를 통해 전하려는 게 무엇인지 인지하도록 합니다. 또한 출연자들의 일상적인 삶을 통해 드라마를 소개하며 시청자들이 관심을 가지고 보도록 유도합니다. 그러고 나서 본격적으로 주인공이 하는 일을 소개합니다. <태양의 후예> 본론 부분(3~15회)에서 남자 주인공은 나라의 부름을 받은 군인으로서 자기 생명을 아끼지 않고 맡은 사명(일)을 충실히 이행합니다.

그리고 최종회인 16회에서 주인공 일행이 목숨을 걸고 마지막 사명을 실행하는 것으로 끝납니다. 필자는 최종회를 보면서 주인공이 마지막 사명을 완수하다가 죽는 줄 알았습니다. 필자는 이제까지 이런 종류의 영화나 드라마를 보면 주인공이 죽는 것을 거의 보지 못하였습니다. 이와 비슷한 영화 <007>이나 톰 크루즈 같은 배우가 나오는 어떤 영화에서도 주인공은 결코 죽지 않고 살아납니다. 그러나 <태양의 후예>를 보면서 '요즘은 주인공도 죽이나?' 생각하며 결론을 기다렸습니다. 그러나 그것은 필자의 기우였습니다. 한참 후에 '짜자~잔!' 하고 주인공이 다시 살아 나오는 장면이 연출됩니다. 역시 주인공은 죽지 않습니다.

필자는 마태복음을 7편의 정극 드라마로 설명하려고 합니다. 정극 드라마에는 출연진과 함께 극을 해설하는 해설자가 반드시 등장합니다. 마태복음의 해설자는 바로 마태입니다. 마태복음은 등장인물들(예수, 제자, 바리새인, 병자, 따르는 많은 사람들)이 자기가 맡은 역을 실행하면 중간중간 마태가 그때의 상황과 환경에 대하여 해설하며 극이 진행됩니다. 마태복음 1장과 2장은 서론(드라마 1편)으로, 신약 성경의 주인공인 예수님의 족보와 함께 예수님의 탄생을 소개하는 해설자의 이야기로 시작합니다. 3장부터 25장까지는 본론으로, 5편에 걸쳐 예수님이 어떤 일들을 행했는지 행적을 소개한 다음 "말씀을 마치시매" 하며 끝을 맺습니다. 그리고 26장부터 28장까지는 드라마의 최종회 같은 결론으로 임마누엘 하신 예수님의 고난과 죽음과 부활에 대해 나옵니다.

제1편 서론(1-2장)

마태복음 1장은 예수님의 족보를 소개하며 시작합니다. 많은 신자들이 새해가 시작되면 성경 일독을 하겠다고 다짐합니다. 구약은 어렵다고 생각하기에 신약부터 읽으려 마태복음을 펼칩니다. 그러나 웬 이름이 그렇게 많이 나열되어 있는지 17절까지 있는 족보에 질려서 성경 읽기를 포기하는 경우가 종종 있습니다. 필자도 그런 경험이 있기에 잘 이해할 수 있습니다. 그러나 이 족보가 우리에게는 별로 쓸모 없어 보이지만 유대인에게는 아주 중요한 부분입니다.

마태복음은 "아브라함과 다윗의 자손 예수 그리스도의 계보라"(마 1:1)는 선포로 시작합니다. 이것은 유대인에게는 놀라운 선포입니다. 이스라엘 민족은 '메시아'를 기다리고 있었습니다. 그들이 기다리는 메시아는 반드시 아브라함과 다윗의 자손이어야 했습니다. 유대인에게 마태복음 1장 1절의 말씀은 그들에게 얼마나 놀라운 선포인지 우리들은 감히 상상할 수 없습니다. 마태복음 1장에 나오는 족보는 유대인이 그처럼 기다리던 메시아가 아브라함과 다윗의 자손을 통해 이 땅에 오셨음을 선포하는 것입니다. 구약에서 예언한 메시아가 바로 "마리아에게서 그리스도라 칭하는 예수가 나시니라"(마 1:16) 하며 그리스도, 즉 메시아 예수님께서 오셨음을 선포하는 것이기에 유대인에게는 매우 강력한 힘이 되는 것입니다.

만약 구약을 읽지 않았다면 마태복음 1장에 나오는 족보의 이름 중 여러분이 알 수 있는 이름은 아마도 아브라함, 이삭, 야곱, 유다, 다윗과 솔로몬 정도일 것입니다. 그래서 족보에 등장하는 많은 인물이 성경에서 어떠한 역할을 했고, 또 어떻게 살았는지 전혀 알지 못하기에 불과 17절밖에 되지 않는 족보이지만 읽어 내려가기가 쉽지 않은 것입니다. 그러나 구약을 깊이 연구한 사람들은 이 족보만으로도 구약 전체를 요약하여 설명할 수 있습니다. 그만큼 마태복음 1장에 나오는 족보는 매우 중요합니다.

이 밖에도 성경에는 많은 족보가 나옵니다. 성경을 읽는 독자들에게는 너무나 흥미없는 부분이겠지만, 성경에 나오는 족보는 아주 중요한 사람을 소개할 때에만 나온다는 사실을 알아두면 좋습니다. 만일 성경에서 족보가 소개되는 대목이 나오면 '그다음에 반드시 중요한 인물을 소개하겠구나' 생각하며 읽는다면 흥미로운 성경 읽기가 될 것입니다. 그리고 족보의 최종 목적은 그리스도 예수를 소개하기 위한 것임을 알아야 합니다. 성경에 나오는 족보는 바로 예수님의 족보이기 때문입니다. 그래서 예수님도 "모세와 모든 선지자의 글로 시작하여 모든 성경에 쓴 바 자기에 관한 것"(눅 24:17)이라 설명한 것입니다.

마태는 아브라함부터 시작하여 다윗의 족보를 소개하며 제일 마지막에 "야곱은 마리아의 남편 요셉을 낳았으니 마리아에게서 그리스도라 칭하는 예수가 나시니라"(마 1:16)며 "이는 그가 자기 백성을 그들의 죄에서 구원할 자"(1:21)이며, 그가 바로 이스라엘 백성이 기다리고 있던 그리스도(헬라어) 즉, 메시아(히브리어)라고 소개하고 있습니다.

이와 같이 마태복음 1장에 있는 족보는 성경에서 가장 중요한 하나님의 아들이며 우리를 구원하기 위해 이 땅에 오신 예수 그리스도를 소개하는 것입니다. 이사야는 "보라 처녀가 잉태하여 아들을 낳을 것이요 그의 이름은 임마누엘이라 하리라"(사 7:14)고 선포하는데, 마태는 예수 그리스도의 탄생으로 인하여 이사야가 선포한 이 예언의 말씀이 성취되었음을 밝힙니다(마 1:23). 구약에서 예언한 메시아, 즉 예수 그리스도가 태어났음을 선포한 것입니다.

2장에서는 예수님이 탄생한 후에 동방의 박사들이 별을 보고 예루살렘에 와서 '유대인의 왕'으로 나신 이를 찾게 됩니다. 동방의 박사들은 유대인의 왕은 당연히 예루살렘 궁전에서 태어났을 것으로 생각하고 헤롯 왕에게 나아가 "유대인의 왕으로 나신 이가 어디 계시냐?"(2:2)고 묻습니다. 이 일로 인하여 예루살렘에는 큰 소동이 일어나고, 헤롯은 대제사장과 서기관들을 모아 놓고 "그리스도가 어디서 나겠느냐"(2:4)고 묻습니다. 그러자 이들은 미가가 예언한 선포(미 5:1)를 통해 그리스도가 '유대 땅 베들레헴'에서 태어날 것이라고 말합니다. 그러자 헤롯 왕은 박사들을 베들레헴으로 보내며 "가서 아이에 대하여 자세히 알아보고 찾거든 내게 고하여 나도 가서 그에게 경배하게 하라"(2:8)고 합니다. 헤롯 왕의 말을 듣고 박사들은 베들레헴에 가서 아기 예수를 만나게 됩니다. 이들은 아기 예수를 만난 후 그에게 경배를 합니다. 그러나 "꿈에 헤롯에게로 돌아가지 말라"(2:12)는 지시를 받고는 다른 길로 고국으로 돌아갑니다.

아기의 아버지인 요셉은 꿈에 "헤롯이 아이를 죽이려 하니 일어나 아기와 그의 어머니를 데리고 애굽으로 피하여 내가 네게 이르기까지 거기 있으라"(2:13)는 음성을 듣고 애굽으로 피신합니다. 한편 박사들로부터 아이에 대한 소식을 기다리던 헤롯은 박사들에게 속은 걸 알고 몹시 노하여 베들레헴과 그 지경에 있는 많은 사내 아이를 죽입니다(2:16).

한편 요셉은 헤롯이 죽자 애굽을 떠나 갈릴리 지방 나사렛이란 마을에 가서 살게 됩니다. 예수님이 나사렛 동네로 가서 산 것도 '나사렛 사람'이라 칭하리라 하신 말씀을 성취하기 위함이었습니다(2:23).

마태는 예수님의 탄생으로부터 시작하여 그의 모든 행적과 이적들이 예언자들이 예언한 것을 성취하기 위한 것임을 계속해서 밝히고 있습니다.

제2편 내레이션 1(3-4장)과 성도들의 삶에 대한 가르침(5-7장)

세월이 흘러 예수님이 약 30세가 되었을 때, 세례요한은 유대 광야에서 "회개하라 천국이 가까이 왔느니라"(마 3:2)고 선포하며 요단 강에서 세례를 주고 있었습니다. 예수님이 세례요한에게 세례를 받을 때 하늘에서 "이는 내 사랑하는 아들이요 내 기뻐하는 자라"(3:17)는 소리가 들립니다. 예수 그리스도가 하나님의 아들임을 선포한 것입니다. 예수님은 세례를 받은 후 성령에 이끌려 40일 동안 금식한 후 세 번에 걸쳐 사탄의 시험을 받습니다(4:1-11). 예수님은 오직 말씀만으로 사탄의 시험을 물리치고 지상에서의 사역을 시작합니다.

예수님이 지상에서 하신 사역의 핵심은 가르침Teaching과 천국 복음의 전파Preaching, 그리고 백성 중의 모든 병든 것과 약한 것을 고치는 Healing 것이었습니다(4:23). 마태는 예수님이 세례를 받고 지상 사역을 시작한 것을 소개한 후에 예수님의 첫 번째 가르침인 산상수훈(5-7장)을 소개합니다. 예수님은 갈릴리 산상에서 복 있는 자로서의 삶, 즉 팔복을 시작으로 예수님의 제자로서 어떻게 살아가야 하는지를 가르침니다. 예수님의 모든 가르침이 끝난 후에 마태는 "예수께서 이 말씀을 마치시매 무리들이 그의 가르침에 놀라니"(7:28)라며 제2편을 끝냅니다.

제3편 내레이션 2(8-9장)과 제자도에 대한 가르침(10장)

제3편 8장과 9장에서는 예수님이 행한 치유 사역들을 나열하고 있습니다. 나병 환자를 고친 것(8:1-4), 중풍에 걸린 백부장의 하인을 고쳐 준 것(8:5-13), 가다랴 지방에서 귀신 들린 사람을 고쳐 준 것(8:28-34), 친구들의 믿음을 보고 중풍 환자를 고쳐 준 것(9:1-7), 한 관리의 죽은 딸을 살리고 열두 해 동안 혈루증을 앓은 여인을 고쳐 준 일(9:18-26) 등을 소개합니다. 이와 같이 마태는 예수님이 도시와 마을을 두루 다니며 회당에서 가르치고, 천국 복음을 전파하고, 모든 병과 모든 약한 것을 고치는 사역을 소개하며 이러한 일을 행하는 분이 하나님의 아들로서 이 땅에 오신 그리스도(메시아)임을 강조합니다.

10장에서는 열두 제자에게 귀신을 쫓아내고 병을 고칠 수 있는 능력을 줍니다. 그리고 전도를 위해 제자들을 파견하며 전도의 지침서를 줍니다(10:1-15). 그들이 복음을 전하는 곳은 소돔과 고모라보다 더 악한 곳이었습니다. 예수님은 제자들이 복음을 전할 때 많은 고난과 핍박을 당할 줄 알고 있었습니다. 그래서 복음을 전하러 나가는 제자들에게 뱀같이 지혜롭고 비둘기같이 순결하라고 말합니다. 예수님이 열두 제자에게 복음을 전할 때의 지침서를 준 후에 마태는 "명하시기를 마치시고"(11:1)라며 제3편을 마칩니다.

제4편 내레이션 3(11-2장)과 천국에 대한 가르침(13장)

세례요한은 헤롯 왕의 이복 동생인 빌립의 아내 헤로디아를 자기 아내로 삼은 헤롯을 책망한 일로 인하여 감옥에 갇혀 있었습니다. 세례요한은 감옥에서 예수님이 행한 모든 사역을 듣고 자신의 제자들을 예수님께 보냅니다. 그것은 유대인이 기다리던 메시아가 예수님인지 아닌지 알아보기 위해서였습니다. 세례요한의 제자들은 예수님께 와서 "오실 그이가 당신인지 아니면 다른 이를 기다려야 하는지" 궁금해하는 요한의 메시지를 전합니다(11:3). 그때 예수님은 자신이 오실 그이, 즉 오실 메시아라고 밝히지 않고 "맹인이 보며 못 걷는 자가 걸으며 나병 환자가 깨끗함을 받으며 못 듣는 자가 들으며 죽은 자가 살아나며 가난한 자에게 복음이 전파된다"(11:5)고 전하라고 합니다.

이 소식을 들은 세례요한은 메시아가 오면 이 땅에서 어떠한 일을 행할 것인지 누구보다 분명히 알고 있었기에 예수님이 바로 그가 기다리던 메시아임을 알게 되었을 것입니다. 그리고 예수님도 세례요한이 바로 "오리라 한 엘리야가 곧 이 사람이니라"(11:13-14)고 증거합니다.

12장에서는 안식일에 대해 말하며, 예수님은 자신이 안식일의 주인이라고 선포합니다(12:8). 그리고 안식일에 대한 유대인의 잘못된 관습을 책망하며 안식일에 병고침을 통해 안식일에도 선을 행하는 것이 옳은 일이라고 선포합니다.

13장에서는 씨뿌리는 비유(1-30), 겨자씨의 비유(31-32), 누룩의 비유(33), 가라지 비유(36-43), 밭에 감추어진 보화(44), 좋은 진주(45-46) 그리고 천국은 마치 바다에서 각종 물고기를 모으는 그물 같다(47-50)는 일곱 가지 비유를 통해 천국에 대해 가르친 후 제4편을 마칩니다.

제5편 내레이션 4(14-17장)과 천국에 들어가는 가르침(18장)

제5편에서는 예수님의 사역을 통해 예수님의 신성을 강조하고 있습니다. 마태는 오병이어 사건(14:13-21), 물 위를 걷는 사건(14:22-31), 베드로의 신앙고백(16:13-20), 변화산 사건(17:1-13), 간질 환자를 고치는 사건(17:14-20) 등 예수님이 하신 일을 통해 예수님께서 하나님의 아들이며 그리스도, 즉 메시아임을 선포합니다.

18장에서는 "어린아이들과 같이 되지 아니하고는 결단코 천국에 들어가지 못하리라"며 천국에 들어가는 자의 삶의 자세에 대하여 가르칩니다(3-15). 천국에 들어가기 위해서는 어린아이와 같이 자기를 낮추고, 아무리 작은 자일지라도 그를 실족하게 하지 말라고 합니다. 그 이유는 지극히 작은 자라도 하나님의 형상대로 지음을 받은 하나님의 자녀요, 예수님께서 그를 구원하기 위하여 이 세상에 오셨기에 그를 실족하게 하면 안 된다는 것입니다(3-15). 또한 형제에게 죄를 범했을 때 어떻게 해야 하는지(15-20), 형제가 잘못했을 때 몇 번이나 용서해 주어야 하는지(21-35) 가르치며 제5편을 마칩니다.

제6편 내레이션 5(19-23장)과 종말 준비에 대한 가르침(24-25장)

예수님이 사역을 본격적으로 시작한 이후 공관복음서(마태, 마가, 누가)에는 대부분의 사역이 갈릴리에서 이루어졌고, 예루살렘에는 한 번 올라간 것으로 나옵니다.

제6편은 예수님이 갈릴리를 떠나 예루살렘으로 가는 여정에서 있었던 일들(19:1-20:34)과 나귀 새끼를 타고 예루살렘에 입성한 일(21:1-11), 성전 정화 사건(21:12-17), 성전에서 대제사장, 바리새인, 서기관, 헤롯 당원들과 가졌던 논쟁과 계명 중에 가장 크고 으뜸이 되는 하나님

사랑과 이웃 사랑에 대하여, 그리고 외식하는 자들을 책망하던 사건 (22:1-46)을 기록하고 있습니다. 그리고 예수님이 종말이 오기 전에 어떠한 일들이 일어나게 되는지 그 징조들(24장)과 종말을 어떻게 준비해야 하는지(25장) 가르친 후에 제6편을 마칩니다.

이와 같이 마태는 다섯 번의 본론(3-25장/제2-6편)을 통해 예수님이 지상에서 행한 사역들과 가르침을 통해 예수님이 하나님의 아들로서 유대인이 그처럼 기다리던 메시아임을 선포합니다.

결론(26-28장) : 예수님의 고난, 죽음, 부활

마태복음 26장부터 28장까지는 결론 부분으로서, 하나님의 아들인 예수님의 고난과 죽음과 부활에 대하여 기록하고 있습니다. 예수님이 모든 사역을 마치고 마지막 사역을 실행하기 위해 십자가에 죽으셨을 때 사탄과 그것을 바라보고 있던 사람들은 모두 예수님이 죽은 줄 알았습니다. 그러나 예수님은 죽은 지 3일 만에 다시 살아납니다(28:1-10). 드라마의 주인공이 절대로 죽지 않듯이, 인류 역사의 주인공이며 하나님의 아들인 예수님은 절대로 죽지 않고 다시 살아나 영원히 통치하는 분임을 다시 한 번 보여준 것입니다.

예수님의 부활이 없었다면 기독교는 존재할 수 없습니다. 또한 예수님의 부활이 없었다면 우리의 모든 죄를 대속할 수도 없습니다. 예수님의 부활이 없었다면 그는 이 세상에 존재한 많은 의인 중 한 명일 뿐이었을 것입니다. 그러나 예수님은 예언대로 고난을 받아 죽으시고 부활하심을 통해 하나님의 아들이며 우리를 구원하기 위해 이 세상에 오신 분임을 알게 하였습니다. 예수님의 부활은 그가 선포한 모든 말씀이 사실임을 증명해 주었습니다. 그렇기에 예수님의 부활은 중요합니다.

예수님의 부활은 비록 인간의 모습으로 오셨지만 그분은 하나님의 아들이며, 신이며, 우리의 구세주가 되는 그리스도임을 분명하게 알게 하였습니다. 예수님의 부활이 있었기에 기독교는 살아 있는 종교입니다.

이와 같이 마태는 메시아를 기다리고 있던 유대인에게 예수님은 하나님의 아들이며 유대인이 기다리고 있는 바로 그 메시아임을 마태복음을 통해 선포한 것입니다.

마가복음

마가복음은 바나바의 생질이며 바울의 1차 선교 여행을 함께한 마가 요한이 기록한 것으로 알려져 있습니다. 마가는 예수님의 열두 제자에 속하지 않았지만, 로마에서 베드로의 통역을 맡아 베드로와 함께 활동한 것으로 전해지고 있습니다(벧전 5:13). 따라서 마가복음은 주로 베드로에게 들은 것을 토대로 기록했을 것입니다.

베드로는 학자도 아니었고 바울처럼 성경을 많이 연구한 사람도 아니었습니다. 그는 갈릴리 호수에서 고기를 잡아 생계를 유지하던 어부였습니다. 그렇기에 그의 설교는 아주 단순하고 간결했을 것입니다. 마가는 베드로의 가르침과 설교를 듣고 마가복음을 기록하였기에 다른 복음서에 비해 아주 간결합니다. 그러한 이유로 다른 복음서와 달리 사건 전개가 매우 빠릅니다.

마가는 로마식(헬라식) 이름이고, 요한은 유대식 이름일 것입니다. 필자는 미국에 살면서 이름을 두 개 갖게 되었습니다. 하나는 한국 이름인 김권수이고, 다른 하나는 미국 이름인 데이비드David입니다. 필자가 데이비드라 지은 것은 미국 사람들과 일할 때 그들에게 친숙하게 불리기 위해서입니다. 이처럼 로마 통치 아래 살고 있던 유대인도 유대식 이름과 로마식 이름을 같이 사용한 것으로 보입니다. 유대인과의 관계에서는 유대식 이름이, 로마 사람들과의 관계에서는 로마식 이름을 사용했을 가능성이 높습니다. 사도 바울의 경우도 사울이 유대식 이름이었다면 바울은 로마식 이름이었을 것입니다. 사울이 바울이라고 불리는 시점은 바울이 이방인을 위한 선교를 본격적으로 시작한 구브로 섬의 바보에서부터임을 알 수 있습니다(행 13:9).

마가복음은 복음서 중에서 가장 먼저 기록된 것으로 봅니다(BC 60년 초). 마가복음은 이미 언급했듯이 로마에 살고 있던 이방인 그리스도인을 위한 복음서입니다. 유대에 살고 있는 유대인 그리스도인과 로마에 살고 있던 그리스도인은 서로 다른 사회·문화적 환경에서 살고 있었습니다. 그렇기에 마가복음은 마태복음과 달리 로마에 살고 있는 그리스도인이 관심이 없거나 복음을 전하는 데 불필요한 부분은 과감하게 기록하지 않았습니다. 대표적인 예가 예수님의 족보와 구약 예언의 성취입니다. 로마에 살고 있는 그리스도인은 예수님의 족보와 구약 예언의 성취에 대해서는 별로 관심이 없었을 것입니다.

또한 마가복음은 히브리어나 아람어를 알지 못하는 로마 그리스도인을 위해 쓴 것이기에 유대인에게는 해석이 필요없는 '달리다굼'(아람어, '소녀야 일어나라'란 뜻), '고르반'(히브리어, '하나님께 드림이 되었다'는 뜻), '에바다'(아람어, '열리다'는 뜻)와 같은 말을 해석해 놓았습니다.

로마에 살고 있는 그리스도인이 가장 궁금해하는 것은 예수님의 족보나 구약의 예언 성취, 또는 어떤 언어에 대한 해석이 아니라 그들이 믿고 제자들이 전하는 예수 그리스도가 과연 누구인가 하는 것이었습니다. 그러므로 마가복음에서는 예수님의 잉태와 탄생에 관한 기사가 생략되었고, "하나님의 아들 예수 그리스도의 복음의 시작이라"(1:1)는 선포로 시작하며 그리스도의 복음이 무엇인지에 대한 답을 주고 있습니다. 예수 그리스도가 누구이며 그가 전하는 복음이 무엇인지 궁금해 하는 로마인 그리스도인에게 예수님은 우리를 구원하기 위해 오신 하나님의 아들로서 그의 '신성'을 강조하고 있습니다. 지금도 그렇지만 당시 사람들도 신의 위대함을 인식하고 있었습니다. 그렇기에 그들이 믿는 신이 얼마나 위대한가에 따라 믿음이 더욱 굳건해졌던 것입니다.

로마에는 많은 신이 있었지만 예수 그리스도가 얼마나 위대하며 그를 믿음으로 영생을 얻을 수 있다는 것은 그야말로 절대적인 영향력을 가졌을 것입니다.

마가복음에 있는 내용의 90%가량이 마태복음에도 기록되어 있습니다. 따라서 마태복음을 읽은 후 마가복음을 읽으면 이해하기가 훨씬 쉬울 것입니다.

누가복음

　누가는 누가복음과 사도행전을 기록하였습니다. 이 두 권을 합하여 '누가행전'이라 부르기도 합니다. 누가복음에는 예수님의 행적과 예수님의 수태, 탄생, 죽음, 부활, 승천이 기록되어 있습니다. 또한 복음이 갈릴리에서 예루살렘까지 전파되는 과정이 기록되어 있습니다. 한편 사도행전은 예수님이 부활하여 승천한 후 사도(교회) 시대에 일어났던 일들과 사도들에 의해 복음이 예루살렘부터 당시 땅끝이라고 생각한 로마에까지 전해지는 과정을 기록하고 있습니다.

　여기에서는 누가복음에 대하여 간략히 설명하고 사도행전은 바울의 서신서들과 함께 다음 장에서 설명하기로 하겠습니다.

　누가는 헬라인 출신이어서 헬라어에 능통했습니다. 누가복음이 가장 아름다운 헬라어로 쓰였다고 많은 학자들이 말하는 것은 그 때문입니다. 누가는 헬라어에 능통했을 뿐 아니라 의사이자 역사학자였습니다. 그래서인지 누가복음은 예수님의 사건이 그 시대에 일어났음을 역사학적으로 잘 증명하고 있습니다. 이러한 이유로 그 어느 복음서보다 그 시대에 실존했던 로마 황제, 유대의 왕과 분봉왕, 총독, 천부장 그리고 대제사장에 이르기까지 정치가나 지도자들의 실명을 거론하고 있습니다.

　누가복음을 쓴 목적은 우리 중에 이루어진 모든 일(예수님의 탄생, 죽음, 부활, 승천)이 사실임을 확실하게 알게 하려 함(1:1-3)이며, 예수님에 대하여 기록된 말씀이 지어낸 이야기나 우화가 아니라 실제로 일어난 사건임을 밝히는 데 있었습니다. 일반적으로 마태, 마가, 누가복음을 '공관복음'이라고 합니다. 그 이유는 서로 비슷한 내용을 많이 공유하고 있기 때문입니다. 누가복음에는 마태와 마가가 기록하지 않은 기사들이 많습니다. 누가는 누가복음을 쓰기 위해 "그 모든 일을 근원부터 자세히 미루어 살폈다"(눅 1:3)고 합니다. 의사이며 역사학자였던 누가는 이 모든 일을 근원부터 살폈기에 다른 복음서에서는 찾아볼 수 없는 예수님의 잉태 기사와 세례요한의 잉태 기사를 자세히 기록할 수 있었습니다. 그 밖에 마태복음과 마가복음에 기록되지 않은 내용이 있지만 앞의 두 복음서를 읽은 독자들은 누가복음을 읽는 데 큰 어려움이 없을 것입니다.

누가복음의 특징은 세례요한과 예수님의 잉태와 탄생에 대해 어느 복음서보다 자세히 다루고 있다는 점입니다(1:1-2:20). 그리고 예수님의 성장과 어린 시절에 있었던 사건들을 통해 예수님이 우리와 똑같은 인성을 가진 분으로 소개를 합니다(2:41-52). 누가는 헬라인 그리스도인에게 복음서를 쓰면서 마가복음과 달리 예수님의 족보를 기록합니다. 누가복음에 기록된 족보에는 마태복음과 다른 이름이 많이 있으며, 내용도 훨씬 깁니다. 그것은 예수님의 족보를 창조주 하나님까지 거슬러 올라가 기록했기 때문입니다(3:23-38). 헬라인들이 예수님을 구원자로 믿기 위해 필요한 것은 먼저 예수님이 신이라고 인식하게 해야 합니다. 그래서 누가는 창조주 하나님까지 거슬러 올라가며 예수님이 하나님의 자손이며 하나님의 아들임을 강조한 것입니다.

누가는 1장과 2장에서 예수님의 수태와 탄생과 성장에 대하여 기록한 다음, 예수님이 세례를 받은 후 갈릴리 회당에서 가르치기 시작했다고 말합니다(3:1-4:15). 예수님은 한 회당에서 이사야서에 기록된 성경을 읽으며 자신이 메시아로서 어떻게 행할 것인지를 선포합니다.

주의 성령이 내게 임하셨으니, 이는 가난한 자들에게 복음을 전하게 하시려고 내게 기름을 부으시고 나를 보내사 포로된 자에게 자유를 눈 먼 자에게 다시 보게 함을 전파하며 눌린 자에게 자유롭게 하고 주의 은혜의 해를 전파하게 하려 하심이라 하였더라 _ 눅 4:18-19

예수님은 "이 글이 오늘 너희 귀에 응하였느니라"(눅 4:21)고 선포하며 자신이 메시아로 이 땅에 와서 어떠한 일을 행할 것인지 보여주고 있습니다.

누가복음은 이처럼 예수님이 메시아로서의 취임사를 마친 후 가버나움을 시작으로 갈릴리 지역에서의 사역(눅 4:31-9:50), 예루살렘 여정 중에 행했던 사역(9:51-11:27), 예루살렘 입성 후 예루살렘에서 일어난 사건들(19:28-22:6), 최후의 만찬 후 감람산에서 기도한 후 대제사장의 집으로 잡혀간 사건(22:7-71), 그리고 빌라도에게 심문을 받고 십자가에 못박혀 죽으시고 3일 만에 부활하여 제자들에게 지상명령을 내리고 그들을 축복한 후 승천한 사건(23:1-24:53)까지를 기록하고 있습니다.

누가는 헬라인 그리스도인에게 예수님은 우리와 똑같은 인성을 가졌지만 완전하신 하나님의 아들로서 신성이 있음을 강조합니다. 예수 그리스도는 100% 인간이자 100% 신이라는 것입니다. 이처럼 누가는 예수님의 신성과 인성을 강조하며 그가 하나님의 아들로서 이 땅에 오신 구원자임을 선포합니다. 누가는 예수님이 부활하신 후 제자들에게 다음과 같이 마지막 말씀을 선포한 후 승천하는 것으로 끝을 맺습니다.

(성경에) 그리스도가 고난을 받고 제 삼일에 죽은 자 가운데서 살아날 것과 또 그의 이름으로 죄사함을 받게 하는 회개가 예루살렘에서 시작하여 모든 족속에게 전파될 것이 기록되었으니 너희는 이 모든 일의

증인이라 볼지어다 내가 내 아버지께서 약속하신 것을 너희에게 보내리
니 너희는 위로부터 능력으로 입혀질 때까지 이 성에 머물라 하시니라
_ 눅 24:46-49

예수님이 승천하신 후 제자들은 아버지께서 약속하신 것을 받기 위
해 예루살렘을 떠나지 않고 머물게 됩니다. 아버지께서 약속하신 것이
무엇인지는 다음 장 사도행전을 통해 설명하도록 하겠습니다.

8장

사도행전과
서신서

사도행전은 예수님이 승천하신 후에 제자들의 행적을 기록한 사도들의 행전이요 복음 전파의 역사입니다.

이번 장에서는 하나님 아버지의 약속이 무엇인지, 그리고 예수님의 승천 후 사도들의 행적과 사도행전을 통하여 바울의 서신이 어떠한 환경과 상황에서 쓰였는지 살펴볼 것입니다. 그리고 '일반 서신'이라 불리는 서신서 중에서 히브리서, 야고보서, 베드로전후서 그리고 유다서를 간략하게 설명할 것입니다.

사도행전

예수님은 십자가에서 죽으신 후 3일 만에 다시 살아나 40일 동안 많은 증거로 부활하였음을 제자들에게 보이시며 하나님 나라의 일을 말씀하셨습니다(행 1:3). 예수님은 승천하시기 전에 제자들에게 "예루살렘을 떠나지 말고 내게서 들은 바 아버지께서 약속하신 것을 기다리라"(1:4)고 분부합니다. 아버지께서 약속하신 것은 곧 우리와 영원히 함께하실 보혜사 성령을 말하는 것입니다(요 14:16). 예수님은 하나님께서 약속하신 "성령이 너희에게 임하시면 너희가 권능을 받고 예루살렘과 온 유대와 사마리아와 땅끝까지 이르러 내 증인이 되리라"(행 1:8) 하고 승천합니다. 예수님께서 승천하신 후 제자들은 예수님의 말씀대로 예루살렘을 떠나지 않고 다락방에 모여서 기도하는데, 그때 아버지께서 약속하신 성령을 받게 됩니다(행 2:1-4).

세 번씩이나 예수님을 모른다고 부인했던 베드로도 이때 성령을 받습니다. 성령을 받고 나서 베드로의 삶은 완전히 변합니다. 성령을 받기 전의 베드로는 비록 예수님과 함께 있을지라도 위기에 처했을 때 예수님을 모른다고 세 번이나 부인하던 나약한 존재였습니다(마 26:69-75). 베드로는 진실로 예수님을 위하여 목숨을 바치려고 하였습니다. 그러기에 "내가 주와 함께 죽을지언정 주를 부인하지 않겠나이다"(마 26:35)라고 다짐하였던 것입니다.

그러나 우리들이 주의 일을 하는 것은 우리의 의지나 힘으로 하는 것이 아닙니다. 주의 일은 주님께서 주시는 성령의 힘으로만 할 수 있습니다. 베드로가 주님을 위하여 죽을 각오를 했지만 그때는 아직 성령을 받지 않았기에 주님을 모른다고 세 번이나 부인했던 것입니다.

그러나 성령을 받은 이후의 베드로는 이제 복음을 담대하게 전하는 예수님의 수제자로서 그 역할을 감당하게 됩니다. 그가 한 번 설교하면 삼천 명, 오천 명씩 회개하는 역사가 일어나고, 많은 사람이 세례를 받고 그리스도인이 되는 사건이 일어납니다. 그는 복음을 전하다 감옥에 갇히기도 하고, 또 목숨의 위협을 받고 채찍질을 당하기도 합니다. 그러나 복음을 전하다 능욕받는 일을 오히려 기쁘게 여깁니다. 이것이 성령을 받은 자의 모습입니다. 성령을 받은 제자들이 복음을 담대하게 전하는 초기에는 아무런 방해를 받지 않고 복음을 순조롭게 전할 수 있었습니다. 그러므로 믿는 자의 수가 점점 더하여졌습니다(행 2:14-3:26).

제자들이 복음을 곳곳에서 왕성하게 전하며 믿는 자의 수가 많아지자, 자신들의 기득권을 잃게 될 것을 염려한 대제사장과 종교 지도자들의 박해가 시작됩니다(4:1-12:25). 이들의 박해는 점점 더 혹독해집니다. 그로 인해 베드로와 요한은 옥에 갇히기도 하고(4:1-5:42), 스데반은 돌에 맞아 순교하고(6:8-7:60), 사울은 교회를 박해하는 일에 동참하고(9:1-9), 요한의 형제 야고보는 아그립바 1세(헤롯)에게 순교당하고(12:1-2), 수제자인 베드로는 성령의 도움으로 극적으로 풀려나지만 사형선고를 받기도 합니다(12:3-11). 제자들이 핍박을 받기 시작하자 예루살렘에 모여 있던 예수님의 제자들은 뿔뿔이 흩어집니다. 이렇게 흩어진 제자들에 의해 복음이 온 유대와 사마리아와 땅끝까지 전해진 것입니다.

　　흩어진 자들 중에 일부가 수리아 안디옥으로 가서 이방인들에게 복음을 전하자, 그들이 복음을 받아들이고 교회를 세웁니다. 수리아 안디옥 교회는 이방인(헬라인)을 위해 세워진 첫 번째 교회입니다(11:19-30). 예루살렘에 있던 제자들은 수리아 안디옥에 교회가 세워졌다는 소식을 듣고 목회자 한 사람을 보냅니다. 그 사람이 바로 바나바입니다.

　　바나바는 착하고 믿음과 성령이 충만한 사람이었습니다(11:24). 목회자가 착하고 성품과 믿음도 좋고 성령이 충만한 교회는 부흥하게 마련입니다. 바나바가 목회를 시작하자 안디옥 교회는 급속도로 성장합니다. 더 이상 혼자 사역을 감당할 수 없게 된 바나바는 다소에 와 있던 사울을 찾아가 동역할 것을 청합니다(11:25). 사울은 바나바에게 신세를 진 적이 있기에(9:23-30) 그의 요청을 흔쾌히 받아들여 바나바와 함께 동역하게 됩니다.

이렇게 착하고 믿음 좋고 성령이 충만한 바나바와 믿음과 성령이 충만하고 성경에 능통한 사울이 동역하자, 안디옥 교회는 더 급속도로 성장하게 됩니다. 그러자 성령은 바나바와 사울 두 사람을 따로 세우라고 말씀합니다(13:2). 안디옥 교회는 이들을 따로 세워 안수하고 선교사로 파송합니다. 이렇게 해서 바나바와 사울의 1차 선교 여행이 시작됩니다. 그들이 1차 선교 여행을 떠날 때 바나바는 자신의 생질인 마가 요한을 데리고 갑니다.

1차 선교 여행

바나바와 사울 일행은 수리아 안디옥을 출발하여 실루기아에서 배를 타고 구브로에 있는 살라미에 도착합니다. 구브로는 바나바의 고향으로 알려져 있습니다(행 4:36). 바나바와 사울 일행은 살라미에 도착하자, 본격적으로 복음을 전하기 시작합니다. 이들은 제일 먼저 회당을 찾습니다. 앞서 말했듯이 디아스포라 유대인(이스라엘을 떠나 흩어져 사는 유대인)은 흩어져서 살아가는 곳에서 성인 남자가 10명이 되면 회당을 짓고 하나님의 말씀을 묵상하며 예배를 드립니다. 바나바와 사울은 하나님의 말씀인 복음을 전하기 위해 회당을 찾은 것입니다.

그들은 살라미에서 나와 구브로 섬 가운데를 지나서 로마 총독이 있는 바보에 도착하여 복음을 전하기 시작합니다. 그들이 로마 총독인 서기오 바울에게 복음을 전하려 할 때 엘루마라는 마술사가 방해합니다(13:8). 이때부터 "바울이라고 하는 사울"(13:9)이라며 사울의 이름이 바울로 불립니다. 바울이란 이름은 다메섹 사건을 통해 사울이

1차 선교 여행

바울이 된 것이 아니라 본격적으로 로마가 통치하고 있는 지역에서 이방인에게 복음을 전해야 하기에 로마식(헬라식) 이름인 바울로 불리게 된 것입니다. 바울은 거짓 예언자이며 마술사인 엘루마에게 다음과 같이 선포합니다.

> 모든 거짓과 악행이 가득한 자요 마귀의 자식이요 모든 의의 원수여 주의 바른 길을 굽게 하기를 그치지 아니하겠느냐 보라 이제 주의 손이 네 위에 있으니 네가 맹인이 되어 얼마 동안 해를 보지 못하리라 _ 행 13:10-11

바울이 이와 같이 선포하자 곧 안개와 어둠이 그를 덮어 앞이 보이지 않게 됩니다. 이러한 사건을 눈앞에서 경험한 구브로 총독인 서기오 바울은 예수님을 영접하게 됩니다(13:12).

바보에서 서기오 바울에게 복음을 전한 바나바와 바울 일행은 배를 타고 밤빌리아에 있는 버가에 도착했는데, 무슨 이유에서인지 동행한 마가 요한이 예루살렘으로 돌아갑니다(13:13). 그래도 바나바와 바울은 포기하지 않고 계속해서 비시디아 안디옥으로 올라가 그곳에서 복음을 전합니다(13:14-50). 그들이 복음을 전할 때 많은 사람이 믿고 그들을 따릅니다. 그러자 그곳에 살고 있던 유대인들이 성읍 사람들을 선동하여 바나바와 바울을 박해합니다. 바울 일행은 유대인들의 박해를 피해 그곳에서 나와 이고니온에 가서 복음을 전합니다. 그들이 이고니온에서 복음을 전할 때 그곳에서도 유대인들에게 많은 고난과 박해를 받습니다. 심지어 그들을 돌로 치려고까지 합니다(13:51-14:7). 유대인들의 박해를 피해 그들은 이고니온을 나와 루스드라에 도착합니다.

그곳에서 복음을 전할 때 나면서부터 걷지 못하던 사람이 고침을 받아 걷게 되자, 많은 무리가 바울을 따르게 됩니다(14:8-19). 그러자 그를 시기한 유대인들이 바울에게 돌을 던져 하마터면 죽을 뻔합니다. 유대인들은 자신들이 던진 돌에 바울이 죽은 줄 알고 그를 시외에 버리고 떠납니다. 그러나 바울은 아직 해야 할 일이 많이 남아 있었기에 하나님께서는 죽은 줄 알았던 바울을 극적으로 다시 살려 더베까지 가서 복음을 전하도록 합니다(14:20-21).

바울은 더베에서 복음을 전한 후 수리아 안디옥 교회로 돌아가는 길에 돌에 맞아 죽을 뻔했던 루스드라와 이고니온과 비시디아 안디옥 등을 다시 방문하여 교회를 든든히 세웁니다. 바울 일행은 안디옥 교회로 돌아와 1차 선교 여행에 대한 보고를 마치고 그곳에서 몇 년 동안 머뭅니다(14:21-29). 그들이 머무는 동안 안디옥 교회는 할례와 율법을 지키는 문제로 어려움을 겪습니다. 그러나 예루살렘 회의를 통해 이방인 그리스도인에게 우상의 제물과 피와 목매어 죽인 것과 음행의 문제 외에는 다른 아무런 짐을 지우지 않기로 결론을 내립니다(행 15장).

바울과 바나바는 예루살렘 회의에서 할례와 율법에 대한 문제를 해결한 후 안디옥으로 돌아와 예루살렘에서 결정된 것들을 교회에 보고합니다. 그리고 얼마 후, 바울은 바나바에게 1차 선교 여행을 다녀온 성읍들을 다시 방문하여 형제들이 그들의 가르침대로 복음을 잘 따르고 있는지 확인해 보자고 제안합니다(15:36). 바울의 제안에 동의한 바나바는 1차 선교 여행에 동행했던 생질인 마가를 이번에도 함께 데리고 가자고 합니다. 그러나 바울은 1차 선교 여행 중에 팀을 이탈하여 예루살렘으로 돌아간 마가를 용서할 수 없었습니다.

바울이 마가의 동행을 거부하자, 두 사람은 이 문제로 크게 갈등하고 다툽니다(15:39). 착하고 믿음과 성령이 충만한 바나바와 성경에 능통하고 믿음과 성령이 충만한 바울이지만, 그 문제에 대하여 합의점을 찾지 못하고 결국 바나바는 마가를 데리고 자기 고향인 구브로 섬으로 갑니다. 그리고 바울은 예루살렘에서 올라와 있던 실라를 데리고 자기 고향인 다소를 거쳐 1차 선교 여행지를 방문합니다. 인간의 생각으로 볼 때에는 바나바와 바울이 싸우고 갈라진 듯 보이지만, 필자는 이것도 하나님의 계획이라 생각합니다. 바나바와 바울은 너무나 훌륭한 복음 전도자들이었습니다. 그러기에 하나님께서는 이들을 둘로 나눈 것입니다. 복음을 더 신속하게 전할 수 있도록 선교팀이 둘이 되게 한 것입니다.

2차 선교 여행

바울 일행은 더베를 거쳐 루스드라에 도착해서 한 사람을 만나게 됩니다. 바로 디모데입니다(16:1). 이때부터 디모데가 바울 선교팀에 합류하게 된 것입니다. 바울은 1차 선교 여행 때 복음을 전했던 루스드라, 이고니온 그리고 비시디아 안디옥을 방문한 후 아시아에 가서 복음을 전하고자 합니다. 그러나 성령은 바울이 아시아에서 복음 전하는 것을 막습니다(16:6). 그래서 바울은 북쪽으로 올라가 브루기아와 갈라디아를 거쳐 비두니아(본도)에서 복음을 전하려 하지만, 성령은 그곳에서 복음을 전하는 것도 막습니다. 할 수 없이 바울 일행은 서쪽으로 방향을 바꾸어 무시아를 지나 드로아에 도착합니다(16:8).

하나님께서 바울 일행을 드로아로 가게 한 것은 이유가 있습니다. 바로 누가를 만나게 하기 위함입니다. 바울과 누가의 만남은 너무도 중요합니다(16:10). 만약 바울이 드로아에서 누가를 만나지 못했다면 누가복음과 사도행전이 신약 성경에서 빠졌을 것입니다. 우리가 기도로 준비하며 어떠한 일을 할 때 하나님께서 그 일을 막는 것을 경험할 때가 있습니다. 그때는 바울이 누가를 만났듯이, 하나님이 무엇인가 우리가 알지 못하는 것을 행하기 위한 것입니다.

2차 선교 여행부터는 사도행전에 바나바의 행적은 나타나지 않고 바울의 행적만이 중점적으로 기록되어 있습니다. 그것은 사도행전을 기록한 누가가 이때부터 바울과 함께하며 그의 행적을 중점적으로 다루었기 때문입니다. 드로아에서 복음을 전할 때 바울은 "마게도냐로 건너와서 우리를 도우라"(16:9)는 환상을 보게 됩니다. 이것을 바울은 성령의 부르심으로 알고 드로아를 떠나 마게도냐 지방의 빌립보에 도착합니다(16:12). 그곳에서 바울은 복음을 전하다가 귀신 들린 여종을 만나게 됩니다. 그 여종은 점을 잘 치기에 주인에게 큰 이익을 가져다 주고 있었습니다.

그런데 이 여종이 바울 일행을 졸졸 따라 다니며 "이 사람들은 지극히 높은 하나님의 종으로서 구원의 길을 너희에게 전하는 자라"(16:17)며 고함을 칩니다. 귀신 들린 여종의 외침은 진정으로 바울 일행이 지극히 높은 하나님의 종들이라 선포하는 것이라기보다는 아마도 바울을 비아냥대는 말이었을 것입니다. 바울은 몹시 괴로워하다 결국 예수 그리스도의 이름으로 여종에게서 귀신을 좇아냅니다(16:18). 귀신이 떠나자 그 여종은 더 이상 점을 칠 수 없었습니다. 여종의 주인은 자신의 수익이 끊어지자, 바울을 고소하여 감옥에 가둡니다(16:19-40).

2차 선교 여행

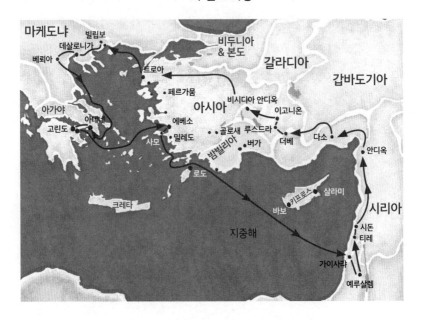

바울은 하룻밤을 감옥에서 보내고 하나님의 은혜로 풀려나 데살로니가로 넘어갑니다(17:1). 바울 일행이 데살로니가에서 복음을 전하자, 그곳에서도 경건한 헬라인과 귀부인 등 많은 사람이 바울을 따르며 믿게 됩니다. 그러자 이를 시기하던 유대인들이 무리를 선동하여 바울을 감옥에 가두려고 합니다. 바울의 제자들은 이 사실을 알고 밤중에 아무도 모르게 바울을 피신시킵니다. 바울은 데살로니가 교회에 하직 인사도 하지 못하고 마치 야반도주하듯 데살로니가를 떠나 베뢰아로 갑니다(17:10).

바울이 베뢰아에서 복음을 전하자 그곳에서도 많은 사람이 믿게 됩니다. 이 사실을 전해 들은 데살로니가의 유대인들은 베뢰아까지 쫓아와서 바울이 복음 전하는 것을 방해합니다. 바울은 베뢰아에서도 복음을 전할 수 없게 되자 실라와 디모데를 그곳에 남겨두고 아덴을 거쳐 고린도에 가게 됩니다(행 18:1). 바울이 실라와 디모데를 베뢰아에 남겨둔 이유는 기회가 되면 데살로니가를 방문하여 바울이 하직 인사도 하지 못하고 갑자기 그곳을 떠나게 된 이유를 설명하게 하기 위해서였습니다(살전 3:2).

데살로니가전서

바울은 약 1년 6개월 동안 고린도에서 복음을 전합니다. 그때 아굴라와 브리스길라를 만납니다. 바울이 두 사람과 함께 복음을 전하고 있을 때 실라와 디모데가 고린도에 도착합니다. 바울은 그들이 도착했을 때 너무도 궁금한 것이 있었습니다. 데살로니가에 있는 성도들이 하직 인사도 하지 않고 떠나온 자신에 대하여 어떻게 생각하고 있는지, 자신이 환란과 핍박이 두려워 몰래 야반도주한 비겁한 사람으로 비쳐지지는 않았는지, 그리고 자신이 떠난 후에 데살로니가 성도들은 복음을 잘 지키고 있는지가 너무 궁금했습니다.

그러나 실라와 디모데의 보고를 듣고 바울의 걱정은 기우에 지나지 않음을 알았습니다. 데살로니가 성도들은 박해 중에도 신앙을 굳게 지키고 있으며, 마게도냐의 모든 믿는 자들의 본이 되고 있고, 스승인 바울을 다시 만나고 싶어 한다는 것입니다.

이러한 소식을 듣고 말할 수 없는 기쁨과 감사함으로 쓴 편지가 바로 데살로니가전서입니다. 실라과 디모데는 바울에게 데살로니가 성도들의 기쁜 소식과 함께 그들이 죽은 자의 부활과 그리스도의 재림에 대하여 궁금해한다고 보고합니다. 바울은 기쁜 마음으로 먼저 그들이 믿음을 잘 지켜 나가는 것을 칭찬합니다(1~3장). 그들이 궁금해하는 죽은 자의 부활(4:13-18)과 그리스도의 재림(5:1-11)에 대해서도 설명합니다. 그리고 그리스도인은 어떻게 살아가야 하는지 삶에 대한 지침(5:12-23)도 써서 보냅니다. 이것이 바로 데살로니가전서입니다. 바울은 이 편지를 디모데에게 주며 데살로니가에 가서 읽어 주도록 합니다.

데살로니가후서

디모데는 바울이 쓴 데살로니가전서를 데살로니가 교회의 성도들에게 읽어 줍니다. 그러나 얼마 후 바울은 데살로니가 교회에 또 다른 문제가 발생했다는 소식을 듣게 됩니다. 죽은 자의 부활과 예수님의 재림에 대해 써서 보냈더니 이 편지의 내용을 들은 성도들 중에 광신도가 생긴 것입니다. 그들은 예수님이 곧 재림하기에 이 세상의 일은 아무 가치도 의미도 없는 것으로 잘못 이해하여 일도 하지 않고 교회에 많은 문제를 일으키고 있다는 것입니다. 이러한 데살로니가 교회의 문제점을 듣고 쓴 편지가 데살로니가후서입니다.

데살로니가후서는 일도 하지 않고 문제만 일으키는 성도들에게 예수님의 재림에 관한 바른 신앙관을 갖도록 권면합니다. 바울은 잘못된 종말론에 빠져 있는 성도들에게 광신에 빠지지 말고 예수님이 언제 오시든지 예수님의 재림까지 현실의 삶에 충실하도록 권면합니다. 바울이 "누구든지 일하기 싫어하거든 먹지도 말라"(살후 3:10)는 말까지 한 것을 보면 당시의 상황을 짐작할 수 있습니다. 그리스도인들은 "내일 지구의 종말이 온다 할지라도 나는 오늘 한 그루의 사과나무를 심겠다"는 스피노자의 말처럼 매 순간 충실하게 살아가야 합니다. 지금이야말로 우리에게 가장 중요한 시간이기 때문입니다.

갈라디아서

갈라디아서는 학자에 따라 기록한 시기와 장소를 다르게 봅니다. 그러나 필자는 바울이 2차 선교 여행 중 고린도에서 일년 반 동안 머물 때 쓴 것으로 봅니다.

고린도 교회에서 약 일년 반 동안 사역하고 있던 바울은 갈라디아 성도들에게 문제가 생겼음을 듣게 됩니다. 갈라디아 교회는 바울이 1, 2차 선교 여행 때 복음을 전한 곳이기에 남다른 애착을 갖고 있었습니다. 바울이 두 번에 걸쳐 복음을 전한 갈라디아 교회에 유대인 그리스도인들이 방문하여 갈라디아 성도들에게 예수님을 믿는 믿음만으로는 구원을 얻을 수 없다고 주장합니다. 그들은 율법도 지키고 할례도 받아야 구원을 받을 수 있다고 선동합니다. 그러자 갈라디아 교회의 성도들은 중심을 잃고 큰 혼란에 빠지게 됩니다. 바울이 그 소식을 듣고 율법과 복음에 대하여 쓴 편지가 갈라디아서입니다.

바울은 유대교 그리스도인들이 믿음만으로는 구원을 얻지 못하고 이방인 그리스도인들도 율법도 지키고 할례도 받아야 구원을 받을 수 있다고 주장하는 것을 "다른 복음"(갈 1:6)이라고 비판합니다. 그러면서 자신이 전한 그리스도의 복음 외에 다른 복음은 없다고 강조합니다. 바울이 전하는 복음은 "오직 예수 그리스도의 계시로 말미암은 것"(1:12)이기에 그가 전한 복음 외에 다른 복음을 전하면 하늘로부터 온 천사라도 저주를 받을 것이라 선포합니다(1:8).

바울은 갈라디아서를 통해 "사람이 의롭게 되는 것은 율법의 행위로 말미암음이 아니요 오직 예수 그리스도를 믿음으로 말미암는 줄 알므로"(2:16)라고 선포합니다. 바울은 율법의 행위로 의롭다 함을 얻을 육체가 없으며 오직 믿음으로써 의롭다 함을 얻을 수 있음을 강조한것입니다. 이와 같이 바울은 갈라디아서를 통해 율법의 행위가 아닌 믿음으로 의롭게 된다고 강조합니다.

바울은 고린도에서 1년 6개월 동안(행 18:11) 사역을 마치고 예루살렘으로 가는 길에 에베소를 방문합니다. 바울은 그곳에 아굴라와 브리스길라를 남겨 복음을 전하도록 합니다(행 18:19). 그들을 에베소에 남겨둔 이유는 바울이 다시 그곳을 방문하기 위함이었습니다. 그리고 나서 바울은 예루살렘으로 가서 사도들에게 선교 보고를 마친 후 수리아 안디옥 교회로 다시 올라가 선교 보고를 하며 2차 선교 여행을 마칩니다(행 18:22).

3차 선교 여행

바울은 예루살렘 교회와 안디옥 교회에서 2차 선교 여행에 대한 보고를 마치고 바로 3차 전도 여행을 떠난 것으로 보입니다(행 18:23). 필자는 바울이 2차 선교 여행을 다녀온 후 왜 그렇게 서둘러 3차 선교 여행을 떠났는지 궁금하여 그 원인을 살펴보았습니다.

바울은 고린도에 머물 때 데살로니가 교회와 갈라디아 교회에 문제가 있다는 소식을 듣고 서신서를 보내 권면합니다. 그러나 과연 그들이 바울의 권면을 잘 따르고 있는지 궁금했을 것입니다. 특히 갈라디아 교회는 바울이 1, 2차 선교 여행을 할 때 두 번 다 방문한 곳이기에 남다른 애착을 가지고 있었습니다. 그렇기에 갈라디아 교회를 서둘러 방문하여 율법과 할례 문제에 대한 자신의 권면을 잘 따르고 있는지 하루라도 빨리 확인하고 싶었을 것입니다. 또한 다른 복음 때문에 더 이상 흔들리지 않고 자신이 전한 복음을 믿고 의롭게 살아가도록 권면하려는 마음이 있었을 것입니다.

바울은 3차 선교 여행도 2차 선교 여행 때처럼 자신의 고향인 다소를 거쳐 1, 2차 선교 여행을 하면서 복음을 전하던 더베, 루스드라, 이고니온, 비시디아 안디옥 등 갈라디아서를 써 보낸 남갈라디아 지방을 방문합니다. 바울은 이러한 지역들을 방문하며 자신이 권면한 복음과 율법에 대하여 다시 한 번 분명하게 메시지를 전하며 그들의 믿음을 굳건히 세웠을 것입니다(18:23).

3차 선교 여행

바울의 3차 선교 여행의 목적 중 하나는 2차 선교 여행 때 성령의 막음으로 복음을 전하지 못했던 아시아에 복음을 전하는 것이었습니다. 이를 위해 바울은 비시디아 안디옥을 떠나 아굴라와 브리스길라가 머물고 있는 에베소를 향해 갑니다. 그때 성경에는 기록되어 있지 않지만 여러 지역에 복음을 선포하며 교회를 세운 것으로 보입니다. 필자는 개인적으로 골로새 교회가 이때 세워진 것으로 봅니다. 골로새 교회는 비시디아 안디옥에서 에베소 가는 길에 있으며, 또한 일곱 교회 중 하나인 라오디게아 교회 근처에 있습니다.

성경에는 골로새에 복음을 전했다는 기록은 없지만, 아마도 바울이 골로새 교회를 개척하였고 성도들을 잘 알고 있었기에 골로새서를 썼다고 봅니다. 바울 일행이 비시디아 안디옥과 골로새에서 복음을 전하고 있을 때 에배소에 아볼로라는 사람이 방문합니다. 그는 언변이 좋고 성경에 능통한 사람이지만 요한의 세례만 알고 있었습니다(18:24-25). 아굴라와 브리스길라는 바울과 오랫동안 함께한 사람들이라 그리스도의 도에 대해 잘 알고 있었습니다. 그래서 아볼로에게 그리스도의 도에 대하여 가르쳐 줍니다.

아볼로는 그들이 고린도에서 온 것을 알고 자신도 고린도에 건너가 복음을 전하고자 합니다. 아굴라와 브리스길라는 고린도로 가는 아볼로에게 편지를 써 줍니다. 고린도 교회에 아볼로가 도착하면 그를 잘 영접해 줄 것을 부탁하는 추천서 같은 것입니다(18:28). 아볼로가 에베소를 떠나 고린도에서 '예수는 그리스도'라고 증언하며 복음을 전하고 있을 때(18:29), 바울이 에베소에 도착하게 됩니다(19:1).

고린도전서

고린도는 동서 항구를 잇는 도시로, 동쪽에는 에게해의 겐그리아 항이 있고 서쪽에는 이오니아해의 레헤온 항구가 있었습니다. 지금은 프랑스 기술진에 의해 완공(1881~1893)된 세계 3대 운하(고린도, 수에즈, 파나마) 중 하나인 고린도 운하가 있습니다. 하지만 바울이 복음을 전할 때는 폭이 3~5.5미터 되는 디오르코스Diolkos라는 길을 따라 인부들이 그리 크지 않은 배는 땅 위로 올려 '올꼬스 네온(배를 견인하는 마차)'을 이용하여 반대쪽 항구로 옮기고, 큰 배에 실었던 상품은 고린도를 가로질러 반대편 항구에 있는 배로 옮겨 실었습니다.

이러한 특성으로 인해 고린도는 선원들과 항구에서 일하는 인부들을 중심으로 발전해 왔습니다. 학벌이나 문벌이 좋은 사람이 별로 없었고 막일을 하는 사람이 대부분이었습니다. 이러한 이유로 도시는 퇴폐 풍조가 만연했고, 복음을 전할 때 박해와 핍박이 심했습니다. 또한 항구 도시의 특성인 성 문화(퇴폐 문화)가 발달하고 우상을 많이 섬기고 있었습니다. 당시 고린도에 얼마나 성 문화가 발달했는지 고린도화된다는 것은 곧 몸을 파는 창녀가 된다는 의미였을 정도입니다. 이러한 고린도에서 바울은 2차 선교 여행 중 온갖 핍박과 고난을 당하며 약 1년 6개월 동안 복음을 전했습니다.

바울은 고린도에서 복음을 전파한 후 예루살렘으로 돌아가는 길에 아굴라와 브리스길라를 에베소에 두고 떠납니다. 그들을 에베소에 남겨둔 이유는 여러 가지가 있겠지만, 바울이 에베소를 다시 방문하기 전에 복음이 잘 전파되어 옥토 같은 밭을 만들기 위해서였을 것입니다. 바울이 3차 선교 여행 중 그곳을 방문하여 약 3년 동안 머물며 복음을 전한 것을 보면 에베소에 복음을 전하는 데 얼마나 많은 정성을 들였는지 알 수 있습니다. 에베소 교회에 그토록 많은 정성을 들였기에 로마 감옥에서 쓴 교회론에 관한 편지를 에베소 교회에 보냈을 것입니다. 이처럼 바울이 에베소에 정성을 들인 것은 에베소 교회를 아시아에 복음을 전파하기 위한 중심 교회로 세우기 위해서였을 것입니다.

그런데 바울이 에베소에 도착하여 복음을 전할 때 고린도 교회에 여러 가지 문제가 발생했다는 소식을 듣게 됩니다. 고린도 교회의 첫 번째 문제는 교회의 분열이었습니다(고전 1:10~4:21). 바울이 고린도를 떠나고 아볼로가 그곳에서 복음을 전하자 "나는 바울에게, 나는 아볼로에게, 나는 게바(베드로)에게, 나는 그리스도에게 속한 자라"(고전1:12) 주장하며 분쟁이 일어난 것입니다. 두 번째 문제는 이방인 중에서도 일어나지 않는 아버지의 아내를 취하는 음행이 교회에서 발생한 것입니다(5장). 당시에는 아버지가 이혼하고 다른 여인과 결혼한 후 아버지가 죽으면 그의 전 재산이 의붓어머니에게 넘어갔습니다. 그래서 아버지의 재산을 잃지 않기 위해 아버지의 아내를 취하는 일이 일어났는데, 이들은 대부분 사회법을 무시할 만큼 부유했고 권력을 가진 집단이었으며 헌금도 많이 했기에 교회에서 쫓아내지 않고 그들의 죄를 묵인한 것입니다.

또한 교회 내부에 다툼이 생겼을 때 그 문제를 교회 안에서 해결하지 못하고 법정에 고발하는 소송 문제(6장), 결혼 문제(7장), 우상에게 바친 제물을 먹는 것에 관한 문제(8장), 바울의 사도직에 관한 문제(9장), 우상 숭배 문제(10장), 성찬식에 관한 규례(11장), 은사 문제(12-14장) 그리고 죽은 자의 부활과 종말에 관한 문제(15장) 등 많은 문제가 있었습니다.

바울은 고린도 교회에서 일어나고 있는 이러한 문제들을 다 듣고 그에 대하여 하나하나 권면하며 편지를 썼는데, 그것이 바로 고린도 전서입니다.

고린도후서

바울은 고린도 교회에 일어난 문제들에 대하여 권면의 편지(고린도전서)를 써서 디모데에게 주고는 가서 읽어 주도록 합니다. 바울은 디모데가 편지를 읽어 주면 자신의 권면에 따라 고린도 교회 성도들이 회개하고 변화하기를 기대했지만, 그들은 바울의 권면을 따르지도 변하지도 않습니다. 그러자 바울은 실망하여 고린도를 두 번째 방문합니다(고후 2:1). 이때 바울은 고린도 교회에 너무 실망하여 기도로 준비하지 않고 홧김에 방문한 것으로 보입니다. 그로 인해 고린도에서 핍박을 많이 당한 듯합니다.

바울은 "내가 다시는 너희에게 근심 중에 나아가지 아니하기로 스스로 결심하였노니"(2:1)라고 씁니다. 그러나 1년 6개월 동안 핍박과 박해를 받으며 복음을 전했던 고린도 교회를 결코 포기할 수 없어 눈물의 편지를 씁니다(2:4). 바울이 눈물로 쓴 편지는 분실하여 세상에 존재하지 않기에 그 내용을 정확히 알 수는 없습니다. 바울이 눈물로 쓴두 번째 편지는 아마도 부모가 죽어 가는 자식을 살리기 위해 극약처방을 내리듯 고린도 교회를 혹독하게 책망했을 것입니다.

바울은 눈물로 쓴 편지를 이번에는 디도를 보내 읽어 주도록 합니다. 디모데는 성격이 온순하여 편안한 곳에서 사역을 잘한다면, 디도는 활달하여 거친 지역에서 사역을 잘하는 사도였던 것 같습니다. 목회 서신을 보면 거친 지역이었던 구브로에는 디도를 남겨 사역을 감당하게 하고(딛 1:5), 바울이 3년 동안 복음을 전한 에베소에는 디모데를남겨 사역을 담당하게 한 것을 볼 수 있습니다(딤전 1:3).

고린도는 바울이 복음을 전할 때 많은 어려움 가운데 전한 곳입니다(행 18:9). 그 후에도 바울의 권면(고린도전서)을 따르지 않고 오히려 바울을 핍박할 정도로 거친 곳입니다. 바울은 디도에게 눈물로 쓴 편지를 주며 고린도 교회에 가서 읽어 주도록 보낸 후, 갑자기 근심하고 후회했던 것으로 보입니다(고후 7:8).

바울은 디도가 고린도 교회에 가서 눈물로 쓴 편지를 읽어 줄 때 바울의 혹독한 책망으로 인하여 고린도 교인들이 혹여 상처를 받고 교회를 떠나면 어떡하나, 또는 혹독한 책망으로 인하여 편지를 읽어 주는 디도에게 돌을 던지거나 핍박하여 디도가 큰 고난을 받게 되면 어떡하나 하는 걱정과 두려움에 사로잡혔던 것 같습니다. 고린도후서를자세히 보면 바울의 그러한 고민을 읽을 수 있습니다. 바울은 디도를고린도에 보내면서 드로아에서 만나기로 약속하였습니다. 약속 날짜가 다가오자 바울은 에베소에서 사역을 마무리하고 드로아로 갑니다.

바울은 드로아로 가서 디도를 기다립니다. 그 사이 복음을 전하는데, 복음의 문이 활짝 열립니다(고후 2:12). 바울이 복음을 전하는 대로 뜨겁게 받아들이는 것이었습니다. 드로아에 복음의 문이 활짝 열렸지만 디도가 약속한 시간에 도착하지 않자, 바울은 불안해지기 시작합니다. 결국 바울은 드로아를 떠나 마게도냐 지방에 있는 빌립보로 가서 복음을 전합니다(2:13). 빌립보는 2차 전도 여행 때 귀신 들려 점 치는 여종으로 인해 감옥에 갇히기도 한 곳입니다. 비록 바울이 빌립보에서 두 번째 복음을 전하지만, 그곳에서의 복음 전파는 많은 어려움과 핍박이 있었습니다(7:5).

바울이 많은 핍박과 박해 속에서 복음을 전하고 있을 때 비로소 디도가 빌립보에 도착하여 바울을 만나게 됩니다(7:6). 바울은 디도를 만나자 너무도 기뻤습니다. 혹시 디도가 돌에 맞아 죽은 건 아닌지, 아니면 핍박을 당해 중상을 입은 건 아닌지 걱정과 근심 가운데 있었는데 디도가 건강한 모습으로 나타나니 얼마나 기뻤을까요? 그런데 디도가 가지고 온 소식은 바울을 더욱 기쁘게 합니다. 디도가 눈물로 쓴 편지를 읽어 주자, 고린도 교인들이 회개하면서 스승인 바울 보기를 간절히 원하고 있다는 것이었습니다(7:7-16). 그 소식을 듣고 기뻐서 쓴 서신이 고린도후서입니다.

고린도후서 1장부터 7장까지는 바울이 디도에게 고린도 교회의 소식을 듣고 얼마나 기쁜 마음으로 고린도후서를 쓰고 있는지와 어떠한 동기와 목적을 가지고 편지를 쓰고 있는지 알려 줍니다. 바울은 먼저 환란 가운데 위로하시는 하나님을 찬양합니다(1:1-11). 바울은 자신이 고린도 교회를 직접 방문하지 않고 '눈물로 쓴 편지'를 보내게 된 이유를 설명하며(1:12-2:11), 드로아에서 복음의 문이 열렸음에도 디도를 만나지 못해 마게도냐로 건너갔음을 설명합니다(2:12-13).

바울은 열두 사도에 속한 인물이 아니었습니다. 따라서 그의 사도직에 대하여 늘 의심을 받아 온 터라 자신이 진정한 사도임을 다시 확인시킵니다(2:14-6:13). 그는 자신의 사도직에 대하여 "너희는 우리의 편지라"(3:2)며 사도로서 어떠한 추천서나 다른 증거가 필요없다고 강조합니다. 또한 그리스도인으로서 어떠한 구별된 삶을 살아야 할 것인지를 강조하고(6:14-7:4), 마게도냐에서 디도를 만나는 것과 그로부터 들은 고린도 교회의 회개와 복음에 대한 간절함 등을 듣고 얼마나 기쁜 마음으로 편지를 쓰고 있는지 설명합니다(7:5-16).

8장과 9장에서는 연보에 대한 권면을 합니다. 바울이 말하는 연보는 바울의 선교비가 아닌 예루살렘 교회를 위한 구제 헌금입니다. 당시 예루살렘 교회는 경제적으로 어려움을 겪고 있었습니다. 예루살렘에 살고 있던 유대인 그리스도인들은 그리스도를 따른다는 이유로 유대 공동체로부터 출교당하여 생존권 위협을 받고 있었습니다. 고린도 교회는 그러한 예루살렘 교회를 돕기 위해 연보(고전 16:2)를 준비하도록 권면합니다. 연보에 관한 내용이 고린도후서에 어울리지 않는다는 학자들도 있는데, 필자는 고린도후서의 진짜 목적 중 하나가 예루살렘 교회를 돕기 위한 연보를 준비하는 데 있었다고 봅니다.

연보에 관한 이야기는 아주 친밀한 관계가 아니면 할 수 없는 예민한 내용입니다. 바울이 여기에서 연보에 관한 이야기를 할 수 있었던 것은 고린도 교회가 온전히 복음으로 돌아왔기 때문입니다. 그러기에 바울은 연보 이야기를 하기 전에 먼저 그들을 마음껏 칭찬합니다(1-7장). 그리고 8장과 9장에서 연보 이야기를 합니다.

그리고 나서 10장부터 13장까지는 바울의 권면에도 불구하고 바울의 사도직을 여전히 인정하지 않고 바울을 핍박하는 사람들에게 선포하는 내용입니다. 바울은 자신이 사도로서 얼마나 많은 고난과 핍박을 받았는지 자랑하며 자신의 사도성을 밝히고 있습니다(11~12장). 바울은 "내가 세 번째 너희에게 가리니 두 번째 대면했을 때와 같이 전에 죄 지은 자들과 그 남은 모든 사람에게 미리 말하노니 (회개하지 아니하면) 내가 다시 가면 용서하지 아니하리라"(13:1-2)며 복음을 듣는 자들이 모두 회개하고 복음으로 돌아오기를 간구하면서 서신을 마칩니다.

바울은 빌립보에서 고린도후서를 쓴 후, 디도를 다시 고린도 교회로 보내 그 편지를 읽어 주게 합니다. 그리고 자신은 데살로니가와 베뢰아를 거쳐 2차 선교 여행 때 방문하였던 도시와 그 주변 도시들을 거쳐 고린도에 갑니다. 고린도를 세 번째(고후 13:1)로 방문한 바울은 약 3개월 동안 머물면서(행 20:3) 서신서를 쓰는데, 그것이 바로 로마서입니다.

로마서

고린도 교회는 바울이 디도를 통해 읽어 준 고린도후서를 듣고 바울이 고린도에 도착하기 전에 예루살렘 교회를 구제하기 위해 작정한 연보를 시작했을 것입니다. 바울은 고린도에 약 3개월 동안 머물면서 예루살렘 교회 구제를 위한 연보를 준비하며 로마에 있는 그리스도인들을 위해 로마서를 쓴 것으로 알려져 있습니다. 바울의 서신서는 일반적으로 자신이 복음을 전한 지역에 문제가 발생했을 때 그 문제를 해결하기 위해 복음으로 돌아오도록 권면하는 데 중점을 두고 있습니다.

그러나 유일하게 자신이 개척하지 않고 서신을 보낸 도시가 로마입니다. 바울은 로마서를 쓰기 전에 로마를 방문하려고 몇 차례 시도했으나 로마로 가는 길이 번번이 막혀 가지 못했습니다(롬 1:13). 바울은 로마서를 쓰고 있던 때에도 로마를 방문하기를 원했으나 먼저 해야 할 일이 있기에 방문할 수가 없었습니다.

그가 당시 로마를 방문하지 못한 이유는 "마게도냐와 아가야 사람들이 예루살렘 성도 중 가난한 자들을 위하여 기쁘게 얼마를 연보하였음이라"(15:26)고 합니다. 로마를 방문하기 전에 모금한 구제 헌금을 예루살렘 교회에 전달해야 했기 때문입니다.

바울은 진정으로 로마에 가기를 원했습니다. 그렇기에 로마서를 다 쓴 후에 로마에 있는 그리스도인들에게 "나로 하여금 하나님의 뜻에 따라 기쁨으로 너희에게 나아가 너희와 함께"(15:32) 할 수 있도록 중보기도를 부탁했습니다.

그러나 바울의 최종 목적지는 로마가 아닌 서바나(지금의 스페인)였던 것 같습니다. 로마에는 이미 베드로와 그 밖의 제자들이 복음을 전파했습니다. 따라서 바울이 로마에 가는 진짜 목적은 로마의 그리스도인들과의 교제를 통해 서바나에 복음을 전하기 위해서였습니다. 바울은 이미 복음이 전해진 곳에는 복음을 전하려고 하지 않았습니다. 그 이유를 "남의 터 위에 건축하지 아니하려 함이라"(15:20)고 말합니다. 바울은 "내가 로마에 가 있을 동안 너희들이 나를 서바나로 보내 주기를 원하노라"(15:23-24)며 로마가 서바나로 가기 위한 기착지라고 강조합니다. 아마도 바울은 이때 서바나가 땅끝이라고 생각한 것 같습니다. 그래서 예수님이 명령하신 대로 땅끝까지 예수님의 증인이 되기 위해 로마를 거쳐 서바나로 가려고 한 듯합니다.

바울이 로마서를 쓴 첫 번째 목적은 서바나로 가기 위해 로마 방문을 간절히 원했지만, 상황이 어떻게 될지 몰라 로마에 있는 성도들과 교제하기 위해 먼저 로마서를 쓴 것입니다.

로마서를 쓴 두 번째 목적은 최종 목적지가 서바나이기에 로마에 오래 머물 수 없어 복음을 미리 보내 학습하게 하여, 바울이 도착했을 때 짧은 기간에 복음을 익히도록 하기 위해서였습니다.

로마서를 쓴 세 번째 목적은 로마에서 핍박을 받으며 신앙 생활을 하고 있는 그리스도인들을 위로하기 위해서였습니다. 당시(AD 57~58) 로마 황제는 네로였습니다. 이때 로마에 있는 많은 그리스도인들은 네로의 통치 하에서 많은 핍박과 고난을 받고 있었기에 그들을 복음으로 위로하여 그리스도인으로 든든히 세워야 할 필요가 있었을 것입니다.

네 번째 목적은 로마 제국의 수도인 로마의 성도들과의 교제를 통해 서바나를 시작으로 서방 전도의 전초기지로 삼기 위해서였을 것입니다.

로마서의 주제는 율법과 복음의 관계이며, 로마서의 핵심은 "오직 의인은 믿음으로 말미암아 살리라"(1:17)입니다. 로마 교회에도 유대인 그리스도인이 있었습니다. 유대인 그리스도인들은 예수님을 믿는 것만으로는 구원을 이룰 수 없다며, 믿음과 함께 율법도 지켜야 하고 할례도 받아야 한다고 주장하고 있었습니다. 그래서 바울은 율법과 복음에 대하여 올바른 교육을 하고 싶었던 것입니다. 로마서는 바울의 '복음서'라고 할 만큼 예수님의 삶과 죽음과 부활과 승천의 의미를 깊이 있게 다루고 있습니다. 많은 분들이 로마서를 어렵게 생각하는데, 잘 쓴 한 권의 논문을 읽듯이 저자의 의도를 생각하고 논지를 따라 읽으면 어렵지 않을 것입니다.

로마서의 개요는 다음과 같습니다. 1장에서 11장까지는 율법과 복음의 관계를 이야기합니다. 하나님께서는 불의로 진리를 막는 무리들을 내버려두사 합당하지 못한 일을 하게 내버려두셨습니다(1:18-32). 그러므로 죄에 대한 심판이 있을 것입니다(2장). 이 세상에는 "의인은 없나니 하나도 없으며"(3:10) 모든 사람은 하나님 앞에 다 죄인인 것입니다. 그러나 모든 죄인이 의롭게 되는 길이 있는데, 그것은 율법의 행위가 아닌 오직 믿음으로 되는 것입니다(3장). 바울은 믿음으로 의인 된 아브라함의 믿음에 대하여 소개하며(4장), 믿음으로 의롭게 된 자는 하나님과 화평을 누리며 살아가도록 권유하고 있습니다(5장). 죄인이었던 우리들은 예수님의 십자가(하나님의 행위)와 세례(우리의 행위)를 통해 죄의 종에서 의의 종이 되었습니다. 그러므로 의의 종이 된 우리들은 하나님께 감사하며 살아가야 합니다(6장).

율법이 있기 전에는 자신이 죄인인지 알지 못하고 살았습니다. 그러나 이제 율법을 통해 우리가 죄인임을 깨닫게 되었습니다. 결국 율법은 우리들이 죄인임을 알게 하였기에 율법은 우리를 살리는 것이 아니요 오히려 사망에 이르게 하였습니다(7장). 죄의 삯은 사망이기 때문입니다(7:10). 이 세상의 누구도 사망에서 우리를 구원해 낼 수 없지만 우리를 사망에서 구원하실 분이 있는데, 그가 바로 예수님입니다.

그러므로 바울은 "예수 그리스도 안에 있는 자에게는 결코 정죄함이 없나니 이는 그리스도 예수 안에 있는 생명의 법(복음)이 죄와 사망의 법(율법)에서 너를 해방하였음이라"(8:1-2)고 선포하였습니다. 율법으로는 죄인을 의롭게 할 수 없었지만, 하나님께서는 그리스도를 통하여 율법에서 추구하는 의로움을 이루게 하셨습니다(8:3-11). 하나님께서는 예수 그리스도를 통해 의롭게 된 우리들을 영화롭게 하셨기에 이제는 누구도 우리를 대적하거나 고발하거나 정죄하거나 하나님의 사랑에서 끊을 수 없는 것입니다(8:12-39).

바울은 이방인들에게 복음을 전하면서 마음에 큰 근심이 있었습니다. 이스라엘은 하나님의 백성으로 하나님의 언약과 율법을 받았지만 복음을 거부하여 구원에서 멀어졌습니다(9:1-18). 바울은 자기 민족인 이스라엘의 구원을 간절히 원했으나(10:1-15), 이스라엘은 복음을 듣고도 순종하지 않았습니다(10:16-21). 그래도 바울은 이스라엘을 포기할 수 없었습니다. 바울은 하나님께서 이스라엘을 포기하지 않으셨으며, 다만 "이스라엘의 넘어짐으로 구원이 이방인에게 이르러 이스라엘로 시기 나게 함"(11:11)이라며 "그들의 넘어짐이 세상의 풍성함이 되며 그들의 실패가 이방인의 풍성함이 되거든 하물며 그들의 충만함이리요."(11:12)라고 선포합니다.

이것은 이스라엘의 넘어짐과 실패가 이방인들에게 풍성함을 주었다면 그들이 충만하게 될 때 세상과 이방인들에게 더 큰 영향력을 줄 수 있음을 선포하는 것입니다. 이러한 선포를 통해 이스라엘에 복음으로 돌아오라고 권면하는 것입니다. 이스라엘 백성에게는 복음으로 돌아오도록 권면하면서 이방인들에게는 참감람나무인 이스라엘도 교만하여 복음을 받아들이지 않을 때 하나님께서 아끼지 아니하고 버리셨으니, 참감람나무에 접붙임 받은 돌감람나무인 로마의 이방인들은 교만하지 말고 더욱 겸손하게 믿음을 지킬 것을 권면합니다(11:13-24).

바울은 1장에서 11장까지 율법과 복음에 대하여 설명한 후 믿음으로 의인 된 그리스도인이 어떻게 살아가야 하는지 삶의 지침을 알려 줍니다(12-15장). 예수님을 구주로 영접한 그리스도인들은 먼저 하나님을 사랑하고 이웃을 사랑하며 살아가도록 권면합니다(12장). 모든 권세는 하나님께서 정하신 것이기에 그리스도인들은 세상의 권세자들에게 복종해야 하며, 빛의 갑옷과 그리스도로 옷을 입고 살아가야 한다고 강조합니다(13장). 그리스도로 옷을 입었다는 것은 세례를 받은 자를 의미하는 것으로(갈 3:27), 예수님의 보혈의 피로 거룩하게 된 자들을 의미합니다. 바울은 그리스도인들은 형제를 업신여기거나 비판하지 말고 거리끼는 일을 해서도 안 되며(14장), 나의 기쁨이 아닌 이웃의 기쁨을 위해 살아갈 것을 권면하고 자신의 로마 방문 계획을 알려 줍니다(15장). 바울은 선한 일에는 지혜롭고 악한 일에는 미련한 자가 되라고 권면하고 "이 복음으로 너희를 능히 견고하게 하실 지혜로우신 하나님께 예수 그리스도로 말미암아 영광이 세세무궁하도록 있을지어다 아멘"(16:26-27) 하며 로마서를 마칩니다(16장).

바울은 고린도에 약 3개월 동안 머물면서 로마서를 쓴 후, 여자 집사 뵈뵈에게 로마에 가서 읽어 주도록 합니다. 성경에 뵈뵈가 로마서 주석을 가지고 로마에 갔다는 이야기는 전혀 없습니다. 이것은 뵈뵈가 로마에 살고 있는 그리스도인들에게 로마서를 읽어 줄 때, 그들은 읽어 준 서신을 충분히 이해할 수 있었다는 의미입니다. 그런데 현대를 살아가는 우리들은 로마서를 읽을 때 왜 잘 이해되지 않고 어렵게 느껴지는 것일까요?

그것은 바로 시대적 배경과 문화와 언어가 다르기 때문입니다. 성경이 쓰인 시대의 배경과 문화와 언어를 잘 이해할 수 없기에 로마서를 쉽게 이해할 수 없는 것입니다. 그것은 마치 우리가 지금 사용하고 있는 핸드폰의 기능을 그 시대 사람들에게 아무리 설명해도 그들이 정확히 이해할 수 없는 것과 같은 이치입니다. 이와 같이 우리도 그 당시 사용하던 언어의 의미를 정확히 이해할 수 없고 그들의 시대적 배경과 문화 속에서 살지 않았기에 성경을 읽고 이해하기가 이토록 힘든 것입니다.

고린도에서 예루살렘으로

고린도에서 로마서를 써서 뵈뵈를 통해 로마로 보낸 후, 바울은 마음이 급해졌습니다. 빨리 로마를 방문하여 그가 그토록 가기 원하던 서바나로 향하고 싶었기 때문입니다. 그래서 바울은 고린도에서 나와 배를 타고 예루살렘으로 가서 그동안 모은 연보를 전달하고 로마로 가려고 계획합니다. 그러나 바울을 핍박하는 무리들이 바울을 해하려고 공모하므로(행 20:3) 바울은 배를 타고 예루살렘으로 가는 것을 포기하고 육로를 택하여 마게도냐를 거쳐 밀레도까지 옵니다. 밀레도는 에베소 가까이 있는 도시였습니다. 바울이 얼마나 급했는지 자신이 3년 동안 사역했던 에베소를 방문하지 않고 장로들을 밀레도로 초청합니다. 그리고 에베소의 장로들에게 "내가 어쩌면 너희들을 다시는 볼 수 없을 것이라"며 죽음을 각오하고 예루살렘으로 향합니다(20:15-38).

바울이 가는 길에 들르는 성읍마다 많은 제자와 예언자들이 바울이 예루살렘에 들어가면 무리들에게 잡혀 죽을 것이라며 만류합니다. 그러나 바울은 자기가 어떠한 처지에 있으며 그곳에 가면 어떤 일을 당할지 알고 있었지만, 죽을 각오로 예루살렘으로 가야 할 목적이 있다고 말합니다(21:13). 예수님이 예루살렘으로 가시는 목적이 오직 세상 사람을 구원하기 위해 십자가에 죽으시기까지 순종하기 위함이었던 것처럼, 바울도 예수님의 마음을 가지고 예루살렘으로 가고자 한 것입니다. 바울은 자기가 예루살렘에 가면 잡혀서 죽을 수도 있지만, 그럼에도 하나님께서 자기에게 맡기신 일을 따르기 위해 간 것입니다.

예루살렘에서의 바울

예루살렘에 도착한 바울은 사도들에게 선교 보고를 하고 마게도냐와 아가야에서 모은 예루살렘 교회 구제 연보도 전달했을 것입니다. 바울의 선교 보고를 받은 제자들은 바울에게 닥칠 위험을 이야기하면서 머리를 깎고 결례를 행하도록 합니다(행 21:17-26). 바울은 제자들이 시키는 대로 따르고 결례 기간이 만료된 것을 신고하고 예루살렘 성전에 들어갑니다. 그때 아시아에서 올라온 유대인들이 성전에 있는 바울을 보고 무리들을 충동하여 잡고는, 바울이 헬라인을 데리고 성전에 들어가서 거룩한 성전을 더럽혔다고 거짓 누명을 씌웁니다(21:27).

바울은 율법을 지키거나 할례를 받음으로써 구원을 얻는 것이 아니라 오직 믿음으로 구원을 받는다고 선포하였기에 유대인이 보기에 그는 율법을 무시하는 적과 같은 존재입니다. 그래서 아시아에서 올라온 유대인들이 성전에 들어와 있는 바울을 보고 그에게 누명을 씌워 성전 밖으로 끌고 나와 때리고 죽이려 한 것입니다. 그때 로마의 천부장인 루시아가 군사들을 거느리고 바울을 구출합니다. 하나님의 백성이라고 주장하는 유대인들은 하나님의 복음을 전한다고 바울을 죽이려 하지만, 하나님께서는 하나님을 알지도 못하는 로마 제국의 천부장 루시아를 통해 바울을 보호해 주시는 것을 볼 수 있습니다(21:32-36).

루시아가 바울을 구출한 이유는 자신의 영내에서 살인 사건이 일어나면 자신의 공직에 오점이 생겨 진급에 영향을 받을까 우려했기 때문입니다. 루시아는 바울을 잡아 영내로 데려갑니다. 바울은 영내로 들어가기 전에 천부장의 허락을 받아 예루살렘에 있는 유대인들에게 복음을 전합니다(22장). 그러자 유대인들은 소리를 지르면서 "이러한 자는 세상에서 없애 버리자 살려 둘 자가 아니라"(22:22)며 소란을 피웁니다. 이에 천부장은 바울을 영내에 있는 감옥에 가둡니다.

바울이 예루살렘에 있는 감옥에 있을 때 그를 미워하던 유대인 40여 명은 바울을 죽이기 전에는 먹지도 마시지도 않겠다고 다짐하며 바울을 죽일 공모를 합니다. 그 계획을 바울의 생질이 듣고 천부장 루시아에게 고발합니다. 그러자 자기 영내에서 살인 사건이 일어나는 것을 원치 않았던 루시아는 아무도 모르게 바울을 예루살렘에서 가이사랴로 옮깁니다(23장).

가이사랴에는 로마에서 보낸 총독 벨릭스가 있었습니다. 바울은 유대인들의 고발로 총독 앞에서 재판을 받지만, 총독은 바울에게서 로마법을 위반하는 어떠한 죄도 찾을 수 없었습니다. 유대인들이 고발한 내용은 그들의 종교에 관한 것이지 로마법에 위반되는 것은 아니었기 때문입니다. 바울이 로마법을 범하지 않았음에도 벨릭스는 유대를 통치하고 있었기에 유대인들의 눈치를 보느라 바울을 풀어 주지 못합니다. 바울은 죄가 없음에도 불구하고 가이사랴에서 2년 동안 가택연금을 당합니다(24장).

2년 후 벨릭스가 예루살렘 총독 임기를 마치고 떠나자 그 후임으로 베스도가 임명되어 옵니다. 베스도가 유대 총독이 되어 오자, 유대인들은 다시 바울을 고발하여 재판이 열립니다. 베스도 역시 바울의 죄목을 찾을 수 없었습니다. 그러자 베스도는 유대인의 환심을 사려고 그들의 주장대로 바울에게 "네가 예루살렘에 올라가서 이 사건에 대하여 재판을 받기를 원하느냐"고 묻습니다(25:9). 바울은 예루살렘에 가서 재판을 받으면 유대인들이 공모하여 자신을 죽일 것을 알고 있었습니다. 그러기에 자신을 로마 황제 앞으로 보내 재판을 받게 해달라고 요구하며, 로마 황제 가이사에게 상소합니다(25:11).

이 상소로 인해 그토록 원하던 로마 방문을 비용도 전혀 들이지 않고 가게 되는 것이 바울의 로마행입니다. 이것이 하나님의 계획이며 은혜인 것입니다. 바울이 개인 비용으로 로마에 가기 위해 배를 타고 가거나 육로를 이용하여 간다고 생각해 보십시오. 경비가 말할 수 없이 많이 들어야 했을 것이고, 또 강도나 그를 적대시하는 사람들의 공격도 피할 수 없었을 것입니다. 그러나 죄수의 몸으로 로마까지 수송되어야 했기에 백부장과 많은 로마 군인들의 보호를 받으며 뱃삯도 지불하지 않고 가장 큰 배로 안전하게 로마로 갈 수 있었습니다. 이것이 바로 하나님의 방법입니다.

바울의 로마행

이스라엘은 기원전 588년 10월 10일부터 기원전 586년 4월 9일까지 바벨론에 포위되어 있었습니다(왕후 25:1-3). 4월 9일 예루살렘 성벽이 파괴되며 예루살렘은 마침내 함락됩니다(25:3-4). 바벨론은 예루살렘을 함락한 후 그해 5월 7일에 예루살렘 성전을 불사릅니다(25:8-9). 그리고 3일 후인 5월 10일 예루살렘 성전은 완전히 불타 없어집니다(렘 52:12).

이스라엘은 예루살렘이 바벨론에 포위되어 멸망하고 성전이 불에 타서 없어진 4월과 5월과 10월에 금식 절기를 지냈습니다. 바울이 로마로 가다가 구브로 섬에 있는 미항에 도착한 때는 이러한 금식 절기가 지난 뒤였습니다. 금식 절기가 지났다는 것은 10월 말이나 11월경이었을 것이라는 뜻입니다. 현대인의 달력으로는 12월이나 1월이기에 이때는 광풍 때문에 너무나 큰 위험이 따르기에 보통 항해하지 않았습니다.

그들이 미항에 도착했지만, 그곳은 겨울을 나기 쉽지 않은 항구 도시였습니다. 그래서 백부장과 선장은 겨울을 지내기 수월하고 안전한 북서쪽에 있는 뵈니스로 가려 했습니다(행 17:12). 이때 바울은 미항을 떠나 뵈니스로 항해하게 되면 많은 어려움을 겪을 것이라며 만류합니다. 그러나 백부장은 죄수인 바울의 말을 듣지 않고 선주와 선장의 말을 듣고 뵈니스로 항해하다가 유라굴로라는 광풍을 만나게 됩니다(27:14). 그들이 미항을 출발할 때에는 날씨가 좋았지만, 항해를 시작한지 얼마되지 않아 바울이 예언한 대로 광풍을 만나 표류하게 된 것입니다. 엄청난 광풍으로 배가 침몰할 것을 염려한 선장과 선원들은 배를 가볍게 하기 위해 음식과 짐을 모두 버려야만 했습니다. 그들은 결국 14일 동안 먹지도 못하고 자지도 못한 채 바다에서 광풍과 씨름해야 했습니다. 오랫동안 광풍과 높은 파도와 싸우다 보니 그들에게는 더 이상 극복할 힘이 없었습니다.

이때가 바로 하나님의 때입니다. 인간의 힘으로 할 수 있는 일을 다하고 난 후 더 이상 아무것도 할 수 없다고 포기했을 때, 하나님께서는 바울에게 비록 배는 손상을 입어도 사람들의 생명에는 아무 손상이 없을 것이라고 말씀합니다(27:22). 하나님의 말씀대로 배는 손상되었지만 그들은 안전하게 멜리데(몰타)라는 섬에 정박하게 됩니다(28:1).

그곳에서 바울은 불을 쬐다가 독사에 물리게 됩니다. 믿는 자들에게는 이런 표적이 따르리니… 무슨 독을 마실지라도 해를 받지 아니하며"(막 16:17-18)라는 예수님의 말씀같이 바울은 아무 해를 입지 않습니다. 독사에 물린 바울을 보고 원주민들은 바울이 지은 죄 때문에 뱀에 물린 것이라며 몸이 붓고 곧 죽을 것이라고 생각합니다. 그러나 그의 몸이 붓지도 않고 죽지도 않자, 오히려 바울을 신으로 여기게 됩니다(행 28:6).

바울이 멜리데에 머무는 동안 추장 부친의 열병과 이질을 고쳐 주고 섬에 살고 있는 주민들의 병을 고쳐 주자, 원주민들은 바울 일행을 잘 돌보아 줍니다(28:8-10). 바울 일행은 봄이 될 때까지 멜리데 섬에서 지내고 부서진 배를 수리하여 항해한 끝에 마침내 로마에 도착합니다. 로마에 도착한 바울은 재판을 받기 위해 약 2년간 가택연금을 당하지만 자유롭게 복음을 전하며 지냅니다(28:11-31).

바울의 옥중서신

바울은 예수님의 명령(행 1:8)을 따라 그의 증인으로서 복음을 땅끝까지 전하려고 최선을 다합니다. 그는 세 차례에 걸쳐 아시아 여러 지방과 마게도냐, 그리스 지역에 복음을 전합니다. 특히 3차 선교 여행을 하며 고린도에서 약 3개월 동안 머물 때 로마를 거쳐 서바나에도 복음을 전하려는 마음이 솟구칩니다. 그래서 당시 땅끝이라고 생각했던 서바나에까지 복음을 전하려고 계획한 것으로 보입니다.

그러나 바울이 로마에 도착해 약 2년 동안 머물다 보니 세상이 생각했던 것보다 훨씬 크고 넓다는 것을 깨닫게 됩니다. 이때 그는 자신이 복음을 땅끝까지 전하는 게 불가능하다는 것을 인식한 것으로 보입니다. 또한 예수님의 재림도 자신이 생각했던 것처럼 속히 오지 않으리라는 것도 깨닫게 됩니다. 그래서 어떻게 하면 복음을 땅끝까지 전할 수 있을까 고민한 것으로 보입니다.

그 무렵 자신이 개척한 교회에 문제가 발생했다는 소식을 듣고는 교회의 중요성을 깨닫고 교회를 교회답게 세우려 합니다. 이를 위해 교회론을 써서 보낸 서신이 에베소서입니다.

또한 바울은 골로새 교회에 이단 문제가 발생했다는 소식을 듣게 됩니다. 우리가 이단을 퇴치할 수 있는 방법은 이단을 연구하는 것이 아니라 예수 그리스도에 대하여 온전히 아는 것입니다. 그때 비로소 이단은 자연히 퇴치될 수 있기 때문입니다. 그러기에 바울은 골로새 교회에 이단 문제가 발생했을 때 골로새 교회 성도들에게 오직 예수 그리스도가 누구인지 알도록 그리스도론, 즉 기독론에 대해 써서 보냅니다. 이 서신이 골로새서입니다.

골로새 교회에는 빌레몬이란 집사가 있었습니다. 그에게 오네시모 라는 종이 있었는데, 그 종이 도망쳐 로마까지 가게 됩니다. 그는 로마 에서 바울을 만나 그리스도의 종이 됩니다. 바울은 오네시모가 자신 이 개척한 골로새 교회 집사인 빌레몬의 종이었던 것을 알고 그를 다 시 빌레몬에게 보내며 잘 대해 줄 것을 요구하는 서신을 보냅니다. 그 것이 빌레몬서입니다. 또한 빌립보 교회에 분쟁이 있다는 소식을 듣고 복음으로 권면하며 쓴 서신이 빌립보서입니다.

이 네 권의 서신서는 바울이 로마에 가택연금당했을 때 쓴 것이기 에 '옥중서신'이라고 부릅니다. 바울이 옥중서신을 쓸 때는 세 차례 선 교 여행을 다니면서 산전수전 다 겪은 후였기에 신앙적으로 완숙한 단계에 있었습니다. 이들 옥중서신의 특징을 간략히 살펴보기로 하 겠습니다.

에베소서

에베소서는 교회론과 그리스도인의 삶의 지침을 기록한 서신입니다. 에베소서의 핵심 내용은 그리스도의 몸인 교회와 지체인 성도들의 관계입니다. 에베소 교회는 바울이 3년 동안 복음을 전파한 곳이기에 모범된 교회를 세우기에 가장 적합하다고 생각하였을 것입니다. 바울은 하나님께서 우주적인 계획을 갖고 계신데, 그것은 바로 교회를 세우는 것(마 16:18-19)임을 깨닫습니다. 교회를 세우는 것은 하나님의 지혜이며, 그 지혜는 "오직 은밀한 가운데 있는 하나님의 지혜를 말하는 것으로써 곧 감추어졌던 것인데 하나님이 우리의 영광을 위하여 만세 전에 (예)정하신 것"(고전2:7)이라는 것입니다.

이미 언급했듯이 바울은 로마에 도착해서 가택연금당한 상태에서 복음을 전하며 세상이 자신이 생각했던 것보다 훨씬 크고 넓으며, 예수님의 재림도 빨리 이루어지지 않을 것임을 깨달았습니다. 그래서 바울은 지금까지 개척한 교회를 든든히 세우기로 결심합니다. 하나님의 비밀이었던 그리스도의 몸인 교회를 세우는 것은 하나님께서 만세 전에 미리 (예)정하신 것임을 로마에서 복음을 전하며 깨닫게 되었기에 교회론을 기록하여 에베소 교회에 보냈던 것입니다.

에베소 교회는 바울이 3년 동안 복음을 전한 곳입니다. 그러므로 바울이 교회론을 써 보내기에 가장 합당한 교회였습니다.

예베소서의 내용은 크게 두 가지로 나눌 수 있습니다. 첫째, 1장부터 3장까지는 신학적·교리적 문제들을 통해 교회론에 대해 다루고 있습니다. 둘째, 4장부터 6장까지는 부르심을 받은 자, 즉 그리스도인의 합당한 삶은 어떠해야 하는지 권면하고 있습니다.

골로새서

골로새서는 기독론을 강조합니다. 골로새 교회는 바울이 3차 선교 여행을 하던 중 비시디아 안디옥에서 에베소로 가는 길에 개척한 것이라고 이미 언급하였습니다. 골로새는 라오디아 교회 근처에 있었는데, 그 지역은 우상을 많이 섬겼던 지역인 것 같습니다. 바울이 골로새 교회를 개척하여 복음을 전했지만, 그가 로마 감옥에 갇혀 있을 때 이단이 들어오게 됩니다. 바울이 그 소식을 듣고 이단을 이겨 낼 수 있는 방법을 알려 준 것이 골로새서입니다. 바울은 이단이 들어왔을 때 이단을 연구하라고 권면하지 않고, 오직 그리스도가 어떠한 분인지 그리스도에 대한 기독론을 써서 보냅니다. 우리가 이단을 퇴치할 수 있는 방법은 이단을 연구하여 물리치는 것이 아니라 그리스도에 대한 복음을 확실히 아는 것입니다.

예수 그리스도에 대한 복음을 확실하게 알고 있으면 이단이 아무리 공격할지라도 복음으로 승리할 수 있기 때문입니다. 그러기에 바울은 골로새 교회에 기독론을 써서 보냄으로써 이단에게 넘어가지 않도록 권면한 것입니다. 이단을 이기고자 이단을 연구하다 보면 이기기는커녕 오히려 이단에 빠지는 경우가 종종 있습니다. 확고한 복음 안에 서는 것만이 이단을 이기는 가장 확실한 길입니다. 그래서 바울이 기독론을 다룬 것입니다. 사실 기독론과 교회론은 비슷합니다. 에베소서와 골로새서에 비슷한 내용이 많은 것은 그 때문입니다.

빌레몬서

빌레몬서는 골로새 교회를 섬기고 있는 빌레몬에게 보낸 서신입니다. 집사인 빌레몬에게는 오네시모라는 종이 있었는데, 그가 주인 몰래 도망을 갔습니다. 당시에는 종이 탈출하여 도망가다 잡히면 그 자리에서 죽여도 되었습니다. 그런데 오네시모는 얼마나 똑똑했는지 골로새에서 도망하여 에게해를 건너 로마까지 갔습니다. 그는 로마에서 바울을 만납니다. 오네시모가 바울을 감옥에서 만났는지 어디에서 만났는지는 불확실하지만, 바울을 만난 후 완전히 새 사람으로 변합니다. 그리스도인이 된 것입니다.

바울은 오네시모와 교제하며 그가 골로새 교회의 집사인 빌레몬의 종으로 있다가 탈출한 것을 알게 됩니다. 바울은 그를 곁에 두고 싶었지만 주인에게 돌려보내는 것이 옳다 여기고 빌레몬서를 써서 주며 오네시모를 빌레몬에게 돌아가게 합니다. 당시 빌레몬은 오네시모가 돌아왔을 때 그를 죽여도 법적으로 아무런 문제가 없었습니다.

그래서 바울은 오네시모를 빌레몬에게 보내며 오네시모가 이전에는 쓸모없는 종이었을지 모르지만 이제는 그렇지 않으니 그를 마치 바울 자신을 대하듯 하라고 권면합니다. 또한 바울은 빌레몬에게 "나를 위하여 숙소를 마련하라"(몬 1:22)고 합니다. 바울의 숙소를 마련하라는 것은 빌레몬이 오네시모에 대한 자신의 권면을 따르고 있는지 확인하겠다는 바울의 의지가 담긴 것입니다. 바울은 에베소서와 골로새서와 빌레몬서를 바울의 친구이자 동역자였던 두기고를 통해 전달한 것으로 보입니다(엡 6:21, 골 4:1).

빌립보서

바울은 빌립보 교회의 담임목사인 에바브로디도로부터 빌립보 교회에 문제가 있다는 소식을 듣게 됩니다. 빌립보 교회는 바울이 2차, 3차 선교 여행 중에 방문했던 곳입니다. 빌립보 교회는 바울이 복음을 전한 첫날부터 로마에서 빌립보서를 쓸 때까지 복음을 전하는 일에 함께하며 후원을 하던 교회였습니다(빌 4:14-18). 그러기에 빌립보 교회를 더욱 아끼고 사랑했습니다(1:3-11).

그런데 빌립보 교회에 두 여자 집사 유오디아와 순두게 사이에 다툼이 벌어집니다. 일반적으로 교회에서의 다툼은 믿음도 좋고 봉사도 많이 하는 사람들 사이에서 일어납니다. 그런 경우, 서로 금식 기도까지 하며 다툴 때가 있습니다. 이렇게 믿음도 좋고 봉사도 많이 하는 여자 성도들 사이에 문제가 발생하면 담임목사도 해결 못하는 경우가 대부분입니다. 아마도 유오디아와 순두게의 다툼도 담임목사인 에바브로디도가 해결할 수 없었던 것 같습니다. 에바브로디도는 그 문제를 해결하기 위해 로마 감옥에 있는 바울에게까지 찾아가서 도움을 청합니다.

바울은 에바브로디도로부터 빌립보 교회의 문제점을 들었지만 이전과는 상당히 다른 모습을 보여줍니다. 만약 바울이 복음을 전하던 초기의 모습이었다면 고린도 교회를 책망하듯이, 아마도 굉장히 화를 내면서 책망했을 것입니다. 그러나 이때의 바울은 얼마나 성숙하였던지 그들을 말로 책망하지 아니하고 복음을 통해 권면하는 것을 볼 수 있습니다. 그는 다투고 있는 두 여집사를 향하여 주의 모든 일에 "다툼이나 허영으로 하지 말고 오직 겸손한 마음으로 각각 자기보다 남을 낮게 여기고…(중략)… 너희 안에 이 마음을 품으라 곧 그리스도 예수의 마음이니"라며 그리스도 예수의 마음을 품으라 권면합니다(2:1-11).

우리들이 다투는 것은 대부분 내 생각이 다른 사람의 생각보다 낫다고 하는 데서부터 시작합니다. 이렇게 서로 자신의 생각이 옳다고 주장하는 두 여집사는 "주의 모든 일에 다툼이나 허영으로 하지 말고 오직 겸손한 마음으로 각각 자기보다 남을 낮게 여기라"(2:3)는 바울의 권면을 들었을 때 회개하였을 것입니다. 이것이 변화된 바울의 모습이었습니다. 바울이 옥중서신을 쓸 때에는 이렇게 신앙적으로 성숙한 단계에 있었기에 우리는 옥중서신을 읽을 때 그의 성숙함을 느끼며 읽어야 합니다.

바울의 마지막 선교 여행

바울은 로마에서 약 2년간의 가택연금 후 잠깐 풀려납니다. 어떤 학자들은 이때 바울이 서바나로 갔을 것으로 생각합니다. 그러나 성경에서 바울이 서바나로 갔다는 내용을 찾아볼 수 없습니다. 바울이 풀려난 후 그의 행적을 보기 위해서는 목회서신(디모데전서, 디모데후서, 디도서)을 살펴보아야 합니다.

바울은 로마에서 풀려난 후 이전에 땅끝이라고 생각했던 서바나로 가고 싶은 마음도 있었을 것입니다. 그러나 그동안 개척한 교회들을 더 든든히 세우고자 하는 마음이 있었기에 옥중서신을 써서 보낸 에베소와 골로새 그리고 빌립보를 방문한 것으로 보입니다.

바울이 서신서를 써서 보낸 후 다시 방문하지 않은 곳이 없었습니다. 바울은 서신서를 보낸 곳을 다시 방문하여 자신의 권면을 잘 따르고 있는지 확인하며 또 복음을 전하였습니다. 그렇기에 필자는 바울이 로마에서 풀려난 후 옥중서신서를 써서 보낸 교회들을 방문한 것으로 봅니다. 바울의 마지막 방문 기사는 사도행전에는 기록되어 있지 않고 오직 바울의 목회서신을 주의 깊게 읽을 때에만 발견할 수 있습니다.

바울 일행은 로마에서 풀려난 후(AD 63년 말) 그곳에서 겨울을 지내고 아마도 항해하기 적당한 이듬해(AD 64) 봄에 로마를 출발하여 그레데를 방문한 것 같습니다. 그레데에 있는 미항은 바울이 로마로 압송될 때 잠깐 거쳐갔던 곳입니다(행 27:8). 그때는 죄수 신분이었기에 복음을 전하지 못했을 것입니다. 그래서 교회론을 써서 보낸 에베소를 방문하러 가는 길에 그곳에 잠시 머물며 복음을 전한 것으로 보입니다. 바울은 그레데에서 복음을 전한 후 그곳에 디도를 남겨두어 교회를 든든하게 세우도록 합니다(딛 1:5).

바울은 3차 선교 여행 중에 에베소에서 약 3년 동안 복음을 전하였습니다. 그가 옥중에서 에베소서를 통해 교회론과 교인으로서의 삶의 지침서를 써서 보냈던 곳입니다. 바울은 에베소 교회를 방문하여 자신의 권면을 잘 따르고 있는지 확인하고 모범된 교회를 세우도록 디모데를 남겨놓고 떠납니다(딤전 1:3).

바울은 에베소를 떠나 아마도 골로새 교회를 방문하였을 것입니다. 골로새 교회에 이단 문제로 기독론을 써서 보내 이단에 넘어가지 말고 그리스도인의 삶을 살아가도록 권면하였기에 이를 확인하고, 빌레몬에게 부탁한 오네시모의 안부도 궁금하였을 것이기 때문입니다. 바울은 빌레몬서를 통해 "나를 위해 숙소를 마련하라"고 권하였기에 빌레몬의 집에서 하루 머물렀을 것입니다.

그리고 골로새를 떠나 드로아로 가는 길에 아시아에 있는 여러 교회를 방문하였을 것입니다. 바울 일행이 아시아의 여러 교회를 거쳐 드로아에 도착했을 때에는 아마 여름이었던 것 같습니다. 바울은 드로아에서 복음을 전할 때 날씨가 더워지자 두꺼운 외투와 가죽 종이에 쓴 책을 드로아에 있는 가보의 집에 남겨 놓고(딤후 4:13) 마지막 옥중서신을 써서 보낸 빌립보를 향해 출발한 것으로 보입니다.

디모데전서, 디도서

바울 일행이 빌립보에 도착한 때는 서기 64년 말이었을 것입니다. 바울이 빌립보 교회를 방문하여 자신이 빌립보서를 통해 권면한 대로 사람들이 잘 따르며 신실하게 복음을 전하며 살아가고 있는지 확인했을 것입니다. 또한 서로 다투던 두 여집사 유아디아와 순두게도 만났을 것입니다.

이렇게 빌립보를 방문한 바울이 교회를 든든히 세워 가도록 복음을 전하고 있을 때 로마에 대화재(AD 64년 7월 18일)가 발생했다는 소식을 듣게 됩니다. 대화재는 네로 황제 통치 기간(AD 54~68)에 일어난 불로, 이로 인해 로마의 3분의 2가 불타 버렸으며 로마에 살고 있던 많은 사람이 목숨과 삶의 터전을 잃었습니다. 대화재로 인하여 민심이 급속도로 나빠지자, 네로 황제는 화재의 원인을 로마의 그리스도인에게 돌립니다. 이로 인해 로마 정부와 시민이 하나가 되어 그리스도인을 탄핵하고 죽이는 등 그리스도인에 대한 대대적인 박해와 핍박이 시작됩니다. 바울은 마게도냐 빌립보에서 복음을 전하고 있을 때 이 소식을 들었을 것입니다.

바울은 고통받고 있는 그리스도인의 고난에 동참하기 위해 로마에 가기로 결심합니다. 물론 로마에 가면 붙잡혀 박해과 고난을 받으며 죽으리라는 것을 잘 알고 있었습니다. 그래서 바울은 로마로 가기 전에 에베소에 있는 디모데와 구브로에 있는 디도에게 편지를 씁니다. 이때 쓴 편지가 디모데전서와 디도서입니다. 디모데와 디도에게 자신이 다시 볼 수 없을지 모르니 목회를 어떻게 해야 하는지 서신을 써서 보낸 것입니다. 이 두 편지는 건강한 교회를 세우기 위해 목회자와 지도자들이 하나님의 집에서 어떻게 행해야 할지를 알도록 하기 위함이었습니다(딤전 3:15). 이를 위해 바울은 교회의 질서와 올바른 교회 조직의 필요성을 강조하고 교회의 지도자를 세우는 기준(딤전 3:2-5:25)을 제시합니다.

디모데전서와 디도서의 내용은 거의 비슷하지만 편지 길이를 보면 차이가 납니다. 디모데전서는 6장까지 있지만, 디도서는 불과 3장밖에 없습니다. 그 원인을 분석해 보면 디모데는 세심한 사람이었기에 무엇을 하든 세심하게 알려 주어야 잘 진행했습니다. 디모데의 성격상 그는 안정된 곳에서 사역을 잘하던 사람이었던 것 같습니다. 반면 디도는 디모데와 정반대 성격으로 안정된 곳보다는 거친 곳에서 사역을 잘하는 사람이었습니다. 디모데는 고린도 교회에 가서 고린도전서를 읽어 주었지만 이를 받아들이지 않자, 할 수 없이 에베소로 돌아온 적이 있습니다. 이렇게 고린도 교회가 바울의 권면을 따르지 않자, 바울은 그들을 혹독하게 책망하며 눈물의 편지를 써서 디도에게 주며 고린도 교회에 가서 읽어 주게 합니다.

당시 고린도 교회는 바울이 가도 그를 배척했던 아주 거친 광야 같은 곳이었습니다. 이러한 고린도 교회에 디도를 보냈을 때 디도는 눈물로 쓴 편지를 읽어 주며 성도들의 마음을 바울에게로 돌아오게 했습니다. 디도는 이처럼 거친 곳에서 사역을 잘합니다. 또 단순한 사람이라서 가르침의 내용도 단순해야 더 효과적이었습니다. 그러한 이유로 디모데전서와 디도서는 같은 내용을 담았지만 디모데에게는 세심하고 자세하게 쓴 반면, 디도에게는 간단명료하게 적어 보낸 것입니다.

바울은 디모데와 디도에게 서신서를 보내면서, 특히 디도에게는 마게도냐 지방에 있는 '니고볼리'로 오라고 합니다(딛 3:12). 디도를 '달마디아'로 보내기 위해서였을 것입니다. 바울은 마게도냐 지방을 다시 방문했을 때 빌립보를 시작으로 그가 복음을 전한 곳들을 일일이 방문하여 교회를 든든히 세우려고 하였습니다. 그러나 대화재 소식을 듣고는 하루라도 빨리 로마에 가려고 했기에 그곳들을 방문할 수 없을 것으로 판단한 것 같습니다. 특히 달마디아 지방은 마게도냐 북서쪽에 있어 자신이 다시 방문할 수 없기 때문에 디도를 보내려고 한 것입니다. 달마디아는 항구 도시이기에 복음을 전하기 쉽지 않은 곳이었지만, 디도는 문제가 있고 거칠고 험한 곳에서도 사역을 잘 감당하는 사람이었기에 그를 보내려고 한 것입니다.

디모데후서에 "디도는 달마디아로 갔고"(딤후 4:10)라고 쓰여 있는데, 이때 자신을 대신하여 디도를 달마디아로 보냈을 것입니다. 바울은 니고볼리에서 디도를 만난 후 그곳에서 겨울을 보내고(딛 3:12) 바울은 로마로, 디도는 달마디아로 갔을 것입니다. 바울이 로마로 돌아가는 것은 핍박받는 그리스도인을 돕고 그들의 고난에 동참하기 위해서였습니다.

디모데후서

로마에 도착한 바울은 핍박받고 있는 그리스도인들의 고난에 동참하다 결국 로마 군인들에게 붙잡혀 감옥에 갇히게 됩니다(AD 65~66년경). 당시 정권 말기였던 네로 황제는 권력을 유지하기 위해 살인도 서슴지 않고 저지르는 거의 반미치광이 같은 상태였습니다. 감옥에 갇힌 바울은 교회를 더 잔인하게 박해하리라는 것과 자신이 다시 풀려나지 못하고 죽을 것임을 알았습니다. 바울은 사형선고를 받고 죽기 전에 자기 뒤를 이어 복음을 전할 디모데에게 유언처럼 쓴 편지를 남깁니다. 그것이 바로 디모데후서입니다.

디모데는 아버지와 같은 바울이 사형선고를 받았다는 소식을 전해 듣고 슬프고 불안한 마음이었을 것입니다. 그러한 디모데를 위로하고 강하고 담대하게 세우기 위해 바울은 "믿음 안에서 참아들 된 디모데"(딤후 1:2)에게 마지막 편지를 쓴 것입니다.

바울이 잡혀 있음을 알고 마음 아파 하며 상심해 있는 디모데에게 바울은 자신이 받고 있는 고난을 부끄러워하지 않는다고 말합니다. 그는 자신이 믿는 자, 즉 하나님을 알고 있으며 또한 "내가 하나님께 의탁한 모든 것(영육혼)을 하나님께서 능히 지키실 줄 확신"한다며 디모데를 위로합니다. 이러한 위로를 통해 바울은 디모데에게 자기를 대신하여 좋은 목회자가 되기를 권면하고 있습니다(1:12).

사실 디모데는 영적 아버지인 바울이 다시 로마 감옥에 갇히게 되자 마음이 많이 무너져 내렸습니다. 그래서 의기소침해지고, 앞으로 닥칠 일에 대한 두려움도 많았습니다. 이렇게 두려워하고 있는 디모데에게 바울은 편지를 보내 신실한 종이 되어(2:14-26) 때를 얻든지 못 얻든지 항상 복음을 전파하는 일에 힘쓰라고 권면합니다(4:1-8).

바울은 죽기 전에 디모데를 꼭 만나고 싶었습니다. 그래서 "어서 속히 내게로 오라"(4:9)고 합니다. 겨울에 로마 감옥은 몹시 추웠습니다. 바울은 디모데가 로마를 방문할 때 드로아에 있는 가보의 집에 들러 자신의 겉옷을 가지고 오도록 부탁하며(4:13), 겨울이 오기 전에 어서 오라고 거듭 부탁합니다(4:21). 바울은 두려움 가운데 있는 디모데에게 "은혜가 너희와 함께 있을지어다"(4:22)며 서신을 마무리합니다.

일반 서신

서신서는 요한계시록을 포함하여 총 22권으로 되어 있습니다. 그 중에서 바울이 쓴 서신서는 13권이고, 다른 사도들이 쓴 서신서로는 히브리서, 야고보서, 베드로전후서, 유다서, 요한 1, 2, 3서, 그리고 요한계시록이 있습니다. 바울의 서신서를 제외한 나머지 서신서를 '일반 서신'이라 부릅니다.

일반 서신이란 한 지역 교회에 보낸 것이 아니라 회람용으로 보낸 서신입니다. 일반 서신의 목적은 첫째, 교회 외부로부터의 박해를 인내하며 끝까지 믿음을 지키도록 권면하는 것이고, 둘째는 교회 안에서 발생하는 이단에 넘어가지 않도록 권면하는 데 있습니다. 일반 서신 중에서 요한이 쓴 서신서는 다음 장에서 살펴보기로 하고, 이 장에서는 히브리서와 야고보서 그리고 베드로전후서와 유다서를 간단히 살펴보기로 하겠습니다.

히브리서

히브리서는 서기 65년에서 70년 사이에 쓰인 책으로 알려져 있으나 저자가 누구인지는 확실히 알 수 없습니다. 3세기의 교부 오레곤은 "히브리서의 저자는 오직 하나님만이 아신다"라고 말합니다. 3세기의 교부가 히브리서 저자를 모른다면 그로부터 약 18세기가 지난 지금, 히브리서의 저자를 안다는 것은 불가능합니다. 따라서 성경을 읽고 묵상할 때 쓸데없는 일에 시간을 낭비하지 않는 것이 좋습니다. 히브리서는 언제 어디서 누가 어떻게 왜 썼는지 정확하게 알 수 없지만, 내용을 보건대 히브리인을 위해 쓴 것임을 알 수 있습니다. 그러나 어느 지역에 살고 있는 히브리인을 대상으로 썼는지는 알 수 없습니다.

히브리서의 특징은 서신서라기보다는 설교나 소논문 같은 형식으로 썼다는 것입니다. 히브리서를 쓴 목적은 고난받고 있는 그리스도인에게 예수 그리스도의 우월성과 믿음의 위대함을 설명하며, 어떠한 고난과 핍박 가운데서도 인내하고 그리스도를 끝까지 믿으며 살아가도록 권면하는 데 있습니다. 히브리서가 가장 강조하는 것은 그리스도의 위대함(1:1-10:39)과 믿음의 위대함(11:1-12:2)입니다. 그리스도는 어떠한 예언자(1:1-3)나, 천사들(1:4-18)이나, 이스라엘 민족이 가장 위대하게 생각하는 모세나(3:1-4:13), 어느 대제사장보다도(5:1-10:39) 위대하다고 강조합니다. 예수 그리스도의 위대성을 강조하는 이유는 예수 그리스도가 이렇게 위대한 분이니 예수 그리스도를 믿으라고 권면하기 위해서입니다.

히브리서 11장을 '믿음장'이라고 말합니다. 믿음장에서는 믿음이 무엇인지에 대하여 먼저 정의하고 있습니다. "믿음은 바라는 것들의 실상이요 보이지 않는 것들의 증거"(11:1)라고 합니다. 믿음이 '보이지 않는 것들의 실상'이란 비록 육안으로는 보이지 않지만 눈으로 보이는 실체와 같이 믿는 것을 의미합니다. 또한 보이지 않는 것들의 증거도 같은 의미입니다. 이와 같이 믿음의 정의를 내린 후, 우리가 믿어야 할 가장 근본적인 것이 무엇인지 선포하고 있습니다. 그것은 "믿음으로 모든 세계가 하나님의 말씀으로 지어진 줄을 우리가 아나니"(11:3)라며 하나님이 온 세상을 창조하신 것은 오직 믿음으로 알 수 있다고 선포합니다.

하나님께서 우주를 창조하실 때의 모습을 본 사람은 없습니다. 최초의 인간인 아담도 우주의 모든 것을 창조하신 후에 창조되었기에 창조하시는 모습을 보지 못했습니다. 그러므로 창세기 1장의 창조 기사를 알 수 있는 길은 오직 믿음으로만 가능합니다. 이미 언급한 바와 같이 창세기 1장 1절을 믿으면 모든 것을 믿을 수 있습니다. 이것을 믿는 것이 바로 믿음입니다.

이와 같이 히브리서 11장에서 믿음에 대한 정의와 믿음으로 하나님이 창조하셨음을 알 수 있다고 선포하고, 믿음의 선조들이 어떻게 믿음 생활을 해왔는지 그들의 위대한 믿음을 강조합니다. 그리고 독자들에게 "믿음의 주요 또 온전하게 하시는 이인 예수를 바라보자"(12:2)고 권합니다. 이와 같이 히브리서는 예수님의 위대함과 선조들의 위대한 믿음을 강조하며, 믿음으로 살아간 선조들처럼 믿음의 주요 또 온전하게 하시는 이인 예수를 바라보며 끝까지 믿음을 지키며 살아가도록 권유하는 데 그 목적이 있습니다.

야고보서

야고보서의 저자는 예수님의 동생(야고보, 요셉, 유다, 시몬)인 야고보로 알려져 있습니다. 교회 역사가 요세비우스는 야고보가 신실하게 기도하던 종으로서 항상 무릎 꿇고 기도하였기에 그의 무릎은 너무나 딱딱해진 나머지 마치 낙타의 무릎 같았다고 말합니다.

야고보서의 목적은 참믿음이 무엇인가를 아는 데 있습니다. 야고보는 "행함이 없는 믿음은 그 자체가 죽은 것이라"(약 2:17), "영혼이 없는 몸이 죽은 것같이 행함이 없는 믿음은 죽은 것이니라"(2:26)며, 참믿음이란 행함이 있어야 한다고 강조합니다. 우리가 생각하는 참믿음이란 무엇입니까? "주여! 주여! 주여!" 삼창하며 "믿습니다!"라고 외치는 것이 진정한 믿음입니까? 참믿음이란 주님의 이름을 부르며 외치는 것이 아니라 예수님의 말씀대로 행하며 살아가는 것을 말합니다. 우리가 행하지 못하는 진짜 이유는 무엇입니까? 그것은 성경에 있는 말씀을 온전히 믿지 못하기 때문입니다. 말씀을 진정으로 믿는다면 그대로 행하지 않을 이유가 없습니다.

예수님도 "나더러 주여 주여 하는 자마다 다 천국에 들어갈 것이 아니요 다만 하늘에 계신 내 아버지의 뜻대로 행하는 자라야 들어가리라"(마7:21)며 하나님의 뜻대로 행하며 살아가도록 우리에게 권면합니다. 하나님의 뜻, 즉 성경에 있는 말씀을 믿고 행하며 살아가는 것이 참믿음이기에 야고보는 행함이 있는 믿음을 강조한 것입니다.

이와 같이 참믿음이란 우리가 믿는 바를 행하며 살아가는 것을 말합니다. 야고보서는 이렇게 행함을 강조하였기에 '오직 믿음'을 강조하던 종교개혁가 마틴 루터는 야고보서를 지푸라기 서신이라고 평가 절하하며 정경으로 인정하지 않으려 했습니다.

아마도 마틴 루터가 야고보서를 약간 오해하지 않았나 하는 생각을 합니다. 야고보서에서 강조하는 행함은 행함으로 구원을 얻을 수 있다는 것이 아닙니다. 믿음으로 구원받은 자들은 믿는 대로 행하며 살아가야 그것이 참믿음이라는 것을 강조한 것입니다.

베드로전서

베드로는 예수님의 수제자로 알려져 있습니다. 성 어거스틴에 따르면 요한은 예수님이 사랑하신 제자이고, 베드로는 예수님을 사랑한 제자였다고 합니다. 예수님의 사랑을 가장 많이 받은 제자가 요한이라면, 예수님을 가장 많이 사랑한 제자는 베드로임을 누구도 부인하지 않을 것입니다. 베드로전후서는 예수님을 가장 사랑했던 베드로가 쓴 서신서입니다. 베드로전서는 산(참) 소망에 대하여 이야기하고 있습니다. 베드로전서가 쓰일 당시에 그리스도인들은 외부로부터 많은 핍박과 고난을 받고 있었습니다. 당시 많은 그리스도인들이 예수를 믿는다는 이유로 핍박과 고난을 받았던 것입니다. 그들이 예수님을 부인하면 핍박과 고난으로부터 벗어날 수도 있었습니다.

이렇게 고난을 받으며 신앙 생활을 하고 있는 그리스도인들에게 베드로는 그들이 지금 겪고 있는 핍박과 고난보다 더 큰 네로의 박해가 있을 것을 예견합니다. 베드로는 고난받고 있는 성도들에게 부활에 대한 산 소망을 주며, 이를 굳게 잡고 앞으로 임박한 네로의 박해도 이겨내도록 격려하기 위해 서신서를 씁니다.

베드로전서는 "우리 주 예수 그리스도와 아버지 하나님을 찬송하리로다 그의 많으신 긍휼대로 예수 그리스도를 죽은 자 가운데서 부활하게 하심으로 말미암아 우리를 거듭나게 하사 산 소망이 있게 하시며" (벧전 1:3)라고 시작합니다. 베드로가 전하고자 하는 핵심 내용은 예수님께서 죽은 자 가운데서 부활하셨듯이, 우리들도 거듭나게 하사 부활에 대한 산 소망을 가지라는 것입니다. 그러한 산 소망을 가지고 앞으로 닥쳐올 어떠한 고난과 핍박도 이겨내도록 힘과 용기를 주고 있습니다. 하나님께서는 우리들을 부활하신 예수님같이 썩지 않고 더럽지 않고 쇠하지 아니하는 하나님의 자녀가 되는 유업을 잇게 하셨습니다 (1:4). 그리고 이 모든 것은 오직 흠 없고 점 없는 어린 양 같은 그리스도의 보배로운 피로 된 것(1:19)이라고 선포합니다.

이러한 산 소망을 선포한 후 베드로는 하나님의 백성인 독자들에게 하나님의 백성으로서 어떻게 살아가야 하는지 삶의 지침서를 주고 있습니다. 왕과 총독들에 대하여 어떻게 순종해야 하는지를 시작으로

(2:11-17), 사환들(2:18-25), 아내들(3:1-6), 남편들(3:7), 형제들(3:8-22), 장로들과 젊은 자들(5:1-11)에게 그리스도인으로서 어떻게 살아가야 하는지 알려 주고 있는 것입니다. 베드로는 산 소망과 그리스도인으로서의 삶의 지침서를 준 후에 "그리스도 안에 있는 너희 모든 이에게 평강이 있을지어다"(5:14)라고 축복하며 서신서를 마무리합니다.

베드로후서

베드로전서가 외부의 박해에 대하여 산 소망을 가지고 인내하며 그리스도인으로서 본이 되는 삶을 살아가도록 권고하고 있다면, 베드로후서는 교회 내부에서 발생하는 거짓 교사와 이단자들의 이단 사상에 넘어가지 않도록 권면하는 내용입니다. 디모데후서가 바울의 유언 같은 서신이었다면, 베드로후서는 베드로의 유언 같은 서신입니다. 베드로후서는 베드로가 순교하기 직전에 디모데후서와 거의 같은 시기에 썼을 것입니다.

베드로후서를 쓴 목적은 크게 두 가지입니다. 첫째는 베드로가 자신의 죽음이 임박한 줄 알고 제자들에게 영적 진리를 일깨워 주기 위해서였습니다(1:13-15). 둘째는 예언자들과 예수님의 말씀을 기억나게 하여 교회 안에서 거짓 교사들의 가르침을 부인하고 그리스도의 장성한 분량이 충만한 데까지 성장하도록 권유하는 데 있었습니다(3:1-7).

하나님은 우리를 택하시어 신성한(하나님) 성품에 참여하는 자가 되는 보배롭고 지극히 큰 약속을 주셨습니다(1:3-4). 그러므로 하나님의 신성한 성품에 참여한 자가 된 우리들은 더욱 힘써 "믿음에 덕을, 덕에 지식을, 지식에 절제를, 절제에 인내를, 인내에 경건을, 경건에 형제 우애를, 형제 우애에 사랑을"(1:5-7) 더하며 살아가야 합니다.

이같이 하면 "그리스도의 장성한 분량이 충만한 데까지 이르러"(엡 4:13) 예수 그리스도의 영원한 나라에 들어감을 넉넉히 주실 것이라고 선포합니다(벧후 1:11). 베드로는 "성경의 모든 예언은 사사로이 풀 것이 아니"(벧후 1:20)라고 합니다. 성경은 하나님의 감동으로 쓰인 것(벧후 1:21, 딤후3:16)이기에 사사로이 풀면 안 됩니다. 그러나 거짓 선생과 이단자들은 성경을 사사로이 풀어 성도들을 이단에 빠지게 하였습니다(벧후 2:1-22).

베드로는 종말과 예수님의 재림에 대한 이단의 가르침에 조심하라고 합니다(3:1-18). 종말론을 이해하는 데에는 많은 어려움이 있습니다. 그러나 거짓 선생과 이단자들은 종말론을 억지로 풀려고 하였습니다. 베드로는 바울이 데살로니가전서 4장과 고린도전서 5장에서 종말에 대하여 말한 것을 알고 있었습니다. 그렇기에 그는 바울도 종말에 대하여 말하였으되(살전 4장, 고전 15장) "그중에는 어려운 것이 있으니 그것을 억지로 풀지 말라"(벧후 3:16)고 합니다.

거짓 선생과 이단자들은 성경을 때로는 사사로이, 때로는 억지로 풀어 자신들의 주장을 정당화하며 성도들을 유혹했습니다. 베드로는 거짓 선생과 이단자들은 성경을 억지로 풀다가 스스로 멸망에 이르게 될 것이라고 합니다(3:16). 그러기에 여러분도 성경을 읽다가 이해되지 않을 경우 그것을 억지로 풀려고 하지 말고 계속 읽어 나가기 바랍니다. 그러면 성령의 도움으로 성경이 성경을 풀어 주게 됩니다(사 34:16).

유다서

유다서의 저자는 예수님의 형제 유다로 알려져 있습니다. 유다서가 언제 쓰였는지는 불확실하지만, 유다는 서기 70~80년경에 순교한 것으로 알려져 있기에 그가 순교하기 전에 쓴 것으로 보입니다. 유다서도 베드로후서와 같이 교회 공동체에 슬며시 들어온 이단 문제를 다루고 있습니다.

유다서의 목적은 영지주의靈智主義 이단 사상에 대한 바른 교훈을 주기 위한 것으로, 이단에 대하여 "믿음의 도를 위하여 힘써 싸우라"(유 1:3) 고 권면합니다. 당시 교회 공동체 안에 예수 그리스도를 부인하는, 가만히 들어온 사람(이단)들이 있었습니다(1:4). 하나님께서 백성을 애굽에서 인도하실 때 믿지 아니하는 자들을 멸하셨으며, 소돔과 고모라가 그들의 죄로 인하여 심판을 받아 멸망하였듯이 이단도 정죄를 받아 결국 멸망하게 될 것이라고 말합니다(1:5-16).

그러므로 이단에 넘어가려는 그리스도인들에게 "사랑하는 자들아 너희는 우리 주 예수 그리스도의 사도들이 (이단의 출현에 대하여) 미리 한 말(행 20:29-31, 딤전 4:1, 요일 2:18, 4:1, 벧후 3:3-5)을 기억하라"(유 1:17)며 이단의 말에 유혹당하지 말고 "너희는 지극히 거룩한 믿음 위에 자신을 세우며 성령으로 기도하며 하나님의 사랑 안에서 자신을 지키며 영생에 이르도록 우리 주 예수 그리스도의 긍휼을 기다리라"(1:20-21)고 권면하고 있습니다.

지금까지 사도행전을 통해 바울의 서신서가 쓰인 역사적 배경과 내용을 간략히 살펴보았으며, 또한 일반 서신서에 대해서도 간략하게 살펴보았습니다. 다음 장에서는 요한이 기록한 다섯 권의 책의 역사적 배경과 내용을 간략히 살펴보기로 하겠습니다.

9장

요한의 책

요한의 책(요한복음, 요한 1,2,3서, 요한계시록)이 쓰인 시기는 학자들마다 주장하는 바가 다르지만, 필자는 신구약 성경 중에서 가장 나중에 쓰인 것으로 봅니다. 이러한 이유로 다른 복음서들을 설명할 때 요한복음을 설명하지 않고 요한이 쓴 다섯 권의 성경과 함께 다루고자 합니다.

요한의 책이 쓰일 당시에는 이미 공관복음과 바울의 서신서, 그리고 일반 서신서가 많이 전파되어 성도들이 읽고 있을 때입니다. 대부분의 사도와 바울이 순교를 당하고 아마도 열두 사도 중에서 요한만이 살아 있을 때(AD 85~95년경)였을 것입니다.

당시 로마 황제는 도미티안(AD 8~96)으로, 그리스도인들은 네로 황제 이후 두 번째로 큰 핍박과 박해를 받고 있었습니다. 교회 내부도 이단 사상으로 인해 그리스도인들은 교회 안팎으로부터 큰 어려움을 겪고 있었습니다. 요한은 이러한 환경에 처해 있는 그리스도인들에게 예수님은 하나님의 아들이요 그리스도임을 믿어 영생을 얻도록 권면하고자 요한복음과 서신서들과 요한계시록을 쓴 것입니다.

요한의 책 중에서 요한복음이 가장 먼저 쓰였습니다. 따라서 요한복음, 요한 1, 2, 3서 그리고 요한계시록 순으로 살펴보겠습니다.

요한복음

요한복음의 저자는 사도요한으로 알려져 있습니다. 요한복음의 기록 연대는 학자에 따라 다르지만 필자는 서기 85년에서 90년 사이에 쓰인 것으로 봅니다.

당시 로마 황제 도미티안은 황제 숭배를 강요하며 이를 따르지 않을 경우 감옥에 가두거나 때로는 죽이기까지 하였습니다. 대부분의 종교는 이러한 황제 숭배를 받아들일 수 있었지만, 그리스도인들은 도저히 받아들일 수 없었습니다. 그 때문에 그리스도인들은 많은 고난과 박해를 받았습니다. 뿐만 아니라 예수를 믿는다는 이유로 유대 공동체로부터 출교 조치도 당합니다(요 9:22). 당시 유대 공동체로부터 출교를 당한다는 것은 직장을 잃는 등 삶의 기초를 잃게 된다는 의미입니다. 요한복음은 로마 정부와 유대 공동체로부터 핍박과 박해를 받고 있는 많은 그리스도인들을 향해 예수 그리스도가 누구인지 선포하는 복음서입니다.

당시 예수님을 믿는다는 이유로 고난과 핍박을 받고 있는 성도들에게 궁금한 것이 있었습니다. '과연 자신들이 믿고 있는 예수님은 누구인가? 예수님을 믿는다는 이유로 많은 고난과 핍박을 받고 있는데, 예수님을 믿는 것이 이러한 고난을 받을 만한 가치가 과연 있는 것일까?'라는 의문이었습니다.

요한복음은 고난과 핍박 가운데서 예수님에 대한 믿음이 흔들리고 있는 성도들에게 예수님은 하나님의 아들, 즉 신이시며 우리를 구원하기 위해 이 땅에 오신 그리스도라고 선포합니다. 예수님은 하나님의 아들이요 그리스도이시니 예수님을 부인하지 말고 끝까지 믿음의 지조를 지키라고 권면하는 것입니다. 그래서 요한은 요한복음을 쓰는 목적에 대해 "너희로 예수께서 하나님의 아들 그리스도이심을 믿게 하려 함이요 또 너희로 믿고 그 이름을 힘입어 생명을 얻게 하려 함이니라"(요 20:31)고 선포한 것입니다.

이와 같이 요한복음을 쓴 목적은 요한복음을 읽는 모든 사람이 예수님이 하나님의 아들 그리스도이심을 믿게 하기 위함입니다. 또 믿는 자들은 그 이름에 힘입어 생명을 얻게 하기 위함입니다. 요한복음에는 많은 기적과 이적의 기사들이 나오는데, 그러한 기적과 이적이 중요한 것이 아니라 과연 기적과 이적과 표적을 이루는 '그분이 누구냐?'는 것입니다.

요한은 그분이 바로 예수 그리스도이며 하나님의 아들이라는, 그의 신성을 강조하고 있습니다. 현시대를 살아가는 그리스도인은 예수님의 인성을 믿는 것이 예수님의 신성을 믿는 것보다 훨씬 어렵습니다. 그러나 요한이 복음서를 쓸 당시의 사람들에게는 예수님의 탄생에 대하여 아는 사람이 많았기에 예수님이 하나님의 아들이라는, 즉 그의 신성을 믿는 것이 훨씬 더 어려웠습니다. 그래서 요한 사도는 모든 기적과 이적과 표적을 행하는 예수 그리스도가 바로 하나님의 아들이라며 그의 신성을 강조한 것입니다.

요한복음은 "태초에 말씀이 계시니라 이 말씀이 하나님과 함께 계셨으니 이 말씀은 곧 하나님이시니라"(요 1:1)며 시작합니다. 그리고 그 "말씀이 육신이 되어 우리 가운데 거하시매"(1:14)라며, 말씀이 육신이 되어 우리 가운데 거하시는 예수님을 소개하고 있습니다. 하나님은 말씀으로 세상을 창조하셨는데, 그 "하나님의 말씀이 바로 예수님"(계 19:13)이라는 것입니다. 요한은 말씀이 육신이 되어 오신 분이 예수님이라고 소개한 후, 예수님이 나다나엘과 대화하는 내용을 소개합니다(요 1:43-51).

예수님은 빌립의 인도에 따라 자신에게 온 나다나엘에게 "보라 이는 참으로 이스라엘 사람이라 그 속에 간사한 것이 없도다"(1:47) 말합니다. 그러자 나다나엘은 깜짝 놀라 자기는 예수님을 처음 보는데 어떻게 나를 아느냐고 묻습니다. 그때 예수님은 "빌립이 너를 부르기 전에 네가 무화과나무 아래에 있을 때 보았노라"(1:48) 말합니다. 그 이야기를 들은 나다나엘은 "랍비여 당신은 하나님의 아들이시요 당신은 이스라엘의 임금"(1:49)이라고 고백합니다. 나다나엘의 이러한 신앙고백에 예수님은 "내가 너를 무화과나무 아래에 있을 때 보았다 하므로 믿느냐 이보다 더 큰 일을 보리라"(1:50)고 합니다.

요한복음 2장부터는 일곱 개의 표적과 일곱 개의 기독론을 통해 나다나엘이 경험한 일보다 더 큰 일들을 보여주며 예수님이 하나님의 아들임을 증거하고 있습니다.

요한복음에서 보여주는 더 큰 일들은 가나에서 물이 포도주가 되는 표적(2:1-11)을 시작으로, 왕의 신하 아들의 병을 고치고(4:46-54), 베데스다 연못가에서 38년 된 병자를 고치며(5:1-15), 오천 명을 먹이고(6:1-14), 호수 위를 걷고(6:15-21), 날 때부터 소경 된 자를 고치고(9:1-12), 죽은 나사로를 살리는(11:1-44) 일곱 가지 표적입니다. 이 모든 표적은 사람이 할 수 있는 일이 하나도 없고 오직 신만이 할 수 있는 것입니다. 요한은 일곱 가지 표적 기사를 통해 이러한 신적인 이적과 표적을 행하는 분이야말로 하나님의 아들이며, 예수님은 신이라는 것을 강조하고 있습니다.

요한복음에는 일곱 가지 표적과 함께 헬라어로 '에고 에이미Ego

eimi', 즉 '나는 ~이다'라는 의미를 가진 일곱 가지 자기계시, 즉 기독론이 나옵니다. 헬라어 '에고 에이미'는 사람에게는 사용하지 않고 오직 신에게만 사용할 수 있는 신적 용어로 알려져 있습니다. 나는 생명의 떡이다(6:35), 나는 세상의 빛이다(8:12), 나는 양의 문이다(10:7), 나는 선한 목자다(10:11), 나는 부활이요 생명이다(11:25), 나는 길이요 진리요 생명이다(14:8), 나는 참 포도나무다(15:1)라는 예수님의 자기계시를 통해 자신이 하나님의 아들이며 신임을 선포하는 것을 볼 수 있습니다. 이 세상에는 누구도 자신을 들어 '나는 ~이다'라고 자신있게 말할 수 있는 사람이 없을 것입니다. 이것은 오직 하나님의 아들 예수 그리스도만이 하실 수 있습니다. 이렇게 요한은 일곱 가지 자기계시를 통해서도 예수 그리스도가 하나님의 아들임을 증명하고 있습니다.

그런데 더 중요한 것은 요한은 일곱 가지의 표적 기사와 일곱 가지의 자기계시, 즉 기독론과 그 시대에 일어났던 사건들을 잘 융합하여 예수님은 하나님의 아들이시며 그를 믿는 자는 영생을 얻을 것이라 선포하였다는 것입니다. 예를 들면 서기관과 바리새인들이 음행을 저지르다 현장에서 잡힌 여자를 예수님께 끌고 와서 "이 여자가 간음하다 현장에서 잡혔나이다 모세의 율법에 이러한 여자를 돌로 치라 명하였거니와 선생은 어떻게 말하겠나이까?"(8:4-5)라며 예수님을 시험하려 합니다.

이들은 예수님을 함정에 빠뜨리려고 계획적으로 간음한 여인을 잡아 데려온 것입니다. 예수님은 자신을 따르는 자들에게 이웃을 사랑하고 섬기고 용서하며 살아가라고 가르쳤는데, 현장에서 음행하다 잡힌 여인을 '용서하라!'고 하면 예수님이 모세의 율법을 지키지 않는다고 무리들을 선동할 것이고, 반대로 이 여인을 '돌로 치라!'고 하면 이제까지 가르친 사랑과 용서가 모두 거짓 가르침이 되는 것입니다.

예수님은 그들의 의중을 정확히 알고 있었습니다. 예수님은 그들이 고발하는 내용을 듣고 잠시 몸을 굽혀 손가락으로 땅에 무엇인가 씁니다(8:6). 필자의 생각으로는 예수님께서 땅에 무엇인가를 쓴 것은 고발하는 사람들의 감정을 가라앉히기 위해서였던 것 같습니다. 흥분하고 있는 무리들에게 무슨 말을 하더라도 그들은 예수님의 말씀을 듣지 않고 반발할 것을 잘 알았던 것입니다. 예수님이 몸을 굽혀 무엇인가 쓰고 있을 때 무리들은 무엇을 쓰고 있는지 궁금했을 것입니다. 아마 독자들 가운데도 궁금해하는 분이 많을 것입니다. 이에 대해서 학자들이 여러 가지 재미있는 해석을 내놓고 있지만, 필자는 '너희 중에 죄 없는 사람이 있느냐? 너희들도 이 여인같이 죄를 지으며 살아가고 있지만 다만 걸리지 않았을 뿐이야!'라고 쓰지 않았을까 생각합니다.

무리들의 요구에 예수님이 아무 대답도 안 하고 땅에 글을 쓰기 시작하자, 군중들은 무엇을 쓰고 있는지 궁금해하며 예수님을 주시합니다. 시간이 흐르면서 그들의 격한 감정이 가라앉기 시작합니다. 그때 예수님께서 일어나 "너희 중에 죄 없는 자가 먼저 돌로 치라!"(8:7)고 합니다. 이 말씀을 들었을 때 아마도 나이 많은 사람들부터 자신이 죄인인 것을 깨달았던 것 같습니다. 오래 살수록 죄를 더 많이 지을 수밖에 없기에 예수님의 말씀을 들은 그들은 "양심에 가책을 느껴 어른부터 시작하여 젊은이까지 하나씩 하나씩 나가고 예수와 그 가운데 섰는 여자만 남았더라"(8:9)고 합니다.

무리들이 양심의 가책을 느끼고 다 떠나자, 예수님은 그 여인에게 "여자여 너를 고발하던 그들이 어디 있느냐 너를 정죄한 자가 없느냐"며 "나도 너를 정죄하지 아니하노니 가서 다시는 죄를 범하지 말라"고 말합니다(8:11). 그리고 곧바로 그동안 음행을 저지르며 칠흑 같은 어둠 속에 살아오던 그 여인에게 "나는 세상의 빛이니 나를 따르는 자는 어둠에 다니지 아니하고 생명의 빛을 얻으리라"(8:12)고 선포합니다. 이 여인은 예수님의 선포에 온전히 회개하고 더 이상 어둠에 거하지 아니하고 빛 되신 예수님을 따랐을 것입니다. 요한은 음행 중에 잡힌 여인을 통해 예수님이 세상의 빛이 되는 기독론을 선포하고 있습니다.

예수님은 음행 사건을 통해 영적으로 어둠 가운데 살던 여인을 밝은 빛으로 나오게 한 후, 9장에서는 태어나면서부터 맹인이 된 자의 눈을 고쳐 주는 표적을 통해 육체적으로 어둠 가운데 있는 사람에게도 빛이 됨을 보여줍니다(9:1-12).

이와 같이 요한복음은 당시 있었던 사건과 표적과 예수님의 자기계시(기독론)를 통해 예수님이 하나님의 아들이며, 우리에게 생명을 주는 분임을 선포합니다. 이러한 선포를 통해 요한은 예수님을 구주로 믿어 고난과 핍박을 받고 있는 그리스도인들에게 끝까지 믿음을 포기하지 말고 영생에 이르라고 권면하고 있는 것입니다.

요한복음을 읽다 보면 어부였던 요한이 어떻게 이처럼 기가 막힌 복음서를 쓸 수 있었을까 감탄하게 됩니다. 당시 사건들과 기적과 표적, 그리고 예수님의 자기계시를 하나로 연결해 나가며 처음부터 끝까지 예수님이 하나님의 아들임을 증명해 보이는 것을 보면 그저 놀라울 뿐입니다. 이와 같이 요한은 당시 그들이 믿고 있는 '예수 그리스도는 누구인가?'라는 질문에 대하여 그가 하나님의 아들임을 어느 박사의 논문보다 더 논리적으로 설명하고 있습니다.

요한 1, 2, 3서

요한1서는 참사랑을 강조합니다. 예수님은 제자들에게 "새 계명을 너희에게 주노니 서로 사랑하라 내가 너희를 사랑한 것같이 너희도 서로 사랑하라"(요 13:34)고 합니다. 그러나 예수님을 따르는 제자들은 서로 사랑하며 살아가지 못한 것 같습니다. 그러기에 사도요한은 요한 1서를 통해 형제를 사랑하며 살아가도록 다시 한 번 강조하고 있는 것입니다.

필자는 개인적으로 요한의 책을 좋아합니다. 신약 성서 중에서 제일 좋아하는 성경을 꼽으라고 하면 단연코 요한의 책이라고 대답할 것입니다. 요한의 책을 읽다 보면 사랑이 절로 우러나는 것을 느끼게 됩니다. 특히 요한1서는 우리에게 참사랑이 무엇인지 알게 합니다.

참사랑이란 어떠한 환경에서도 하나님의 계명, 즉 하나님을 사랑하고 이웃을 사랑하라는 명령을 지키는 것입니다. 우리가 하나님을 사랑한다면서 하나님의 말씀에 순종하지 않는 것은 결코 하나님을 사랑하는 것이 아닙니다. 부모를 사랑한다는 것에는 부모님의 뜻에 순종하는 것도 포함됩니다. 그렇듯 하나님을 사랑한다는 것은 하나님이 우리에게 주신 계명인 하나님 사랑과 이웃 사랑의 말씀을 잘 지켜 행하는 것입니다.

요한2서도 서로 사랑해야 한다고 강조합니다. 그런데 요한복음과 요한1서에서 서로 사랑하라고 선포했더니 이단까지도 사랑하며 섬기는 것이었습니다. 그래서 요한은 요한2서를 통해 서로 사랑하되 분별력을 가지고 사랑하며 살아가라고 권합니다. 분별력 없이 자신도 모르게 이단까지 사랑하고 섬기면 곧 적그리스도를 사랑하고 섬기게 되는 것입니다. 그러기에 사랑하되 분별력을 가지고 상대가 사랑해야 하는 대상인지, 아니면 적그리스도인지 알아야 함을 깨우쳐 줍니다.

요한3서는 사랑하는 장로 가이오에게 악한 것은 본받지 말고 선한 것을 본받으라고 권면하는 요한의 개인적 서신입니다. 가이오는 많은 사람들에게 칭찬을 받는 사람이었습니다. 그러기에 "사랑하는 자여 내 영혼이 잘됨같이 네가 범사에 잘되고 강건하기를 내가 간구하노라"(요삼 3:2)고 선포합니다. 가이오를 향한 이 선포가 이 글을 읽는 여러분에게 그대로 임하기를 바랍니다. 우리가 성경을 읽을 때 당시 어떤 특정한 대상에게 주어지는 말씀이라고 생각하며 읽으면 은혜가 안 됩니다. 말씀 한 구절 한 구절이 바로 지금 성경을 읽고 있는 자신에게 주시는 말씀이라고 생각하며 읽어야 은혜가 있고, 또 그 말씀이 그대로 역사하심을 경험할 수 있습니다.

거듭 강조하지만 성경에 있는 모든 말씀은 당시 독자들에게 주어진 말씀인 동시에 지금 성경을 읽고 있는 독자에게 주는 말씀이기에 그대로 믿고 실천하며 살아가기를 바랍니다. 그렇게 믿고 읽을 때 "하나님의 말씀(성경)은 살았고 운동력이 있어 좌우에 어떤 날선 검보다 예리하여 혼과 영과 및 관절과 골수를 찔러 쪼개기까지 하며 또 마음의 생각과 뜻을 판단"(히 4:12)하기에 그 말씀이 능력이 되고, 꿀보다 송이꿀보다 더 달게 읽히고 이해되고 묵상될 수 있습니다.

요한계시록

이제 성경 66권 중에서 단 한 권의 책이 남았습니다. 바로 요한계시록입니다. 요한계시록을 설명하기 전에 몇 가지 질문을 하려고 합니다. '요한계시록' 하면 제일 먼저 떠오르는 것이 무엇입니까? 대부분의 독자는 아마도 요한계시록은 이해하기 어렵고 종말에 있을 심판의 책으로 알고 있을 것입니다. 여러분! 하나님은 사랑의 하나님인가요, 아니면 심판의 하나님인가요? 이 질문에 대부분은 '사랑의 하나님'이라고 답변할 것입니다.

성경은 모두 66권으로 구성되어 있는 한 권의 책입니다. 대부분의 책은 서론과 본론, 그리고 결론으로 구성되어 있습니다. 성경도 마찬가지입니다. 창세기가 서론이라면, 제일 마지막에 있는 요한계시록은 성경의 결론과 같습니다.

그렇다면 사랑의 하나님께서 사랑하는 자녀들에게 주신 결론 같은 요한계시록이 '심판의 책'일까요, 아니면 '소망의 책'일까요? 요한계시록에 대하여 이제까지 한 번도 들어 본 적 없고, 읽어 본 적이 없더라도 이 질문에 대해 '소망의 책'이라고 답할 것입니다. 그 이유는 하나님은 사랑의 하나님인 것을 익히 알고 있기 때문입니다.

요한계시록은 우리 믿는 자들에게 주신 것입니다. 그러면 우리 믿는 자들을 책망하고 심판하기 위한 책일까요, 아니면 믿는 자들을 위로하고 권면하고 사랑과 소망을 주시기 위한 책일까요?

이러한 질문을 통해 요한계시록은 심판을 위한 책도 아니요, 우리를 협박하거나 겁을 주기 위해 주신 책도 아니라는 것을 알 수 있습니다. 그렇습니다! 요한계시록은 심판을 위한 책도, 우리를 협박하기 위한 책도 아닐뿐더러, 오히려 우리를 너무나 사랑하시기에 우리에게 영원한 소망을 주기 위해 주신 '소망의 책'입니다.

요한이 계시를 받고 요한계시록을 쓸 당시의 성도들은 예수님을 믿는다는 이유로 많은 고난과 핍박을 당하고 있었습니다. 그들에게 요한은 지금 겪고 있는 것보다 앞으로 더 큰 고난과 핍박이 오리라고 보여주며(일곱 인, 일곱 나팔, 일곱 대접), 이러한 재앙이 닥칠지라도 장차 영원히 거할 천국에 소망을 두고 끝까지 인내하며 믿음을 지켜 나가도록 권면하고 있습니다.

이와 같이 요한계시록은 심판을 강조하는 책이 아니라 고난 가운데 있는 성도들에게 영원한 하나님의 나라를 보여줌으로써 그곳에 참소망을 두고 살아가도록 우리에게 주신 참소망의 책입니다. 요한계시록은 그리스도인들이 받고 있는 고난과 핍박은 어떤 주어진 시간 동안이지만 믿음을 통한 영광은 영원하다는 것을 보여주고 있습니다.

요한계시록을 설명하기 전에 먼저 이 해석은 '필자의 신학'이라는 것을 밝힙니다. 요한계시록의 저작 연도에 대해서도 여러 견해가 있지만, 필자는 서기 95년경 사도요한(계 1:2)이 쓴 것으로 봅니다. 요한은 다섯 권의 성경을 썼는데, 요한계시록을 제외하고는 자신이 저자라고 밝힌 적이 없습니다. 그런데 유독 요한계시록만은 자신이 저자라고 여러 차례 밝힙니다. 그 이유는 요한계시록이 너무도 중요하고 미래(종말)에 일어날 일들이기에 독자들에게 저자의 권위를 알리기 위해서였을 것입니다.

요한계시록의 시대적 배경은 도미티안 황제(AD 81~96)가 지배하고 있을 때입니다. 도미티안은 네로 황제에 이어 두 번째로 기독교인에게 큰 핍박을 가한 황제였다고 앞서 말했습니다. 특히 요한계시록을 쓸 당시의 도미티안은 정권 말기였기에 거의 반미치광이 같았습니다. 그는 황제인 자신을 숭배하라고 강요했으며, 만일 이를 따르지 않거나 자신에게 정치적으로 해를 끼친다는 생각이 조금이라도 들면 누구랄 것 없이 죽이거나 감옥에 가두었습니다. 그는 그리스도인에게도 황제 숭배를 강요하며, 이를 따르지 않는 사람들은 가차없이 죽이거나 견디기 힘들 정도로 핍박하고 박해했습니다. 그로 인해 많은 그리스도인이 '황제를 숭배할 것인가, 아니면 죽음을 택할 것인가?'라는 기로에 서 있었습니다.

그리스도인들이 이러한 고난과 핍박을 받고 있을 때 사도요한도 복음을 전하다가 밧모라는 섬에 유배되어 있었습니다. 요한이 밧모 섬에 유배되어 있던 어느 주의 날에 하나님께서 그에게 나타나 환상을 보여주었습니다(1:1-9). 요한계시록은 고난받는 성도들에게 영원히 거할 새 하늘과 새 땅과 새 예루살렘이 얼마나 아름다운 곳인지 보여주며 그곳에 소망을 두고, 지금 그들이 받고 있는 고난과 핍박과 앞으로 이보다 더 큰 고난이 올지라도 믿음으로 인내하며 끝까지 믿음을 지키도록 권면하기 위해 하나님께서 요한에게 환상으로 보여주신 계시를 기록한 책입니다.

우리가 요한계시록를 이해하기 힘든 이유는 미래에 일어날 일들을 묘사하고 있기도 하지만, 그보다 더 큰 이유는 하나님이 환상으로 보여주신 것을 요한이 그림 하나 없이 글로만 표현했기 때문입니다. 요한계시록은 하나님께서 요한에게 말씀도 들려 주었지만, 대부분이 환상으로 보여준 것입니다. 우리가 어떤 사물을 보았을 때 그림으로 그리면 쉽게 이해할 수 있지만, 말로만 설명하면 이해하기 쉽지 않습니다. 아무리 간단한 것이라도 실물을 보지 못한 사람에게 글로만 설명하려면 매우 어렵습니다. 아주 간단한 사물 하나도 설명하기 쉽지 않은데, 하나님께서 보여주신 환상을 보고 그대로 글로 기록한다는 것은 보통 어려운 일이 아니었을 것입니다.

만약 그때 지금처럼 기술이 발달하여 요한이 사진이나 비디오로 찍어 보여 주었다면 훨씬 이해하기 쉬웠을 것입니다. 그러나 아쉽게도 당시에는 이러한 기자재가 없었기에 요한은 하나님이 보여주신 것을 기억하며 글로 써 내려가야 하는 어려움이 있었습니다. 게다가 이 세상에 존재하는 것을 환상으로 보여준 것이 아니라 이 세상에 존재하지 않는 하늘의 것을 환상으로 보여준 것이기에 그것을 글로 표현하기란 더욱 어려웠을 것입니다.

이러한 이유로 우리가 요한계시록을 읽고 이해하기가 그렇게 힘든 것입니다. 물론 요한이 본 환상은 때로는 상징적으로, 때로는 실제적으로 설명하고 있기에 요한계시록을 온전히 해석하는 데 한계가 있습니다. 그러므로 필자는 요한계시록을 해석하는 데 어려움이 있는 부분들에 대해서는 사사로이 또는 억지로 풀려고 하지 않고, 다만 성경 전체의 문맥을 통해 해석할 것입니다.

요한계시록은 당시 가장 심한 핍박을 받고 있던 소아시아의 일곱 교회와 그리스도인들을 위해 쓰였습니다(1:11). 많은 고난 가운데 신앙 생활을 하고 있는 그리스도인들에게 영광된 미래를 미리 보여주며 황제 숭배를 단호히 배격하고 끝까지 믿음을 지키도록 권고하고 있습니다(4장, 5장). 우리가 이 땅에서 살 수 있는 햇수는 정해져 있습니다. 아무리 오래 산다 해도 100년 남짓입니다. 당시 그리스도인들은 '영생을 위해 지금 받는 고난을 참을 것인가, 아니면 잠시 사는 이 땅에서의 평안한 삶을 위하여 믿음을 떠나 황제를 숭배할 것인가?'를 결정해야 했습니다. 이러한 고민 가운데 있는 성도들에게 영광된 미래의 삶을 보여주며 영원히 거할 천국에 소망을 두고 이 땅에서 잠시 받는 고난과 핍박을 믿음으로 잘 참고 이겨 나갈 것을 권고한 것입니다. 이것이 요한계시록을 통해 우리에게 주는 하나님의 메시지입니다.

요한계시록을 설명하기 전에 그에 관한 학설을 간략히 살펴볼 필요가 있습니다. 요한계시록에 대한 해석에는 크게 세 가지 학설, 즉 전천년설, 후천년설, 무천년설이 있습니다. 전천년설은 예수님의 재림이 천년왕국 이전에 온다고 주장하는 학설이고, 후천년설은 예수님의 재림이 천년왕국 이후에 온다고 주장하는 학설입니다. 그리고 무천년설은 말 그대로 천년왕국이 따로 없다는 학설입니다.

전천년설에는 세대주의적 전천년설과 역사적 전천년설이 있습니다. 세대주의적 전천년설은 소위 칠년 대환란이 있을 것인데, 칠년 대환란 전에 예수님의 재림이 있다는 학설입니다. 이것은 예수님의 재림과 함께 성도들은 휴거를 하기에 성도들이 칠년 대환란을 하나도 겪지 않고 공중에서 예수님을 영접하고 천년 동안 왕 노릇 한다는 학설입니다. 역사적 전천년설은 예수님의 재림이 천년왕국 이전에 있지만 모든 성도가 칠년 환란을 다 겪은 후에 예수님의 재림이 있고 천년 동안 왕 노릇을 한다는 학설입니다.

후천년설은 천년왕국 후에 예수님의 재림이 있다는 학설입니다. 무천년설은 천년왕국이 따로 없고 지금 우리가 살고 있는 신약 시대가 천년왕국이라고 주장하는 학설입니다.

그러면 성경에서는 종말론을 어떻게 다루고 있을까요? 종말에 대하여 예수님은 "그날과 그때는 아무도 모르나니 하늘의 천사들도, 아들도 모르고 오직 아버지만 아시느니라"(마 24:36)며 종말에 있을 징조들을 말해 줍니다(마 24장). 그리고 요한계시록은 종말에 있을 징조들을 더욱 자세히 보여줍니다. 이와 같이 믿는 자들에게 종말에 있을 징조들을 계시로 보여주는 이유는 종말을 준비하며 살아가게 하기 위해서였습니다.

우리가 종말에 일어날 현상을 분명히 알게 된다면 종말을 더 잘 준비하며 살아갈 수 있을 것입니다. 종말을 준비하며 살아간다는 것은 예수님이 언제 오시든지 '아멘!' 하며 그를 영접할 준비를 하며 사는 삶을 말합니다. 그러므로 그리스도인은 모두 종말론적인 삶을 살아야 합니다. 여기에서 종말론적이란 흔히 이단이 주장하는 예수님이 오실 재림의 날을 기다리며 살아가는 것이 절대 아닙니다.

그리스도인의 종말론적인 삶이란 예수님이 언제 오실지라도 그를 영접할 준비를 하고 살아가는 것을 말합니다. 우리는 예수님이 언제 재림하실지 불안해하고 염려할 필요가 없습니다. 이미 예수님을 영접할 준비가 된 자들이기 때문입니다. '예수님을 영접할 준비가 되어 있느냐, 되어 있지 않느냐'가 중요한 것이지, 예수님의 재림 시기와 날짜는 그리 중요하지 않습니다. 늘 준비되어 있는 자들은 지금 이 순간 예수님이 오신다고 해도 두려워하지 않고 "아멘 주 예수여 오시옵소서"(계 22:20) 하며 영접할 수 있기 때문입니다. 필자는 이러한 관점에서 요한계시록을 해석해 나갈 것입니다.

예수 그리스도의 계시

요한계시록은 "예수 그리스도의 계시라"(계 1:1)며 시작합니다. 계시啓示의 사전적 의미는 '나타남' 또는 '드러남'으로, 성경에서의 계시란 사람의 지혜로는 도저히 알 수 없는 진리를 하나님께서 친히 보여주심으로 깨우쳐 알게 하는 것을 말합니다. 하나님의 섭리와 뜻과 계획은 사람의 지혜나 노력으로 알게 되는 것이 아니라 하나님께서 친히 보여주실 때에만 깨달을 수 있습니다. 요한계시록은 이제까지 감추어져 있던 것과 앞으로 일어날 모든 것을 하나님께서 요한을 통해 우리에게 펼쳐 보여 주신 것입니다.

이와 같이 요한계시록은 하나님께서 세상을 향해 감추어져 있던 모든 비밀과 앞으로 일어날 모든 일을 보여 주는 것이기에 요한은 "이 예언의 말씀을 읽는 자와 듣는 자와 그 가운데에 기록한 것을 지키는 자는 복이 있나니"(계 1:3)라고 선포합니다. 이 예언의 말씀, 즉 요한계시록을 읽는 자와 듣는 자와 그 가운데 기록한 것을 지키는 자는 복이 있다는 것은, 요한계시록을 읽고 듣고 지킬 때 이 세상에 장차 일어날 일들에 대한 시대적 안목을 가지게 되고, 또한 예수님의 재림을 준비하며 살아갈 수 있기 때문입니다. 이 책을 읽는 독자들이 이러한 시대를 읽는 안목을 가지게 됨으로써 예수님의 재림의 날을 잘 준비하며 살아가기를 간절히 바랍니다.

요한은 하나님의 말씀과 예수를 증언하다 붙잡혀 밧모라는 섬에서 유배 생활을 하고 있었습니다. 그러던 어느 주의 날에 환상 가운데 하늘에서 "네가 보는 것을 두루마리에 써서 에베소, 서머나, 버가모, 두아디라, 사데, 빌라델비아, 라오디게아 등 (아시아에 있는) 일곱 교회에 보내라"는 나팔 소리와 같은 큰 음성을 듣게 됩니다(1:9-11). 요한은 이 음성을 듣고 누구인지 알아보기 위해 몸을 돌이켜 뒤를 바라봅니다. 그곳에는 '인자'와 같은 이가 일곱 개의 금 촛대 사이를 거닐고 있었습니다. '인자' 같은 이는 발에 끌리는 옷을 입고 있었으며, 가슴에는 금띠를 두르고, 그의 머리와 털은 얼마나 흰지 흰 양털과 눈 같았으며, 그의 눈은 불꽃 같고, 그의 발은 풀무 불에 단련한 빛나는 주석 같고, 그의 음성은 맑은 물소리 같았으며, 그의 오른손에는 일곱 별이 있었고, 그의 입에서는 좌우에 날선 검이 나오고, 그 얼굴은 얼마나 밝게 빛을 내는지 마치 힘있게 비치는 해와 같았다고 합니다(1:13-16).

요한이 환상 가운데 본 '인자'는 바로 재림하실 예수님의 모습입니다. 위에서 언급한 요한이 본 예수님(1:13-16)의 모습을 눈을 감고 상상해 보기 바랍니다. 재림하시는 예수님이 어떤 모습으로 그려지시나요? 초라한 모습입니까, 아니면 영광된 모습입니까? 아마도 재림하는 예수님의 모습은 영광된 모습일 것입니다.

그러나 예수님이 처음 오실 때의 모습은 어떠했습니까? 영광된 모습이었나요, 아니면 초라한 모습이었나요? 초림의 예수님 모습은 자랑할 것도 내세울 것도 없는, 아주 볼품없고 초라한 모습이었습니다(사 53:2). 그렇다면 이 세상을 구원하기 위해 오신 예수님의 초림 모습이 왜 그렇게 초라했을까요?

예수님께서 인간이 되어 이 땅에 오신 목적은 "섬김을 받으려 함이 아니라 도리어 섬기려 하고 자기 목숨을 많은 사람의 대속물로 주려 함"(마 29:28)이었습니다. 이와 같이 예수님은 우리를 섬기되 가장 낮고 천한 자까지 섬기기 위해 이 땅에 오신 것입니다. 이 세상은 낮은 자가 높은 자를 섬겨야 하기에 예수님은 이 세상의 모든 사람, 즉 가장 낮고 천한 사람들까지 섬기기 위해서는 이 세상에 존재하는 그 어떤 사람보다 낮은 자가 되어야 했던 것입니다. 이처럼 초림의 예수님은 세상의 모든 사람을 섬기기 위해 오셨기 때문에 이 세상에서 가장 낮은 모습으로 오신 것입니다.

예수님의 초림이 인류를 섬기기 위해 오셨다면, 예수님의 재림 목적은 무엇이며, 또한 어떠한 모습이어야 할까요? 예수님이 재림하시는 목적은 죄인들은 그들의 행위대로 심판하고, 생명책에 기록된 성도들은 하나님과 영원히 왕 노릇 하며 살아가게 하기 위해서입니다.

이와 같이 재림하실 예수님은 세상을 심판하고 믿는 성도들에게는 영생으로 인도하는 왕의 왕, 주의 주로 오시기에 이 세상의 어느 것보다도 영광된 모습(계 1:13-16)으로 오실 것입니다. 그렇기에 요한이 본 예수님의 재림 모습은 이토록 영광된 모습이었던 것입니다.

요한이 본 세 가지

요한이 요한계시록을 쓸 당시의 시대적 배경은 이미 말한 대로 로마 황제 도미티안에게 황제 숭배를 강요받고 있을 때였습니다. 그리스도인들이 황제 숭배를 거부하여 고난과 환란을 당하고 있을 때 예수님은 요한에게 그의 재림의 영광된 모습을 보여주며 "네가 본 것과 지금 있는 일과 장차 될 일을 기록하라"(1:19)고 명령합니다. 요한계시록은 예수님의 계시를 통해 요한이 본 것(1장)과 지금 있는 일(2-3장)과 장차 될 일(4-22장)을 기록한 책입니다.

요한이 본 것 (1장)

첫 번째로 요한이 본 것은 예수님의 영광스런 재림의 모습이었습니다(1:13-16). 그는 복음을 전하다 밧모라는 섬에 갇혀 있던 어느 주일날, 예수님이 오른손에 일곱 별을 가지고 일곱 금 촛대 사이를 거니는 모습을 봅니다. 예수님은 요한에게 "네가 본 것은 내 오른손의 일곱 별의 비밀과 또 일곱 금 촛대라"(1:20a)며 "일곱 별은 일곱 교회의 사자요 일곱 촛대는 일곱 교회니라"(1:20b)고 일곱 별과 일곱 촛대의 비밀을 말씀해 줍니다.

여기서 사자란 히브리어로는 말라크를 말하고, 헬라어로는 앵겔로스, 즉 천사를 말합니다. 그런데 천사에는 두 가지 의미가 있습니다. 하나는 육체를 가진 천사와 다른 하나는 육체가 없는 천사입니다. 육체가 없는 천사는 우리가 일반적으로 알고 있는 천사를 말하고, 육체가 있는 천사는 메신저, 즉 복음을 전하는 자들을 말하는 것으로 교역자나 복음 전도자를 말합니다.

당시 로마 황제 도미티안은 황제 숭배를 하도록 명령하지만 많은 그리스도인이 따르지 않자 교회는 큰 핍박을 받게 됩니다. 그럴 경우 핍박의 첫 번째 대상은 교회의 교역자나 복음을 전하는 지도자들입니다. 당시 교회를 대표하는 아시아의 일곱 교회 사자들인 교역자나 지도자들은 장차 닥쳐올 고난과 핍박에 대해 큰 두려움을 가지고 있었을 것입니다. 예수님의 오른손에 일곱 별이 있다는 것은 이렇게 두려움 가운데 있는 일곱 교회의 교역자와 지도자들을 예수님의 오른손으로 붙들고 보호해 주고 있다는 것입니다. 그러니 두려워하지 말고 믿음을 굳건히 지키도록 힘과 용기를 가지라는 것입니다.

예수님은 "일곱 금 촛대는 일곱 교회"라고 말씀합니다. 따라서 요한계시록에서 촛대는 교회로 해석할 것입니다. 일곱 금 촛대는 당시 아시아에 있는 일곱 교회를 뜻합니다(1:11). 그렇지만 일곱 교회는 세상에 있는 모든 교회를 말합니다. 우리가 섬기고 있는 모든 교회가 일곱 교회에 속하는 것입니다. 일곱 별은 고난과 핍박 가운데서 교역자나 믿음의 정조를 끝까지 지키고 있는 세상의 모든 복음 전도자를 말하는 것이라 했습니다.

예수님이 일곱 별을 오른손에 들고 일곱 금 촛대 사이를 거닌다는 것은 곧 예수님이 고난받고 있는 일곱 교회와 함께하신다는 것을 뜻합니다. 영광의 예수님께서는 고난받고 있는 일곱 교회와 함께하시고, 교회의 교역자들을 그의 오른손으로 붙잡고 있으니 담대하게 믿음을 끝까지 지키라고 권고하는 것입니다.

이와 같이 예수님의 영광된 재림의 모습을 보여주는 것은 세상의 어떠한 고난과 핍박 속에서도 끝까지 믿음을 지켜 최후의 승리자가 되도록 하기 위해서입니다.

지금 있는 일 (2-3장)

지금 있는 일이란 아시아의 일곱 교회가 처했던 그 시대의 상황을 말합니다. 아시아의 일곱 교회란 에베소 교회(2:1-7), 서머나 교회(2:8-11), 버가모 교회(2:12-17), 두아디라 교회 (2:18-29), 사데 교회(3:1-6), 빌라델피아 교회(3:7-13), 라오디게아 교회(3:14-22)입니다.

요한은 일곱 교회에 편지를 보냈는데, 당시 그곳에서 어떠한 일이 벌어지고 있는지 보여줍니다. 요한계시록 2장과 3장에는 아시아의 일곱 교회에 대한 예수님의 칭찬과 책망과 권면과 심판, 그리고 이기는 자에게 주어질 상급이 기록되어 있습니다. 일곱 교회에 칭찬하는 것이 무엇인지, 책망 받고 있는 일이 무엇인지 말하며, 책망받을 일이 있으면 회개하도록 권면합니다. 권면해도 회개하지 않으면 심판을 받을 것이라고 합니다. 그러나 예수님의 권면을 따르며 이기는 자에게는 상급이 있음을 말하고 있습니다.

일곱 교회 이름의 첫자를 나열하면 '에서버두사빌라'입니다. 요한 계시록을 공부하며 최소한 이 일곱 교회의 이름을 기억하면 좋겠습니다. 요한계시록 2장과 3장은 우리들의 신앙 상태를 점검하게 하는 아주 중요한 역할을 합니다. 요한계시록 2, 3장을 읽으며 자신이 지금 칭찬받고 있는 일이 무엇인지, 또한 책망받는 일이 무엇인지 발견하고 칭찬받는 일은 더욱 열심히 하고 책망받는 일은 자신을 되돌아보며 권면을 따름으로써 이기는 자에게 주는 상급을 받기 바랍니다. 이러한 관점에서 2장과 3장을 읽는다면 하나님의 더 큰 은혜를 경험하게 될 것입니다.

요한계시록이 기록될 당시의 수신자는 아시아에 있는 일곱 교회였지만, 그 말씀이 지금 이 시대를 사는 우리에게 그대로 적용되는 말씀임을 기억하기 바랍니다. 비록 2,000년 전에 기록된 말씀이지만 성경은 그 시대를 살아가는 모든 독자에게 그대로 적용되는 말씀입니다. 이와 같이 성경은 시대를 초월하여 영향을 주기에 말씀이 살아 있고 생명력이 있습니다.

장차 될 일(4-22장)

요한계시록 1장은 요한이 재림하시는 예수님의 모습을 본 것이며, 2장과 3장은 그 당시 있었던 일들을 기록한 것이라면, 4장부터 22장까지는 장차 될 일을 보여준 것입니다. 장차 될 일이란 아직 이 세상에 일어난 일이 아니지만 미래의 어느 시점, 즉 하나님의 때에 일어날 일을 말합니다. 요한은 "이리로 올라오라 이후에 마땅히 일어날 일들을 내가 네게 보이리라"(4:1)는 음성을 듣고 성령에 감동되어 하늘에 올려지게 됩니다. 하늘에 올라간 요한은 보좌에 앉으신 이와 보좌 주위에 있는 24장로와 네 생물이 하나님께 예배하는 장면을 보게 됩니다(4장).

여기에서 네 생물은 그룹(케루빔)을 말하는 것으로, 하나님 곁에서 섬기고 있는 천사를 말합니다. 하늘에서의 예배는 네 생물이 "거룩하다 거룩하다 거룩하다 주 하나님 곧 전능하신 이여 전에도 계셨고 이제도 계시고 장차 오실 이시라"(4:8)는 찬양으로 시작합니다. 이렇게 네 생물이 보좌에 앉으신 하나님을 찬양할 때 24장로가 동참하여 하나님을 찬양하는 하늘에서의 예배 장면을 보여주고 있습니다.

5장에서 요한은 보좌에 앉으신 이를 조금 더 자세히 보게 됩니다. 마치 극장에 들어갈 때 처음에는 앞이 잘 보이지 않다가 시간이 지나면 시야가 넓어져 많은 것이 분명하게 보이듯, 요한은 4장에서보다 5장에서 더 많은 것을 분명하게 봅니다. 그 결과 그는 하나님의 오른손에 일곱 인으로 봉한 두루마리가 있는 것을 보게 됩니다(5:1). 요한이 두루마리를 보았을 때, 거기에 당시 성도들이 겪고 있는 고난에 대한 하나님의 응답이 쓰여 있을 것으로 생각했을 것입니다. 그래서 일곱 인을 떼어 그 안에 어떤 하나님의 응답이 쓰여 있는지 보고 싶었을 것입니다. 요한은 봉인된 일곱 인을 뗄 사람을 찾았으나 이 세상에는 그 인을 떼어 펴거나 볼 수 있는 사람이 없음을 발견하고 통곡합니다(5:4).

이때 보좌와 네 생물과 장로들 사이에 일곱 인을 뗄 어린 양이 있는 것을 발견합니다. 어린 양이 보좌에 나아가 보좌에 앉으신 이의 오른손에서 두루마리를 받아 내려올 때 그 모습을 지켜본 네 생물과 24장로가 "죽임당하신 어린 양!" 하며 찬양합니다(5:9-10). 그러자 그들 주변에 있던 수많은 천사들이 "죽임당하신 어린 양!" 하며 찬양하고, 이어 천지에 있던 모든 피조물이 그 찬양에 동참합니다(5:11-14). 네 생물과 24장로와 천사와 하나님께서 창조하신 모든 피조물이 어린 양을 찬양하는 장면을 헨델은 〈메시아〉의 마지막 곡인 53번 '죽임당하신 어린 양 아멘'을 통해 너무나 잘 표현하고 있습니다.

요한계시록 4장과 5장의 예배 장면은 장차 될 일에 대한 예고편 같은 것입니다. 그리스도인들에게 지금 겪고 있는 고난과 핍박도 힘들지만, 장차 이보다 더 큰 일곱 인의 재앙(6-7장)과 일곱 나팔의 재앙(8-11장)이 닥칠 것입니다. 4장과 5장은 당시 핍박받고 있던 그리스도인들이나 현대를 살아가는 그리스도인들에게 어떠한 재앙이 닥칠지라도 천국에 대한 소망을 가지고 끝까지 인내하여 최후의 승리자가 되도록 힘과 능력을 주기 위해서 하늘에서의 예배 장면을 미리 보여주고 있는 것입니다.

일곱 인의 재앙(6장)

4장과 5장에서 장차 일어날 일을 보여주기 위해 요한을 하늘로 들어올려 하나님과 어린 양을 찬양하는 천상의 예배 장면을 보여주었다면, 6장부터는 어린 양이 두루마리의 일곱 인을 하나하나 떼는 모습을 통해 장차 일어날 일을 보여주고 있습니다.

첫째 인을 떼자, 흰 말이 나타납니다(6:2). 그 말을 탄 자는 활을 가지고 있었습니다. 그는 면류관을 받고 나아가서 이기고 또 이기려 합니다. 이것은 승리와 소유에 대한 인간의 끝없는 욕망을 말합니다.

둘째 인을 떼니, 붉은 말이 나옵니다. 그 말을 탄 자는 큰 칼을 받아 땅에서 화평을 제하고 서로 죽이도록 합니다(6:3-4). 이 세상에서 화평(사랑)을 제하면 전쟁과 혼돈과 미움만 남게 될 것입니다. 아마도 어떤 독재자의 통치로 화평이 사라지고 어지럽고 강팍한 세상이 될 것입니다.

셋째 인을 떼자, 이번에는 검은 말을 탄 자가 저울을 가지고 나타납니다. 그는 "한 데나리온에 밀 한 되요 한 데나리온에 보리 석 되로다"(5-6절)라며 양식값이 얼마나 치솟을 것인지에 대하여 선포합니다. 한 데나리온은 당시 노동자의 하루 품삯에 해당합니다. 하루 품삯을 지불해야 밀 한 되를 살 수 있다는 것은 생필품 값이 폭등했다는 의미입니다. 우리가 살아가는 동안 전쟁이나 가뭄 같은 자연재해로 인하여 생필품 값이 상상하지 못할 정도로 폭등하게 되면, 그것은 셋째 인을 뗀 것이라 생각하면 됩니다.

넷째 인을 떼자, 이번에는 청황색 말이 나오고 말을 탄 자의 이름은 '사망'이라고 합니다. 땅의 4분의 1의 권세를 얻은 그는 검과 흉년과 사망과 땅의 짐승들로 인구의 4분의 1을 죽일 것입니다(7-8절). 살면서 전쟁이나 흉년, 전염병으로 인해 인구의 4분의 1이 죽었다는 소식을 듣게 되면 우리는 하나님께서 넷째 인을 뗀 것을 알 수 있습니다. 이와 같이 요한계시록은 독자들로 하여금 종말에 대비할 수 있는 시대적 안목을 주기에 읽는 자와 듣는 자와 그 가운데 기록된 것을 지키는 자는 복이 있을 것입니다. 우리가 예수님의 오실 날과 그 시는 비록 알 수 없지만, 종말의 징조를 통해 시대를 미리 알 수 있는 지혜를 배우게 되는 것입니다.

이어서 다섯째 인을 떼었을 때 어떠한 일이 일어나고(6:9-11), 여섯째 인을 떼었을 때 어떠한 일이 일어나는지 기록하고 있습니다(12-17). 그리고 마지막 일곱째 인을 떼려고 할 때 하늘에서 천사가 나타나 "하나님의 종들의 이마에 인치기까지 땅이나 바다나 나무들을 해하지 말라!"(7:3)고 외치며 일곱째 인 떼는 것을 잠시 동안 저지합니다.

인침을 받을 자(7장)

일곱째 인 떼는 것을 잠시 저지하는 것은 여섯째 인을 뗀 후에야 인침을 받을 사람들이 있었기 때문입니다. 이마에 인침을 받는다는 것은 하나님의 소유(백성, 자녀)가 되었다는 상징적인 의미가 있습니다. 이때 이스라엘 자손의 각 지파 중에서 1만 2,000명씩 14만 4,000명이 인침을 받는 장면이 나옵니다. 그들이 누구를 의미하는지 여러 주장이 있습니다. 성경에서는 이스라엘의 열두 지파가 인침을 받았다고 하는데, 필자는 해석하기 어려운 것은 성경에 있는 내용을 의역하지 않고 그대로 해석하려고 노력합니다. 성경대로 해석한다면 이때 이스라엘 자손 중에서 인침을 받는 14만 4,000명이 있었던 것으로 보입니다.

우리가 성경을 읽을 때 인침을 받은 14만 4,000명이 누구인가를 아는 것이 중요한 게 아니라, 내가 지금 인침을 받았느냐 못 받았느냐가 더 중요합니다. 여러분이 14만 4,000명 가운데 들어갈 수 있는지 없는지 염려하지 마십시오! 이미 우리 모두가 예수님을 나의 구주로 믿고 세례를 받고 하나님의 인침을 받아 흰 옷을 입은 자들이기 때문입니다(7:9). 흰 옷을 입은 자란 어린 양의 피에 그 옷을 희게 한 자들로서 (계7 :14) 빛의 갑옷을 입은 자요(롬 13:12), 세례를 받아 그리스도의 옷을 입은 자요(롬 13:14, 갈 3:27), 그리스도께 속한 자(고전 15:23)를 말하는 것입니다. 우리들은 그리스도를 믿음으로써 이미 그리스도의 옷을 입은 자요 인침을 받은 자이기에 14만 4,000명과 상관이 없습니다.

일곱 나팔의 재앙(8-11장)

14만 4,000명의 인침을 마친 후 드디어 일곱째 인을 떼자, 반 시간쯤 고요한 시간이 있었습니다. 필자는 이 시간을 폭풍 전야 같은 시간이라고 말합니다. 전쟁 중에 갑자기 고요하고 적막한 시간이 있을 때, 그때는 평화의 시간이 아니라 무엇인가 더 격렬한 공격을 위해 준비하는 시간입니다. 이와 같이 "일곱째 인을 떼실 때 하늘이 반 시간쯤 고요하더니"(8:1)란 무엇인가 큰 재앙이 닥칠 것을 암시하는 것입니다. 반 시간쯤 지난 후 요한은 일곱 천사가 일곱 나팔을 가지고 나오는 모습을 보게 됩니다. 그리고 일곱 천사가 일곱 나팔을 하나씩 불 때마다 어떠한 재앙이 임하는지를 8장에서 보여줍니다.

첫 번째 천사가 나팔을 부니 피 섞인 우박과 불이 나와서 땅에 쏟아집니다(8:7). 그 결과 땅에 있는 수목과 각종 푸른 풀의 3분의 1을 태웁니다. 이때 얼마나 많은 사람이 죽을지 상상해 보기 바랍니다.

두 번째 천사가 나팔을 불자 바다에 재앙이 임합니다. 불붙는 큰 산 같은 것이 바다에 던져지자 바다의 온갖 피조물과 배들의 3분의 1이 부서집니다(8-9절). 만약 어떤 날 바다의 3분의 1이 피같이 변하고 배의 3분의 1이 파손되었다는 뉴스를 들었다면 이제 두 번째 나팔을 분 것임을 알게 될 것입니다.

세 번째 천사가 나팔을 불자 강물과 여러 샘물에 재앙이 내립니다. 횃불 같은 타는 큰 별(쓴 쑥)이 강과 샘물에 떨어져 물의 3분의 1이 쓴물이 되고 많은 사람이 죽게 됩니다(10-11절).

네 번째 천사가 나팔을 불자 이번에는 해가 타격을 받아 세상이 캄캄해지며 흑암이 옵니다. 그리고 공중에 날아가는 독수리가 큰소리로 "화, 화, 화"가 임할 것이라고 외치며 아직도 세 천사가 불어야 할 나팔이 남아 있음을 알립니다. 세 개의 화는 바로 다섯째, 여섯째, 일곱째 천사가 불어야 할 나팔을 의미합니다.

다섯 번째 천사가 나팔을 불자 첫 번째 화가 나타납니다. 무저갱의 열쇠를 가진 천사가 무저갱 뚜껑을 열자 거기서 황충이 올라와 인침을 받지 못한 사람들을 핍박하고 죽이려 합니다. 그러나 죽이지는 못하게 하고 오직 이마에 하나님의 인침을 받지 아니한 사람들을 5개월 동안 괴롭게 합니다(9:2-5). 이렇게 괴롭게만 하는 이유는 한 사람이라도 더 구원을 하기 위해서입니다. 이때는 아직 마지막 재앙이 아니기 때문에 인침을 받지 못한 사람들에게 또 한 번 회개할 기회를 주는 것입니다. 이렇게 첫 번째 화는 지나가지만, 이후에 이 땅에 화 둘이 임할 것입니다(12절).

여섯 번째 천사의 나팔은 큰 전쟁을 예고하는 것입니다(9:13-11:14). 여섯 번째 나팔이 울릴 때 하나님은 유브라데 강에 결박되어 있던 네 천사를 놓아 주라고 명령합니다. 네 천사는 바로 연, 월, 일, 시, 즉 하나님의 때에 사람 3분의 1을 죽이기 위해 준비된 자들입니다(9:15). 이때는 예수님께서 말씀하셨듯이 하늘에 있는 천사들도, 아들도 모르고 오직 아버지만이 알고 계시는 그때를 말하는 것입니다(마 24:36). 네 천사에게는 군사가 있는데, 마병대의 수가 이만만, 즉 2억이나 된다고 말씀합니다. 이들이 가지고 있는 무기는 불, 연기, 유황으로 이들의 공격으로 땅에 살고 있는 사람들 중에서 3분의 1이 죽임을 당할 것이라고 합니다. 불과 연기와 유황은 오늘날 사용하는 무기를 말하는 것으로 보입니다.

오늘날 미사일 같은 무기를 사용할 경우 불과 연기와 유황으로 많은 사람을 죽이게 됩니다. 이것은 아마도 화학전이나 원자폭탄으로 인한 큰 전쟁을 뜻하는 것이라 생각됩니다. 우리들이 살아갈 때 큰 전쟁으로 인해 인구의 3분의 1이 죽게 될 경우를 접한다면, 이제 여섯째 나팔이 울린 것임을 알게 될 것입니다.

이와 같이 요한계시록은 독자들로 하여금 계속해서 시대를 읽을 수 있는 안목을 주어 그 시대를 대비할 수 있도록 하기에 그것을 읽는 자와 듣는 자와 지키는 자 모두 복이 있습니다.

여섯 번째 나팔의 재앙이 지난 후 천사는 "둘째 화는 지나갔으니 보라 셋째 화가 속히 이르는도다"(11:14)라며 마지막 나팔 하나가 남아 있음을 밝힙니다. "하나님의 나팔 소리 천지 진동할 때에 예수 영광 중에 구름 타시고 천사들을 세계 만국 모든 곳에 보내어 구원받은 성도들을 모으리"(찬송 180장)라는 찬송같이 예수님이 재림할 때 울릴 마지막 나팔이 있는데, 그것이 바로 일곱 번째 나팔입니다.

마지막 나팔

드디어 마지막 일곱 번째 나팔이 울립니다. 일곱 번째 나팔이 울려 퍼지자 요한은 "세상 나라가 우리 주와 그리스도의 나라가 되어 그가 세세토록 왕 노릇 하시리로다"(11:15)라는 큰 음성을 듣게 됩니다. 이것은 일곱 번째 천사가 나팔을 불 때 세상 나라가 우리 주와 그리스도의 나라가 되어 세상 모든 나라를 통치하실 예수님의 재림이 있을 것을 예고하는 것입니다. 이것은 그동안 감추어져 있던 하나님의 비밀(계 10:7), 즉 하늘의 천사도 아들도 모르고 하나님만이 알고 있는 비밀이 성취되는 때를 말합니다.

바울은 일곱 번째 천사의 나팔을 '마지막 나팔'이라 표현하고 있습니다. "보라 내가 너희에게 비밀을 말하노니 우리가 다 잠잘 것이 아니요 마지막 나팔에 순식간에 홀연히 다 변화되리니"(고전 15:51)라며, "나팔 소리가 나매 죽은 자들이 썩지 아니할 것으로 다시 살아나고 우리도 변화되리라"(고전 15:52)고 합니다. 이것은 마지막 나팔인 일곱 번째 천사가 나팔을 불 때 죽은 자의 부활과 살아 있는 자들은 썩지 아니할 새로운 형태로 변화됨을 예고한 것입니다. 우리들이 변화될 새로운 형상에 대하여 바울은 고린도전서 15장 35절부터 49절에서 잘 설명해 주고 있습니다.

마지막 나팔인 일곱 번째 나팔을 데살로니가전서에서는 찬송가 180장의 제목처럼 '하나님의 나팔 소리'라 하였습니다. 바울은 데살로니가전서에서 하나님의 나팔 소리가 울릴 때 예수님의 '재림'과 죽은 자들의 '부활'과 살아남은 자들의 '휴거'가 있을 것이라고 예언합니다.

> 주께서 호령과 천사장의 소리와 하나님의 나팔 소리로 친히 하늘로부터 강림(재림)하시리니 그리스도 안에서 죽은 자들이 먼저 일어나고 (부활), 그 후에 우리 살아남은 자들도 그들과 함께 구름 속으로 끌어 올려 공중에서 주를 영접하게 하시리니(휴거) 그리하여 우리가 항상 주와 함께 있으리라 _ 살전 4:16-17

일곱 번째 천사가 부는 마지막 나팔 소리를 예수님은 "큰 나팔 소리"(마 24:31)라고 표현하였습니다.

이는 일곱 번째 나팔, 즉 마지막 나팔인 하나님의 큰 나팔 소리가 울릴 때 하나님의 비밀인 예수님의 재림과 죽은 자들의 부활과 살아남은 자들이 썩지 아니할 새로운 형태로 변화되어 공중에서 주님과 함께 영원히 함께함을 보여주는 것입니다. 이와 같이 요한계시록은 숨겨져 있던 하나님의 비밀을 친히 보여 줌으로써 우리가 종말을 준비하도록 하는 하나님의 놀라운 계시의 책입니다.

그렇다면 일곱 번째 천사가 나팔을 불 때 세상에는 어떠한 일들이 일어날 것인지 궁금할 것입니다. 이때는 크게 세 가지 일이 일어남을 성경(계 11:18)을 통해 알 수 있습니다. 첫째는 죽은 자들의 심판이고, 둘째는 하나님을 경외하는 예언자들과 성도들에게는 상을 주고, 셋째는 그때까지 회개하지 않고 자신의 이득을 위해 땅을 망하게 하는 자들을 멸망시키는 것입니다. 일곱 번째 나팔이 울릴 때 요한은 하나님 앞에서 자기 보좌에 앉아 있던 24장로가 하나님께 경배하며 아래와 같은 세 가지 일이 일어남을 듣게 됩니다.

이방인들이 분노하매 주의 진노가 내려 죽은 자를 심판하시며 종 선지자들과 성도들과 또 작은 자든지 큰 자든지 주의 이름을 경외하는 자들에게 상 주시며 또 땅을 망하게 하는 자들을 멸망시키실 때로소이다
_ 살전 11:18

일곱 번째 나팔이 울릴 때 세 가지 일, 즉 죽은 자들의 심판(20:11-15), 종 선지자들과 성도들과 주의 이름을 경외하는 자들에게 상을 주시는 것(19-22장), 그리고 땅을 망하게 하는 자들의 멸망(16-18장)이 있을 것라는 이야기입니다.

일곱 번째 나팔이 울릴 때까지 믿음의 정조를 지킨 자들은 예수님과 함께 영원한 삶을 살아갈 것입니다. 그러나 끝까지 믿지 않고 그리스도를 부인하며 세상 가운데 살아가는 사람들은 예수님의 재림과 함께 자신들이 가지고 있던 모든 기득권을 잃게 되기에 분노할 것입니

다. 분노한 이들에게는 주의 진노가 내려 죽은 자를 심판하고, 종 선지자들과 성도들과 주의 이름을 경외하는 자들에게는 상을 주고, 땅을 망하게 하는 자들은 멸망시킬 것이라고 말씀합니다(계 11:18).

이와 같이 일곱 번째 나팔이 울린 후에 일어날 일을 선포한 후, 하늘에 있는 성전이 열리더니 하나님께서 요한에게 '언약궤'와 "번개와 음성과 우레와 지진과 큰 우박"(11:19)을 보여줍니다. 하나님의 언약궤와 함께 보여주신 "번개와 음성과 우레와 지진과 큰 우박"은 하나님께서 마지막 진노의 대접으로 이 땅에 남아 있는 사람들을 심판하실 때 '심판의 도구'로 사용됨을 성경(16:17-21)을 통해 볼 수 있습니다.

삽입장(12-14장)

요한계시록 16장부터 22장까지는 일곱 번째 나팔이 울린 후(11:14-19) 일어날 세 가지 일을 기록한 것입니다. 그렇다면 11장과 16장 사이에 있는 12-14장은 무엇을 말하고 있는 것일까요?

사실 이 부분을 해석하는 것이 요한계시록 전체에서 가장 어려운 일이라 할 수 있습니다. 16장부터 22장까지가 마지막 나팔이 울린 후 죽은 자들의 심판과 땅을 망하게 하는 적그리스도인에 대한 멸망과 끝까지 이기는 자들이 받을 상급을 말한다면, 12장부터 14장까지는 삽입장으로서 왜 이런 일이 발생하게 되었는지 과거와 현재뿐 아니라 미래에 일어날 일까지 인류의 역사를 되돌아보며 그 원인을 요약해 보충 설명하고 있는 것으로 보입니다.

마치 드라마에서 어떤 때는 과거의 일을 다시 보여주고, 또 어떤 때는 미래에 일어날 일을 미리 보여주어 시청자들이 드라마의 내용을 잘 이해하도록 돕는 것과 같습니다. 요한계시록 12장부터 14장까지도 이와 같은 목적으로 쓴 것으로 보입니다. 12장에서는 해를 옷 입은 여자의 후손(12:1-2)과 한 큰 붉은 용(12:3-6)이 대적하는 이야기가 나옵니다. 13장에서는 바다에서 올라오는 짐승(13:1-10)과 땅에서 올라오는 짐승(13:11-18)이 성도들과 대적하는 이야기가 나옵니다. 그리고 14장에서는 어린 양의 등장(14:1-5)과 함께 일곱 번째 나팔을 울리기 전에 두 증인을 보내 복음을 전하듯(11:1-13) 세 천사를 보내 영원한 복음을 선포하도록 합니다(14:6-12). 그리고 다른 세 천사가 적그리스도에 대한 심판을 할 것임을 선포(14:14-20)합니다.

12장부터 14장에 대한 이러한 해석은 이미 언급하였듯이 필자의 신학으로, 다르게 해석하는 분들도 있습니다. 필자가 요한계시록을 연구하며 계속 추구해 온 것은 성경에서 말씀하시는 하나님의 뜻을 알기 위해서입니다. 요한계시록을 주신 목적이 무엇이며, 왜 우리가 요한계시록을 읽고 묵상해야 하는지 아는 것을 최우선 과제로 삼아 연구하였습니다.

이 책은 요한계시록에 대한 주석이 아닙니다. 성도들이 성경을 읽고 이해하고 묵상하며 하나님의 마음을 알아가도록 돕는 데 있습니다. 그러므로 12-14장에 대한 상세한 해석과 설명은 생략합니다. 요한계시록에 대한 해석은 추후에 저술할 『하나님의 마음을 알아가는 요한계시록』(가제)에서 상세히 다루기로 하고 15장으로 넘어가도록 하겠습니다.

15장은 12장에서 보여준 두 이적(해를 옷 입은 여자, 큰 붉은 용)에 이어 하늘에 일어난 크고 이상한 이적을 보여줍니다. "또 하늘에 크고 이상한 다른 이적을 보매 일곱 천사가 일곱 재앙을 가졌으니 곧 마지막 재앙이라 하나님의 진노가 이것으로 마치리로다"(15:1)라며 마지막 재앙이 남아 있음을 보여줍니다.

이 마지막 재앙은 진노의 재앙으로, 일곱 번째 나팔이 울린 후 휴거하지 못하고 이 땅에 남아 있는 사람들에게 내리는 것입니다. 믿는 성도들은 마지막 나팔이 울릴 때 모두 하늘로 들리어졌기 때문에 이제부터 땅에 내리는 재앙은 땅에 남아 있는 자들에게 임하는 것입니다. 예수님은 "그날들을 감하지 아니하면 모든 육체가 구원을 얻지 못할 것이나 그러나 택하신 자들을 위하여 그날들을 감하시리라"(마 24:22)고 하셨습니다. 일곱 천사가 이 땅에 쏟는 마지막 진노의 재앙은 하나님께서 택하신 자들을 위하여 감해 준 것이라 믿습니다.

땅에서(16-18장)

일곱 번째 나팔이 울릴 때까지 믿음의 지조를 지킨 자들은 하늘에 올라가지만, 그때까지 하나님을 비방하고 회개하지 않고 땅에 남아 있는 사람들에게 어떠한 일이 일어나는지를 16~18장은 보여주고 있습니다. 과연 그들은 어떠한 심판을 받는지(16장), 바벨론의 정체는 무엇인지(17장) 그리고 바벨론은 어떻게 멸망하게 되는지(18장) 살펴보기로 하겠습니다.

진노의 일곱 대접(16장)

먼저 16장에서는 15장에 등장한 일곱 천사(15:6)가 그들이 가지고 있는 하나님의 마지막 재앙인 진노의 일곱 대접을 쏟을 때 땅에 남아 있는 자들이 어떠한 재앙을 받게 되는지 보여주고 있습니다.

첫째 천사가 진노의 대접을 땅에 쏟아 붓자, 짐승의 표를 받고 우상을 섬기며 경배하는 자들에게 악하고 독한 종기가 생깁니다(16:2).

둘째 천사가 진노의 대접을 바다에 쏟아 붓자, 바다가 피같이 되고 바다의 모든 생물이 죽습니다(3). 셋째 천사가 진노의 대접을 강과 물에 쏟아 붓자, 물이 피로 변합니다. 또한 선지자들의 피를 흘리게 했던 적그리스도에게 그 피를 마시게 합니다(4-7). 넷째 천사가 진노의 대접을 해에게 쏟자, 해가 권세를 받아 불로 사람들을 태워 죽입니다(8-9절). 이때 땅에 남아 있는 많은 사람과 동식물이 불태워집니다.

다섯째 천사가 진노의 대접을 짐승(우상)의 왕좌에 쏟아 붓습니다. 그러자 짐승이 지배하던 이 세상 나라가 어두워지고 땅에 남아 있던 사람들이 고통과 종기로 말미암아 혀를 깨물며 고통스러워합니다. 이러한 하나님의 심판에도 불구하고 우상을 숭배하는 자들은 회개하지 않고 오히려 하나님을 비방합니다(16:11). 복음을 배척하는 사람들은 어떠한 고통 속에서도 결코 회개하지 않는 것을 볼 수 있습니다. 그들은 죽음이 닥칠지라도 회개하지 않을 것입니다.

이것을 볼 때 하나님의 말씀을 듣고 믿으며 살아가는 성도들은 얼마나 복 받은 자인지 알 수 있습니다. 하나님을 믿고 따를 수 있다는 것은 '복 중의 복'입니다. 믿음은 아무나 가질 수 있는 것이 아니기 때문입니다. 바울은 "성령으로 아니하고는 누구든지 예수를 주시라 할 수 없느니라"(고전 12:3)고 합니다. 이를 통해 예수님을 주로 믿는 믿음이 얼마나 큰 축복인지 다시 한 번 깨닫게 됩니다. 믿음을 가지고 이 책을 읽는 모든 분에게 이러한 하나님의 축복이 함께하기를 간절히 바랍니다.

여섯째 천사가 진노의 대접을 큰 강 유브라데에 쏟아 붓습니다. 이때 유브라데 강이 마르게 되고, 강 건너편에 있던 더러운 세 영이 하나님과의 전쟁을 위해 땅에 있는 모든 왕을 아마겟돈에 모읍니다. 세

더러운 영은 곧 용(사탄이요 마귀요 꾀는 자로서 옛 뱀)과 짐승(우상)과 거짓 선지자의 입에서 나오는 것으로 귀신의 영들을 말합니다. 이렇게 세 더러운 영이 하나님과 전쟁을 하기 위해 아마겟돈에 모였을 때, 일곱째 천사가 진노의 대접을 공중에 쏟아 붓습니다. 그러자 하늘에서 "되었다!"(16:17)라는 큰 음성이 들립니다. 여기에서 '되었다!'라는 것은 하나님께서 계획하신 심판을 다 끝냈다는 의미입니다. '되었다'라는 선포 후에 마지막 진노의 대접(계 11:19), 즉 '번개와 음성과 우렛소리와 큰 지진과 우박'으로 땅에 남아 있는 사람들을 심판합니다(17-21).

일곱째 천사가 진노의 대접을 하늘에 쏟아 붓자, 사람들은 제일 먼저 무서운 번개와 큰 음성과 우렛소리를 듣게 됩니다. 이러한 소리를 들을 때 그들은 너무나 무섭고 두려웠습니다. 그러기에 두렵고 떨리는 마음으로 숨을 곳을 찾아 건물 안이나 동굴 같은 곳으로 들어갑니다. 그러자 이번에는 큰 지진이 일어납니다. 그 지진이 얼마나 크고 무서운지 지금까지 인간이 땅에 살아온 이래로 그처럼 큰 지진은 없었으며, 각 성도 없어지고 산악도 간데없다고 합니다(16:20). 이렇게 큰 지진이 일어나면 땅이 갈라지고 산과 건물이 무너지고 많은 사람이 죽게 될 것입니다.

그러나 이런 와중에서도 죽지 않고 살아남은 자들은 지진을 피해 밖으로 나올 것입니다. 그러면 이번에는 큰 우박을 내려 그들을 심판하실 것입니다. 이때 내리는 우박이 얼마나 큰지 무게가 한 달란트나 된다고 합니다(16:21). 한 달란트는 32~34kg 정도를 말하는데, 이러한 우박을 맞으면 누구도 살아남지 못하고 죽을 것입니다. 이것이 마지막 진노의 대접이 부어졌을 때 이 땅에 임하게 될 심판의 모습입니다.

그러나 이러한 재앙에도 살아남는 자가 있을 것입니다. 그들은 하나님의 진노의 재앙을 겪으면서도 회개하지 아니하고 오히려 하나님을 비방할 것입니다. 마지막 진노의 대접이 부어져도 살아남는 자들을 잘 기억하기 바랍니다. 이들이 천 년이 지난 뒤에는 다시 큰 민족을 이루게 되고, 이들이 연합하여 하나님과 최후의 전쟁을 치르는 것을 20장에서 보게 됩니다.

큰 음녀, 바벨론의 멸망(17-18장)

17장과 18장은 진노의 일곱 대접이 부어지는 시간에 적그리스도인 바벨론의 정체가 무엇이며, 또 그들이 어떻게 멸망하게 되는지를 보여주고 있습니다. 17장에서는 "많은 물 위에 앉은 큰 음녀"가 등장합니다(17:1). 큰 음녀의 정체는 곧 '바벨론'이며, "땅의 음녀들과 가증한 것들의 어미"라고 소개합니다(17:5). 큰 음녀는 바벨론이라고 소개하지만, 바벨론은 일반적으로 당시 세상을 통치하던 로마를 상징하는 것으로 해석하고 있습니다. 이때는 로마의 통치 하에 있었기에 바벨론의 멸망을 통해 로마가 멸망할 것을 선포한 것으로 보입니다.

그러나 현시대의 바벨론은 악한 정치세력과 연합하여 사람들을 미혹케 하는 거짓 종교나 거짓 종교 지도자를 의미한다고 봅니다. 언젠가는 거짓 종교(자)와 악한 정치세력이 연합하여 세상을 통치하며, 모든 사람에게 이마나 손에 짐승의 표를 받게 할 것입니다. 그때에는 짐승의 표(육백육십육)를 받지 않은 사람들은 생필품조차 살 수 없게 될 것입니다(계 13:16).

이때 큰 음녀(바벨론)는 온갖 권모술수로 세상의 모든 정치세력과 손잡고 악한 세력의 우두머리가 될 것입니다(17:7-15). 그러나 이용 가치가 없어질 때 그녀는 버림받게 됩니다(17:16). 정치세력이 자신에게 이용 가치가 없을 때 아무 미련 없이 버리는 것을 오늘날 너무나 많이 볼 수 있습니다. 세상을 영원히 통치할 것 같은 큰 성 바벨론이 어떻게 버림받아 멸망하게 되는지 18장은 보여주고 있습니다.

바벨론의 멸망은 "무너졌도다 무너졌도다 큰 성 바벨론이여 귀신의 처소와 각종 더러운 영이 모이는 곳과 각종 더럽고 가증한 새들이 모이는 곳이 되었도다"(18:2)라는 천사의 외침에서 시작합니다. 그렇게 아름답고 사치스럽던 큰 성 바벨론이 하루(한순간) 동안에 멸망하여 귀신의 처소와 각종 더러운 영이 모이는 곳과 각종 더럽고 가증한 새들이 모이는 곳이 된다는 것입니다(18:4-8).

바벨론이 멸망하게 되면 그와 함께 부귀영화를 누리던 왕들과 무역을 하던 상인들과 이들을 운송하며 부를 누리던 선장과 선원들이 한탄할 것입니다(18:9-19). 그러나 천사는 "하늘과 성도들과 사도들과 선지자들아, 그로 말미암아 즐거워하라 하나님이 너희를 위하여 그에게 심판을 행하셨음이라"(18:20)고 선포합니다. 이와 같이 하나님의 비밀이 이루어지는 때에 적그리스도(바벨론)는 심판을 받게 될 것입니다.

그러나 하나님을 따르는 성도들은 비록 지금은 많은 고난과 환란을 당하고 있지만 그때는 즐거워할 것입니다. 하나님께서 큰 성 바벨론을 멸망시킬 때 성도들은 어느 곳에서 어떠한 즐거움 속에 살아가고 있는지 19-22장을 통해 살펴보기로 하겠습니다.

하늘에서(19-22장)

요한계시록 19장부터 22장까지는 환란과 핍박 속에서도 끝까지 믿음을 지키며 승리한 사람들에게 어떠한 상급이 주어지는지를 보여주고 있습니다. 땅에서 진노의 대접을 통해 악한 세력을 심판할 때(16-

18장), 예수님의 재림과 함께 공중에서 주를 영접한 성도들은 예수님과 함께 영원히 왕 노릇 하며 살아가게 될 것입니다(살전 4:17, 계 11:15). 일곱 번째 나팔이 울릴 때 공중에서 예수님을 영접하고 그의 나라에 들어간 성도들은 하늘에서 울려 퍼지는 우레 같은 찬양 소리를 듣게 됩니다. "할렐루야! 할렐루야! 할렐루야! 할렐루야! 할렐루야! 전능의 주가 다스리신다!"(19:1-10)라는 찬양이 하늘에서 울려 퍼집니다. 헨델은 그 찬양을 메시아의 '할렐루야'에서 음악으로 너무나 잘 표현해 주었습니다. 19장을 읽으면서 헨델의 '할렐루야'를 들으면 새로운 감격을 느끼게 될 것입니다. 이렇게 하나님의 신부가 되어 하나님을 찬양하는 자는 복이 있을 것입니다.

이와 같이 하나님께서는 요한계시록을 통해 핍박과 고난 중에도 믿음을 지키려 애쓰고 있는 '에버서두사빌라'(2-3장) 일곱 교회와 현대를 살아가고 있는 우리들에게 천국에서의 삶에 대한 소망을 계시로 보여 주고 있습니다. 이러한 계시를 통해 세상에서 어떠한 고난과 환란과 핍박과 박해를 당할지라도 하나님을 믿는 순결함을 한순간도 놓치면 안 된다는 것을 강조하고 있습니다.

그리고 백마를 타신 예수님은 사탄의 삼총사였던 짐승과 거짓 선지자를 잡아 산 채로 유황과 불붙는 못에 던집니다(19:20). 하나님께서는 한 천사를 보내 이들의 우두머리였던 용(사탄)을 잡아 무저갱에 던져 넣고 천 년 동안 가둡니다(20:1-3). 그러나 끝까지 믿음을 지키고 이긴 자들은 천 년 동안 왕 노릇 할 것이라고 말씀하십니다(4). 이것이 첫째 부활이며, 첫째 부활에 참여하는 자는 복이 있고 둘째 사망이 그들을 다스리지 못하리라고 말씀하십니다(6). 둘째 사망이 그들을 다스리지 못한다는 것은 부활에 참여하지 않는 자들에게는 둘째 심판이 있다는 것을 말합니다.

하나님께서 천 년이 지난 후 무저갱에 갇혀 있던 사탄을 잠깐 풀어 줍니다. 그러자 사탄은 또다시 하나님과 대적하기 위해 군대를 곡과 마곡에 모아 최후의 결투를 벌입니다. 그러나 하나님께서는 하늘에서 불을 내려 사탄 세력을 완파하고 최후의 전쟁에서 승리를 합니다(20:9). 최후의 전쟁에서 승리한 하나님은 사탄, 즉 마귀를 잡아 짐승과 거짓 선지자들이 있는 불과 유황 못에 던져 영원히 괴로움을 당하도록 합니다(10). 사탄의 삼총사인 사탄과 짐승과 거짓 예언자들을 영원히 꺼지지 않는 불못 불에 넣어 심판을 함으로써 악한 세력을 완전히 제거하는 것입니다.

사탄과 그의 세력을 제거한 후에 흰 보좌에 앉으신 하나님은 이마와 손에 짐승의 표를 받고 사탄을 따르다가 죽은 자들을 심판하실 것입니다. 보좌 앞에는 사탄을 따르다 죽은 자들이 서 있는데, 그곳에는 두 가지의 책이 펴 있습니다. 하나는 죽은 자들이 자기 행위를 따라 책에 기록된 대로 심판을 받게 될 '심판의 책'이고, 다른 하나는 끝까지 믿음의 정조를 지키고 이긴 자들을 기록한 '생명책'입니다(20:12). 생명책에 기록되지 못하고 죽은 자들인 '사망과 음부'는 사탄과 마귀와 거짓 예언자들이 있는 불못에 던져지고, 그곳에서 영원히 타지도 않고 괴로움을 당하게 될 것입니다. 이와 같이 죽은 자들이 영원히 꺼지지 않는 불못에 던져지는 것이 곧 '둘째 사망'입니다(20:13-15).

그러나 생명책에 기록된 성도들은 부활하였기에 죽은 자들이 받는 둘째 사망을 받지 않습니다(계 2:11, 20:6). 그러기에 첫째 부활에 참여한 자들은 복이 있는 것입니다. 신실한 성도들은 다시는 죽음이 없고 영원히 하나님과 함께 살아가게 될 것입니다.

새 예루살렘 외부의 모습(21장)

21장은 사탄의 세력과 죽은 자들을 모두 불못에 던진 후, 믿음의 정조를 지키며 승리한 자들이 영원히 거할 새 예루살렘의 모습을 보여주고 있습니다. 하나님의 심판 후에 사탄의 세력 아래 있던 처음 하늘과 처음 땅은 없어지고 이제 '새 하늘'과 '새 땅'을 줍니다(21:1). 새 땅에는 사탄의 세력에 굴복하지 않고 끝까지 믿음을 지키며 승리한 자들이 영원히 거할 거룩한 성 '새 예루살렘'이 하늘로부터 내려옵니다. 요한은 우리들이 영원히 거할 새 예루살렘이 얼마나 아름다운지 마치 신부가 남편을 위하여 단장한 것 같다고 말합니다(21:2). 이것은 마치 결혼식에서 신부가 시대를 초월하여 가장 아름답듯이, 새 예루살렘의 아름다움을 상징적으로 표현한 말입니다. 그곳에는 하나님이 항상 함께 계시기에 다시는 사망도, 애통도, 곡하는 것도, 아픈 것도 있지 않을 것입니다(4).

21장 9절부터 27절까지는 '새 예루살렘의 겉모습'이 얼마나 아름다운지 자세히 보여주고 있습니다. 요한에게 보여준 새 예루살렘은 하나님의 영광의 빛으로 인해 보석 같은 광채가 났으며, 백옥과 수정같이 맑은 모습이었습니다. 새 예루살렘은 가로와 세로가 각각 1만 2,000 스타디온이라고 합니다(21:16). 한 스타디온은 190~210미터 정도를 말합니다. 한 스타디온을 약 200미터로 계산한다면 건축 면적만 2,400 × 2,400킬로미터가 되는 어마어마한 건물입니다. 또한 건물의 높이도 1만 2,000스타디온(2,400킬로미터)이 된다고 하니 크기를 가히 상상도 할 수 없습니다. 건축 재료도 맑은 유리 같은 정금과 각종 보석과 수정을 사용했습니다. 이것이 우리들이 영원히 살 집의 모습입니다.

새 예루살렘 안으로 들어가기 위해 동서남북에 각각 세 개씩 열두 개의 문이 있는데, 그 문들은 모두 각각 한 개의 진주로 되어 있습니다. 길이가 2,400킬로미터나 되는 곳에 문을 세 개 만든다면 그 문의 크기가 얼마나 클지 상상해 보기 바랍니다. 아마도 문 하나의 크기가 적어도 10차선이나 20차선 정도 되어야 할 것입니다.

그런데 각각의 문은 오직 한 개의 진주로 되어 있다고 합니다. 그렇다면 문으로 사용하는 진주가 얼마나 클까요? 또한 성곽은 백옥으로 만들어지고 열두 기초석이 있는데, 그 기초석은 열두 가지의 아름다운 보석으로 되어 있고, 각 기초석에 어린 양의 12사도 이름이 쓰여 있습니다. 성으로 들어가는 길도 모두 유리 같은 정금으로 만들어져 있습니다.

우리들은 새 예루살렘이 얼마나 크고 아름다운지 상상할 수도 없기에 또 하나의 우화 같은 이야기로 들릴 것입니다. 이 모든 이야기가 우화처럼 들리겠지만, 그 일을 행한 분이 누구인지 생각해 보기 바랍니다. 그 일을 행한 분은 바로 우주 만물을 창조하신 하나님입니다. 우주 만물을 창조하신 하나님은 이 모든 것을 넉넉히 하실 수 있습니다. 그러기에 창조주 하나님을 믿는 믿음이 중요한 것입니다.

요한계시록 21장을 읽으며 우리들이 영원히 거할 집이 얼마나 크고 아름다운지 상상력을 동원하여 머릿속으로 그려 보기 바랍니다. 우리가 가지고 있는 상상력을 총동원해도 새 예루살렘의 크기와 아름다움을 도저히 상상할 수도 표현할 수도 없을 것입니다. 이렇게 아름다운 새 예루살렘을 보여주는 것은 하나님의 말씀과 예수님을 증언함으로써 고난과 핍박을 받고 있는 성도들에게 새 예루살렘을 바라보며 끝까지 인내하며 이겨 나가도록 소망을 주기 위해서입니다.

그렇기에 요한계시록은 소망의 책이며, 이 예언의 말씀을 읽는 자와 듣는 자와 그 가운데에 기록한 것을 지키는 자는 복이 있는 것입니다. 독자 여러분! 성경을 읽을 때 우리들이 영원히 거할 새 예루살렘이 얼마나 아름다운지 상상하며 그곳에 소망을 두고 살아가기를 바랍니다.

새 예루살렘에 들어갈 수 있는 자격은 오직 하나입니다. 이름이 '생명책'에 기록되어야 합니다. 이 책을 읽고 있는 모든 성도들의 이름은 이미 생명책에 기록되어 있기에 금과 보석으로 만들어진 이 집은 바로 여러분이 영원히 거할 집입니다.

새 예루살렘 내부의 모습(22장)

21장에서 하나님과 함께 영원히 살아갈 새 예루살렘의 '외부 모습'이 얼마나 아름다운지를 보여주었다면, 22장에서는 새 예루살렘의 '내부 모습'을 보여주고 있습니다. 이제 새 예루살렘의 진주문을 열고 안으로 들어가 성 안이 어떠한 모습인지 살펴보겠습니다.

요한이 진주문을 열고 들어갔을 때 보좌에 앉아 계신 하나님과 어린 양을 보게 됩니다. 여러분이 진주문을 열고 들어갔을 때 보좌에 앉아 계신 하나님과 예수님의 모습이 보인다고 상상해 보십시오. 얼마나 감동이겠습니까! "주님을 생각만 해도 이렇게 좋거든 주 얼굴 뵈올 때에야 얼마나 좋으랴"(찬송 85장)는 찬송처럼 너무나 감격스러워 아무 말도 할 수 없을 것입니다.

또한 요한은 하나님과 어린 양의 보좌로부터 생명수 강이 흘러 나와 길 가운데로 흐르고 있는 것을 보게 됩니다(22:1-2). 그 강 좌우에는 생명나무가 있습니다. 그 생명나무는 아담과 하와가 에덴동산에서 쫓겨난 후 접근할 수도 없었고, 볼 수도 없었던 바로 그 나무입니다. 새 예루살렘에 들어간 성도들은 시절을 좇아 열매를 맺고 있는 그 생명나무를 다시 보게 되는 것입니다(22:2).

하나님이 함께하시는 그곳에는 다시 저주가 없으며, 하나님과 어린 양의 얼굴을 직접 보며 살게 될 것입니다. 그리고 우리들의 이마에는 예수님의 이름이 있을 것이라고 합니다. 예수님의 이름이 우리 이마에 있다는 것은 그의 소유가 된다는 말입니다. 그의 소유가 된다는 것은 곧 그가 모든 것을 책임져 준다는 것입니다. 예수님께서 모든 것을 책임져 주는 새 예루살렘에는 '하나님의 빛'이 비치기에 다시는 밤이 없으며 등불과 햇빛도 쓸데없다고 합니다(22:5).

이미 언급한 바와 같이, 필자는 이러한 하나님의 빛을 '영광의 빛'이라 부릅니다. 그 빛이 얼마나 밝은지 해와 달이 필요없을 정도입니다. 바울이 다메섹으로 가는 길에 본 빛이 바로 이 빛이었을 것입니다. 빛의 강렬함 때문에 바울은 시력을 잃게 되었습니다(행 9:1-9). 하나님은 빛이십니다(요일 4:16). 우리들은 빛 되신 하나님과 함께 새 예루살렘에서 영원토록 '왕 노릇' 할 것입니다(계 22:5).

이렇게 아름다운 세상에서 성도들이 왕 노릇 하며 살아가도록 예수님은 속히 오실 것이라 약속합니다. 요한계시록은 예수님께서 오실 때 일어날 현상들을 우리에게 속히 보여주려고 천사를 통해 요한에게 보여주신 것입니다(22:6). 요한계시록을 통해 속히 될 일을 우리에게 보여주셨기에 예언의 말씀을 읽고 듣고 지키는 자들은 복이 있는 것입니다. 그러기에 예수님은 "보라 내가 속히 오리니 이 두루마리의 예언의 말씀을 지키는 자는 복이 있으리라"(7)고 선포한 것입니다. 요한계시록에 기록된 예언의 말씀을 지키는 자는 예수님께서 재림하실 때의 징조를 알기에 종말을 준비하며 살아가는 안목을 가질 수 있습니다.

이러한 안목을 가지고 살아가는 성도들은 예수님의 재림과 함께 새 예루살렘에서 영원히 살 수 있습니다.

그러나 천사를 통해 요한에게 속히 오겠다고 선포하신 예수님께서는 약 2,000년이 지난 지금까지도 오시지 않기에 이 말씀을 믿을 수 없다고 생각하는 분들도 간혹 있을 것입니다. 그러나 2,000년이란 시간 개념에 대한 하나님의 관점과 우리의 관점은 크게 다릅니다. 시간에 대한 우리의 관점은 하루는 하루이지만, 하나님의 관점은 천년이 하루 같고 하루가 천년 같습니다. 그러기에 베드로는 "주께는 하루가 천년 같고 천년이 하루 같다는 이 한 가지를 잊지 말라"(벧후 3:8)고 권합니다. 예수님의 재림이 우리의 관점에서는 속히 오는 것 같지 않지만, 하나님의 관점에서는 오시는 그 시점이 바로 속히 오시는 시간인 것입니다.

예수님께서 속히 오신다는 말씀은 시간적으로 지금 바로 오신다는 의미도 있겠지만, 그 시간은 아무도 모르기에 도적같이 임한다는 것을 의미합니다. 그날과 그때는 아무도 모르고 오직 하나님만 알고 계시기에, 특히 예수님의 재림을 준비하지 않는 자들에게는 그날이 도적같이 임하는 것이기에 더욱 속히 임하는 것입니다. 예수님의 재림의 때가 앞으로 10년 후가 될지, 100년 후가 될지, 아니면 몇천 년 후가 될지 아무도 모르지만 준비되지 않은 자들에게 예수님이 재림하는 그 순간은 도적같이 임하는 것이기에 속히 오시는 것입니다. 그러므로 그리스도인들은 예수님의 재림을 날마다 준비하며 살아가야 합니다.

예수님께서 다시 오실 징조를 보여준 이 두루마리의 예언의 말씀(요한계시록)을 지키는 자는 복이 있으리라 선포하신 후(계 22:7), 다음과 같이 말씀합니다. "이 두루마리의 예언의 말씀을 인봉하지 말라 때가 가까우니라"(22:10). 예수님의 때가 가까웠으니 이 예언의 말씀, 곧 요한계시록을 인봉하지 말라는 뜻입니다. 요한계시록 서두에 "이 예언의 말씀을 읽는 자와 듣는 자와 그 가운데에 기록한 것을 지키는 자가 복이 있나니"(계1:3)라고 말씀하신 맥락으로 볼 때, 성도들은 이 예언의 말씀을 읽고, 듣고, 그대로 지켜 행하며 살아가야 하기에 이 두루마리의 예언의 말씀을 인봉하지 말라고 한 것입니다. 예언의 말씀이 우리에게 펼쳐져 있으니 잘 읽고 묵상해 종말을 준비하여 하나님과 함께 영생을 누리기를 바랍니다.

예수님께서는 불의를 행하는 자, 더러운 자, 의로운 자, 거룩한 자 모두 그들이 행하는 대로 놔두라고 합니다(22:11). 왜냐하면 이제는 그들의 행위대로 심판할 때가 되었기 때문입니다. 예수님께서는 속히 오시어 각 사람이 행한 대로 갚아 주겠다고 합니다(12). 그러므로 성도들은 예수님께서 언제 재림하실지라도 주님을 맞이할 준비를 하며 살아가야 합니다. 하나님께서는 "나는 알파와 오메가요 처음과 마지막이요 시작과 마침"(13)이라고 말씀하십니다.

예수님의 '나는 알파와 오메가요 처음과 마지막이요 시작과 마침'이라는 말 속에는 창조(시작)부터 종말(예수님의 재림)까지 세상의 모든 것을 다 알고 계신다는 말씀이 내포되어 있습니다. 창조주 하나님께서는 창조의 역사, 즉 이 세상의 시작도 알고 있지만, 이 세상의 끝도 이미 알고 있다는 것입니다.

이처럼 하나님은 전지전능한 분입니다. 우리는 기도 중에 막연히 '알파와 오메가 되신 하나님을 찬양합니다'라고 할 때가 있습니다. 그 속에는 '전지전능하신 하나님이 지금도 모든 것을 통치하시고 주관하시는 사랑의 하나님이 내 하나님이 되십니다'라는 신앙고백이 들어 있어야 합니다.

예수님은 "속히 오리라"(22:12)고 말씀하신 후에 다시 한 번 "내가 진실로 속히 오리라!"(22:20) 반복하여 선포합니다. 이렇게 반복하여 말씀하신 것은 예수님께서 도적과 같이 속히 오신다고 선포한 것입니다. 이 말씀에 '마라나타!', "아멘 주 예수여 오시옵소서!"(20)라는 요한의 고백이 우리의 고백이 되어야 합니다. 요한처럼 예수님이 언제 오실지라도 그를 영접할 준비를 늘 하고 살아야 합니다. 이러한 삶이 바로 종말론적인 삶입니다.

다시 한 번 강조합니다. 종말론적인 삶이란 예수님께서 몇 년, 몇 월, 몇 일, 몇 시에 오시는 것을 기다리는 것이 아닙니다. 종말론적인 삶이란 예수님이 언제 오시든지 그를 영접할 준비를 하며 살아가는 삶을 말합니다.

10장

성경의 결론

요한은 "아멘 주 예수여 오시옵소서!"라는 고백을 한 후에, "주 예수의 은혜가 모든 자들에게 있을지어다 아멘"(계 22:21)이라고 선포하며 요한계시록을 마칩니다. 성경은 "태초에 하나님이 천지를 창조하시니라"(창 1:1)로 시작하여 "주 예수의 은혜가 모든 자들에게 있을지어다 아멘"(계 22:21) 하며 끝을 맺습니다. 창세기 1장 1절이 성경의 시작을 알리는 선포라면, 요한계시록 22장 21절은 요한계시록의 결론임과 동시에 성경 전체의 결론 같은 우리들의 신앙고백이며 선포가 되어야 합니다.

성경은, 하나님이 계획하고 연출하고 직접 운행하는 '하나님 나라의 대하드라마'입니다. 그 드라마는 "태초에 하나님이 천지를 창조하시느니라"는 선포와 함께 하나님께서 천지를 6일 동안 어떻게 창조하셨는지 알려 주고 있습니다. 하나님은 6일 동안 창조하신 세상의 모든 것을 다스리게 하기 위해 하나님의 형상과 모양대로 사람을 만들기로 계획합니다(창 1:26). 하나님은 계획대로 사람을 창조하시고(1:27), 계획대로 창조하신 모든 것을 다스리도록 사람에게 맡기십니다(1:28).

하나님께서 사람을 창조하신 이유는 하나님은 사랑이시기 때문입니다(요일 4:16). 사랑은 언제나 사랑의 대상이 필요합니다. 사랑이신 하나님께서는 사랑할 대상이 필요했기에 자신의 형상과 모양에 따라 사람을 창조하신 것입니다. 사람이 하나님의 형상과 모양대로 지음을 받았지만 사람은 신이 아니라 하나님께서 지으신 피조물이라는 사실을 잊어서는 안 됩니다. 그러기에 하나님께서는 하나님과 사람 사이에 경계선을 만들었습니다. 바로 에덴동산 중앙에 있는 선악을 알게 하는 나무의 열매를 먹지 않는 것이었습니다. 하나님께서는 그것을 먹는 날에는 반드시 죽을 것이라 말씀하셨습니다.

그러나 호기심 많은 하와는, 그것을 먹는 날에는 너희 눈이 밝아져 선악을 아는 일에 하나님과 같이 될 것이라는 사탄의 계교에 빠져 그 열매를 먹습니다. 하와가 그 열매를 먹은 이유는 하나님같이 되려는 교만한 마음이 있었기 때문입니다. 아담도 하와의 권유로 그 열매를 먹음으로써 하나님과 인간 사이의 경계선을 넘어갑니다. 이들이 선악을 알게 하는 나무의 열매를 먹음으로써 그들에게 들어온 것이 있는데, 바로 죄의 근원이 되는 악입니다.

사람들은 하나님의 형상과 모양대로 창조되었기에 원래는 죄가 없는 선한 존재였습니다. 그러나 그들이 경계선을 넘어 그 열매를 먹었을 때 악이 들어와 죄인이 된 것입니다. 이를 통해 볼 때 하나님의 말씀에 순종하는 것이 선이요, 불순종하는 것이 악이며 죄인 것을 알게 됩니다. 죄인들은 생명나무의 열매를 먹으며 하나님 앞에서 영원히 살 수 없습니다. 그들은 죽어야만 했습니다. 결국 그들은 생명나무가 있는 에덴동산에서 쫓겨납니다.

에덴동산에서 쫓겨난 아담과 하와는 하나님을 찾기보다는 죄를 지으며 살아갑니다. 하나님께서 창조하신 세상이 인간의 죄로 인하여 통제불능 상태가 되자, 하나님은 극약 처방을 내립니다. 바로 노아 시대의 홍수 심판입니다. 인간의 죄로 말미암은 홍수로 인하여 당대의 의인이었던 노아와 그의 가족을 제외한 모든 사람과 지상에서 코로 숨쉬는 모든 것이 죽게 됩니다.

하나님께서는 노아의 가족을 홍수로부터 구원해 주시고 그들에게 복을 주시며 생육하고 번성하여 땅에 충만하라고 하셨습니다. 그러나 그들은 흩어짐을 면하자고 바벨탑을 쌓으며 또다시 죄를 짓기 시작합니다. 하나님께서는 이를 악하게 보시고 그들의 언어를 혼잡케 함으로써 강제로 온 땅에 흩어져 살게 합니다. 노아의 후손들은 여러 곳에 흩어져 살았지만, 그들도 하나님을 찾기보다는 죄를 지으며 살아갑니다. 이러한 세태 속에서 하나님은 그의 백성을 만들기 위해 한 사람, 아브라함을 선택합니다.

하나님께서는 아브라함을 선택한 후 "땅의 모든 족속이 너로 말미암아 복을 얻을 것이며, 네 자손이 하늘의 별과 같이 되고, 이 땅을 네 자손에게 주리라"고 약속합니다. 그리고 그 약속을 지키기 위해 아브라함의 손자인 야곱을 애굽의 총리가 된 그의 아들 요셉의 초청으로 애굽으로 들어가게 합니다. 성경에 따르면 야곱이 온 가족을 데리고 애굽으로 들어간 이유는 그곳에서 큰 민족이 되게 하기 위함이었습니다(창 46:3). 야곱의 후손들이 애굽에서 큰 민족이 되었을 때, 하나님은 모세를 통해 이들을 애굽에서 나오게 합니다.

이스라엘은 모세의 인도로 애굽에서 나와 광야에서 약 40년 동안 하나님의 백성이 되는 훈련을 받습니다. 이들이 광야에서 하나님의 백성이 되는 훈련을 거의 마쳤을 때, 모세는 하나님께서 주신 약속의 땅에 들어가면 우상을 섬기지 말고 하나님만을 섬기며 살아가라고 신신당부합니다. 여호수아를 통해 가나안 땅을 정복한 이스라엘 백성은 그곳에 정착해서 살아갑니다.

그런데 이스라엘 백성은 하나님을 경외하기보다는 점점 더 이방인들의 신을 섬기며 하나님을 떠나 죄를 지으며 살아갑니다. 특히 분열 왕국이 되면서 북이스라엘은 금송아지를 만들어 섬기는 것을 시작으로 하나님을 떠나 많은 우상을 섬깁니다. 이들이 우상을 섬기며 하나님께 죄를 지을 때 하나님께로 돌아오게 하기 위해 엘리야와 엘리사를 보냅니다. 그래도 그들은 하나님께 돌아오지 않습니다. 그러자 요나와 아모스와 호세아를 보내 "여호와께로 돌아가자!"고 외칩니다. 그래도 하나님께로 돌아오지 않았기에 결국 기원전 722년 앗수르에 멸망하고 맙니다.

남유다 역시 북이스라엘이 멸망하는 것을 보고도 하나님을 떠나 우상을 섬깁니다. 이때 하나님은 이사야, 미가, 오바댜, 하박국, 스바냐, 요엘, 예레미야 등 여러 예언자를 보내 그들의 죄를 책망하며 "여호와께로 돌아가자!"고 선포하게 합니다. 그러나 이들도 예언자의 말에 귀기울이지 않고 계속 죄를 지으며 살아갑니다.

그러자 하나님은 예언자들을 통해 그들에게 닥칠 심판을 선포하며 지속적으로 메시아가 올 것이라고 예언합니다. 그럼에도 남유다 백성들은 예언자들의 말을 듣지 않고 우상을 섬기다가 예레미야의 예언대로 기원전 586년 바벨론에 멸망하고 맙니다. 하나님께서는 하나님의 백성을 구원해 주기 위해 예언자들을 끊임없이 보냈지만, 예언자들의 말을 듣지 않다가 결국 멸망한 것입니다.

하나님께서는 하나님의 백성을 사랑하지만 그들은 하나님의 사랑을 알지도 깨닫지도 못했습니다. 그러나 하나님은 그의 백성을 포기할 수 없었습니다. 그래서 고민하시다가 그의 백성을 구원하기 위해 자신이 육신이 되어 이 땅에 오셔서 친히 우리를 섬기기로 작정합니다. 하나님께서 우리를 살리기 위해 이 땅에 오실 준비가 다 되었을 때, 즉 하나님의 때가 차매 여자의 몸을 통해 이 땅에 오십니다(갈 4:4). 이분이 바로 우리들을 죄에서 구원하여 영생을 주신 구세주 예수님입니다. 말씀이 육신이 되어 이 땅에 오신 예수님은 오직 우리를 살리기 위해 대속물이 되신 것입니다.

죄의 삯은 사망입니다. 그러므로 죄인인 우리들은 죽을 수밖에 없었습니다. 그러나 예수님이 이 땅에 오셔서 우리 대신 십자가에서 죽으셨기에 우리는 이제 의인이라 칭함을 받게 되었습니다. 예수님께서 십자가에서 죽으심으로 우리 죄의 삯을 다 지불하셨기에 이제 우리들은 죄인이 아니라 의인이 된 것입니다. 사망에서 생명으로 옮겨진 것입니다. 우리들은 죄를 지음으로써 하나님께로 돌아갈 수 없었지만, 하나님께서 친히 돌아갈 수 있는 길을 열어 주신 것입니다.

그 길은 곧 예수님을 나의 구주로 영접하는 것입니다. 그의 은혜로만 하나님께로 갈 수 있고 요한계시록에서 보여준 새 하늘과 새 땅, 곧 새 예루살렘의 백성으로서 살아갈 수 있습니다. 이 은혜를 무엇으로 바꿀 수 있겠습니까? 그 무엇으로도 바꿀 수 없습니다. 그러기에 요한은 "주 예수의 은혜가 모든 자에게 있을지어다 아멘"(22:21) 하며 성경을 마무리한 것입니다.

필자는 요한을 대신하여 독자 여러분에게 선포합니다.

주 예수의 은혜가 이 책을 읽고 하나님의 말씀을 묵상하는 자에게 있을지어다, 아멘!

말씀과 함께 행복하십시오!
말씀과 함께 이 세상에서 왕 노릇 하시며 살아가십시오!

말씀과 함께 하나님과 함께 주님과 함께 영원한 삶을 누리십시오!

주님의 이름으로 사랑하고 축복합니다!

하나님의 마음을 알아가는
성경 통독

초판 1쇄 찍은날 2020년 10월 15일
초판 1쇄 펴낸날 2020년 10월 18일

지은이 김권수

펴낸이 최윤정
펴낸곳 도서출판 나무와숲 | 등록 2001-000095
주소 서울특별시 송파구 올림픽로 336 1704호(방이동, 대우유토피아빌딩)
전화 02)3474-1114 | 팩스 02)3474-1113
e-mail namuwasup@namuwasup.com

© 김권수 2020

ISBN 978-89-93632-80-4 03230

이 도서의 국립중앙도서관 출판예정도서목록(CIP)은 서지정보유통지원시스템 홈페이지
(http://seoji.nl.go.kr)와 국가자료종합목록 구축시스템(http://kolis-net.nl.go.kr)에서
이용하실 수 있습니다. (CIP 제어번호 : CIP2020042193)